Politik, Staatsverschuldung
und die deutsche Schuldenbremse

Europäische Hochschulschriften

European University Studies

Publications Universitaires Européennes

Reihe V	**Volks- und Betriebswirtschaft**
Series V	Economics and Management
Série V	Sciences économiques, gestion d'entreprise

Band/Volume **3425**

Nicolas Afflatet

Politik, Staatsverschuldung und die deutsche Schuldenbremse

PL ACADEMIC RESEARCH

Bibliografische Information der Deutschen Nationalbibliothek
Die Deutsche Nationalbibliothek verzeichnet diese Publikation in der Deutschen Nationalbibliografie; detaillierte bibliografische Daten sind im Internet über http://dnb.d-nb.de abrufbar.

Zugl.: Hamburg, HSU HH, Diss., 2012

D 705
ISSN 0531-7339
ISBN 978-3-631-62915-4

www.peterlang.de

„Nichts ist leichter, als öffentliches Geld auszugeben. Es scheint niemandem zu gehören. Die Versuchung ist überwältigend, es irgendjemand[em] zu schenken.“[1]

Calvin Coolidge (1872-1933), 30. Präsident der USA

1 Zit. nach Ferguson (2001: 107).

Danksagung

Eine Dissertation als externer Doktorand positiv abzuschließen, ist kein triviales Unterfangen und keine Selbstverständlichkeit. Ebenso wenig ist es eine Selbstverständlichkeit, Studenten als externe Doktoranden zu akzeptieren. Und weil es keine Selbstverständlichkeit ist, gebührt mein Dank zu allererst meinem Doktorvater, Prof. Dr. Klaus Beckmann. Er hatte immer ein offenes Ohr und hat mich so gut unterstützt und betreut, wie man es sich als Doktorand nur wünschen kann.

Weiterhin gilt mein Dank denjenigen Personen, die im Promotionsverfahren involviert waren, als da wären: der vor kurzem und leider viel zu früh verstorbene Prof. Dr. Klaus W. Zimmermann, sowie die Professoren Jörn Kruse und Gary Schaal. Sie haben als Zweitgutachter bzw. als Prüfer fungiert, wofür ihnen ebenso mein allergrößter Dank gebührt.

Zuletzt möchte ich mich bei meiner Familie und meinen Freunden bedanken. Sie haben mich immer auf vielfältige Weise unterstützt und mich in meinem Vorhaben bestärkt. Dies trifft vor allem auf meine liebe Frau Andreea zu, die zudem regelmäßig meine Launen ertragen musste und viel zu häufig zurückstecken musste, weil ich mit der Dissertation beschäftigt war.

All diesen Personen bin ich zu allertiefstem Dank verpflichtet. Ohne sie wäre es mir nicht möglich gewesen, dieses große Lebensziel zu erreichen.

Inhaltsverzeichnis

Symbolverzeichnis

a	Altersabhängigkeitskoeffizient
B	Bevölkerungsgruppe (der Index gibt die Altersspanne der Bevölkerungsgruppe wieder)
β	Regressionskonstante/-koeffizient
D	Staatsschulden (absolut)
$D'_{primär} = G - T$	Laufendes Primärdefizit (ohne Zinszahlungen)
D'	Laufendes Gesamtdefizit (mit Zinszahlungen)
$\Delta = \frac{D}{Y}$	Verschuldungsquote
$d_{primär} = \frac{D'_{primär}}{Y}$	Laufende Primärdefizitquote
$d = \frac{D'}{Y}$	Laufende Gesamtdefizitquote/Neuverschuldungsquote
G	Staatsausgaben (ohne Zinsen)
G_Z	Staatsausgaben (mit Zinsen)
g	Nominales Wirtschaftswachstum
i	Nominalzins
K	Kosten
k	Konjunkturfaktor
m	Keynesianischer Multiplikator
N	Nutzen
NN	Nettonutzen
SG	Stimmengewinn
SV	Stimmenverlust
T	Staatseinnahmen/Steuer
X	Erklärende Variable

Y	BIP/Volkseinkommen
Y	Zu erklärende Variable (nur in empirischer Untersuchung)
Z	Zinszahlungen
$z = i * \frac{D}{Y} = i * \Delta$	Zinslastquote

Abbildungsverzeichnis

1. Einleitung

„Das Budget sollte ausgeglichen sein, die öffentlichen Schulden sollten reduziert werden und die Bürger sollten mehr arbeiten, als sich auf die Gaben der Regierung zu verlassen“ (Bräuninger et al. 2009: 9). Dieses Zitat klingt erstaunlich aktuell und doch ist es über 2000 Jahre alt. Es stammt von Cicero, einem Zeitgenossen Cäsars, der im antiken Rom eine Forderung aufstellte, die genauso gut in den heutigen Tagen im Deutschen Bundestag aufgestellt werden könnte. Das Phänomen der Staatsverschuldung, das wird aus diesem Zitat ersichtlich, ist kein Phänomen unserer Tage. Es ist beinahe so alt wie die Idee der staatlichen Institution selbst.

Politik und Staatsverschuldung gehören untrennbar zusammen (Ferguson 2001: 109 ff.). Sehr häufig wurde die Staatsverschuldung jedoch nicht moderat eingesetzt, sondern so exzessiv, dass Staatsbankrotte einen integralen Bestandteil der Staatshistorien bilden (Reinhart und Rogoff 2010b). In Anlehnung an Konrad und Zschäpitz könnte man daher formulieren: Die Staatsverschuldung ist die in Zahlen geronnene Geschichte einer Nation.[2]

Auch unserer Tage ist dieses Phänomen nicht ausgestorben, es ist so aktuell wie eh und je. Staatliche Verschuldung ist jedoch nicht *per se* schlecht und damit abzulehnen (Rothschild 2002, Hank 2010), denn es gibt etliche Gründe, warum eine Welt ohne Staatsschulden nur schwer vorstellbar ist (Müller et al. 2007: 10). Hier soll daher keineswegs eine „Leviathan-Haltung“ eingenommen werden, die prinzipiell alle staatliche Aktivität misstrauisch beäugt. Angesichts der Höhe der Staatsschulden und Permanenz der Defizite ist eine eingehende Analyse der Ursachen und Lösungen (und der mit der Lösung verbundenen Probleme) jedoch dringend geboten. Problematisch ist nicht die prinzipielle Anwendung des Instruments der Staatsverschuldung, sondern das Ausmaß der Anwendung, insbesondere in der Bundesrepublik.

Das Ausmaß, das die Staatsverschuldung in der Bundesrepublik und auch in anderen Staaten mittlerweile erreicht hat, hat auch dafür gesorgt, dass das Thema Staatsverschuldung stärker in den Fokus der Öffentlichkeit gerückt ist. Aktuelle Veröffentlichungen zeugen davon. Hierzu zählen z. B. Titel wie Grandts „Der

2 Das Originalzitat lautet: „Staatsfinanzen sind die in Zahlen geronnene Geschichte einer Nation“ (Konrad und Zschäpitz 2010: 28).

Staatsbankrott kommt“, Konrads und Zschäpitz‘ „Schulden ohne Sühne“, Reinharts und Rogoffs „Dieses Mal ist alles anders“ (*This Time is Different*) oder Wittmanns „Staatsbankrott“. Die derzeitige Verschuldungskrise mehrerer Euro-Staaten hat daran maßgeblichen Anteil. Nachdem mehrere Staaten in Zahlungsschwierigkeiten geraten waren und die Hilfskredite der Europäischen Union (EU) und ihrer Mitglieder sowie des Internationalen Währungsfonds (IWF) in Anspruch genommen haben (Griechenland, Irland und Portugal) oder über die zumindest spekuliert wurde, dass wohl bald eine Inanspruchnahme nötig werden könnte (Spanien und Italien), wurde auch hierzulande intensiver darüber debattiert, ob denn die deutsche Staatsverschuldung auf Dauer tragbar ist.

Es ist indes nicht weiter verwunderlich, dass das Thema Staatsverschuldung gerade jetzt aktuell geworden ist. Über einen langen Zeitraum konnten sich die meisten Staaten in der jüngsten Vergangenheit verschulden, ohne unmittelbare Konsequenzen befürchten zu müssen, etwa eine Verschlechterung der Kreditwürdigkeit (*Rating*) oder gar die Zahlungsunfähigkeit des Staates infolge einer (er-)drückenden Zinslast. Mittlerweile haben zahlreiche Staaten aber eine kritische Menge an Schulden angehäuft. Hierzu hat insbesondere auch die Finanz- und Wirtschaftskrise der letzten Jahre beigetragen: Zu den immensen Kosten der Krise haben nicht nur die Garantien für Banken und die verabschiedeten Konjunkturprogramme beigetragen, sondern vor allem auch die indirekten Kosten der Krise, etwa in Form eines drastischen Wirtschaftsabschwungs und der damit verbundenen höheren Staatsaugaben und verminderten -einnahmen (Reinhart und Rogoff 2010b: 246ff.). Der Schock der Finanz- und Wirtschaftskrise hat die Staatsfinanzen in allen entwickelten Staaten stark belastet und der öffentlichen Verschuldung einen Schub gegeben. Infolge der gestiegenen Verschuldung gerieten etliche Staaten in den Fokus der Kapitalmärkte. Hierzu zählen in Europa die „PIIGS-Staaten“ (Portugal, Irland, Italien, Griechenland und Spanien) und außerhalb Europas vor allem die Vereinigten Staaten von Amerika (Ternieden 2011, Siedenbiedel 2011a). In den aufgezählten Staaten werden die Spekulationen über eine mögliche Zahlungsunfähigkeit derzeit immer lauter. Die Wirtschaftsteile der Tageszeitungen werden dominiert von Meldungen zur steigenden Staatsverschuldung und deren Konsequenzen.

Aufgrund der Bedeutung des Komplexes Staatsverschuldung versteht es sich fast von selbst, dass jedes Standardlehrbuch zur Finanzwissenschaft ein Kapitel über Staatsverschuldung enthält. Man würde also meinen, der Komplex wäre

relativ gut erforscht. Und doch fördert die Forschung zum Thema immer noch Neues zu Tage, auch diese Arbeit will ihren Beitrag dazu leisten.
Die Einführung der deutschen Schuldenbremse wurde zum Anlasse genommen, um das Thema noch einmal genauer zu untersuchen. Wieso verschulden sich Regierungen (zu stark)? Lässt sich diese Verschuldung möglicherweise rechtfertigen? Sind konstitutionelle oder gesetzliche Regelungen wie die deutsche Schuldenbremse sinnvoll, um die Verschuldungsneigung einzubremsen? Und wenn ja, welche Erfolgschancen haben solche Fiskalregeln?
Dieses sind die Ausgangsfragestellungen dieser Arbeit gewesen. An die Einleitung anschließend folgen in Kapitel 2 einige grundlegende Definitionen und Tatbestände zur Staatsverschuldung. Hierzu zählen das Domar-Modell, die Tragbarkeit und Grenzen der Staatsverschuldung und ausgewählte Fakten zur Staatsverschuldung, insbesondere der deutschen. Auch die Rolle der Kapitalmärkte angesichts des öffentlichen Verschuldungsverhaltens wird kurz dargestellt.
In Kapitel 3 werden die vordringlichen Ursachen für Staatsverschuldung erklärt. Hierzu werden politökonomische Aspekte der Staatsverschuldung herangezogen. Das Modell des optimalen Haushalts von Downs bildet den Zugang. Es wird auf Grundlage der *Public Choice*-Literatur erklärt werden, warum Regierungen das Instrument der Staatsverschuldung nutzen und warum Wähler den Missbrauch des Instruments hinnehmen.
Das Kapitel 4 schließt nahtlos an die Argumentation an. Institutionelle Faktoren bilden einen weiteren Einflussfaktor zur Erklärung der Staatsverschuldung. Insbesondere „Abnutzungskriege“ in Form von Verteilungskämpfen über die Last des Abbaus von Defiziten spielen dabei eine entscheidende Rolle. Aus diesen beiden Kapiteln wird deutlich werden, dass politökonomische Faktoren die entscheidende Rolle bei der Erklärung der (deutschen) Staatsverschuldung spielen. Indes sind die in dieser Arbeit präsentierten politökonomischen Erklärungsansätze nicht die einzigen Faktoren, die eine hohe Staatsverschuldung erklären. Hiergegen spräche allein die jüngere deutsche Geschichte mit zwei Weltkriegen. Auch nicht-kriegsbedingte ökonomische Schocks können zu einem Anstieg der Verschuldung führen.[3] Aber politisch-institutionelle Faktoren haben eine „wesentliche Mitverantwortung“ (Weizsäcker 1992: 52) für die enorme Staatsver-

3 Jüngere Beispiele hierfür sind die deutsche Wiedervereinigung oder die Finanz- und Wirtschaftskrise ab 2009.

schuldung. Die anhaltend hohe Staatsverschuldung, insbesondere in der Bundesrepublik lässt sich nicht unter Auslassung politökonomischer Faktoren erklären. Natürlich gibt es darüber hinaus auch noch andere Erklärungen als Ursache für Staatsverschuldung. Diesen „naiven Erklärungsversuchen" (Heinemann 1994: 14) wird in Kapitel 5 nachgegangen. Zwei mögliche Rechtfertigungsgründe stehen dabei im Mittelpunkt: die Verteilungs- und die Konjunkturpolitik. Die distributive Sichtweise versucht, die Staatsverschuldung hinsichtlich einer gerechten und gleichmäßigen Verteilung von Zahlungslasten zwischen den Generationen zu rechtfertigen, die konjunkturpolitische Sichtweise versucht, staatliche Verschuldung durch eine antizyklische Fiskalpolitik keynesianischen Musters zu rechtfertigen. Diese beiden Erklärungsansätze treten zwar regelmäßig als Rechtfertigungsansätze für Staatsverschuldung auf, rechtfertigen diese aber nur in einem gewissen Umfang. Sie erklären und rechtfertigen nicht die Staatsverschuldung in ihrer derzeitigen Höhe (Heinemann 1994).

Kapitel 6 analysiert die Meta-Ebene der Staatsverschuldung. Hier werden die Gründe für gesetzliche und konstitutionelle Regelungen zur Begrenzung der Staatsverschuldung dargelegt werden. Warum bereits existierende Verschuldungsregeln versagt haben, wird ebenfalls geklärt werden.

Welche Maßnahmen maßgeblich für den Anstieg der deutschen Staatsverschuldung verantwortlich waren und sind, wird in Kapitel 7 erklärt werden. Die deutsche Sozialpolitik wird hierbei die entscheidende Rolle bei der Erklärung spielen.

Ein Blick auf internationale Erfahrungen mit Fiskalregeln erfolgt in Kapitel 8. Hierzu zählen zum einen Verschuldungsregeln, die Vorgaben für Defizit- und/oder Verschuldungsquoten machen und zum anderen Ausgabengrenzen, die Höchstwerte für staatliche Ausgaben festlegen. Zur ersten Kategorie zählen die Verschuldungsregeln in den Vereinigten Staaten von Amerika (USA) und in der Schweiz, zur zweiten die Ausgabenrahmen in den Niederlanden.

Die deutsche Schuldenbremse, die in die erste Kategorie fällt und nach Schweizer Vorbild gestaltet wurde, wird in Kapitel 9 untersucht. Dabei wird ähnlich wie im Kapitel zuvor die Ausgestaltung erklärt und eine Prognose über ihre Wirksamkeit gegeben.

Die Einschätzung zu den Erfolgschancen der Schuldenbremse leitet hin zur abschließenden empirischen Untersuchung in Kapitel 10. Hier wird anhand von Daten und Wahlergebnissen von 15 Staaten der Organisation für wirtschaftliche Zusammenarbeit und Entwicklung (OECD), die ihre Haushalte über einen längeren Zeitraum konsolidiert haben, die Frage beantwortet werden, ob die Reaktionen der Wähler auf diese Konsolidierungsbemühungen den bekannten Mustern entsprochen haben oder nicht. Die Antwort auf diese Frage wird einen letzten Baustein zur Prognose der Wirksamkeit der deutschen Schuldenbremse bilden, bevor eine Zusammenfassung in Kapitel 11 diese Arbeit beschließt.

Als Literatur wurden die klassischen Werke zur Staatsverschuldung herangezogen, ebenso wie aktuelle wissenschaftliche Arbeiten. Die Werke der *Public Choice*-Literatur spielen eine bedeutende Rolle bei der Erklärung des Themas. Berücksichtigt wurden aber auch Artikel der Tagespresse, die die tagesaktuellen Geschehnisse nachvollziehbar machen und die Aktualität des Themas verdeutlichen.

In dieser Arbeit werden viele Thesen zur staatlichen Verschuldung präsentiert. Für einige lassen sich nur theoretische Überlegungen vorweisen, für andere wiederum liegen auch empirische Studien vor. Nicht selten widersprechen diese den theoretischen Überlegungen oder widersprechen sich untereinander. Deshalb soll in dieser Arbeit der Fokus auf solchen Arbeiten liegen, die (insbesondere) die Bundesrepublik untersuchen.[4] Auf diese Weise wird die Relevanz der dargelegten Argumente gewährleistet.

---

4 Hierzu vorab ein kleines Beispiel: In der Literatur wurde die These aufgestellt, dass Koalitionsregierungen höhere Defizite aufweisen müssten als Einparteienregierungen. Dies wird damit begründet, dass Koalitionspartner häufig ein Vetorecht haben. Um die Koalition (und damit den Machterhalt) nicht zu gefährden, wird bei Streitpunkten etwa bezüglich des Haushalts an keiner Stelle gekürzt und der Wunsch aller Koalitionäre erfüllt. Für ein internationales Umfeld widerlegen de Haan und Sturm (1997) diese These. Ihre Gültigkeit zeigen Perotti und Kontopoulos (2002). Für die deutschen Bundesländer lässt sich die These ebenso bestätigen (Wagschal et al. 2009: 206). Das Problem eines Nachweises auf Bundesebene wäre hier schlicht fehlendes Datenmaterial. Angesichts nur einer einzigen Legislaturperiode mit einer Einparteienregierung (CDU und CSU werden in dieser Arbeit als eine Partei behandelt) im Bund (1957-1961) und ansonsten immer Koalitionen aus zwei Fraktionen ließe sich aus dem Datenmaterial für die Bundesrepublik keine qualifizierte Aussage bezüglich des Verschuldungsverhaltens von Einparteienregierungen ableiten.

2. Grundlegendes zur Staatsverschuldung

Vor der Behandlung der Staatsverschuldung aus politökonomischer Sicht sollen in diesem Kapitel einige grundsätzliche finanzpolitische Aspekte der Staatsverschuldung betrachtet werden.

2.1. Definition des Problemfeldes

Bei der Behandlung der Thematik der Staatsverschuldung stehen am Anfang zwei unterschiedliche Konzepte zur Definition von Staatsverschuldung. Das einfache Konzept der Staatsverschuldung sieht Staatsverschuldung als „Finanzschulden eines öffentlichen Haushalts aus Obligationen, Schatzwechseln, Schatzanweisungen, anderen Wertpapieren und Bankkrediten, die von diesem aufgenommen werden, wenn seine laufenden Einnahmen aus Steuern und sonstigen Quellen nicht ausreichen, um seine laufenden Staatsausgaben zu decken" (Blankart 2008: 327). Im Folgenden werden unter dem Begriff Staatsverschuldung die aufgelaufenen Schulden der Gebietskörperschaften, der Sozialversicherungen und des Sondervermögens des Bundes verstanden.
Das jährliche Defizit als jährlich neu hinzukommende Schuld (Neuverschuldung) ergibt sich anschließend an die obige Definition aus der Differenz aus den Ausgaben (inklusive Zinsen) und Einnahmen.

$$D' = G_Z - T$$

Dieses Konzept knüpft an das kameralistische Rechnungswesen an, das trotz einiger Reformbemühungen in den vergangenen Jahren nach wie vor die vorherrschende Rechenmethode der Gebietskörperschaften darstellt.
Diesem einfachen Konzept steht das Konzept der prospektiven oder impliziten Staatsverschuldung gegenüber. Beim einfachen Konzept der Staatsverschuldung werden nur die verbrieften Finanzschulden erfasst, nicht aber die implizite Verschuldung, bei der bereits bestehende zukünftige Zahlungsverpflichtungen zukünftigen Einnahmen gegenübergestellt werden. Diese Verpflichtungen sind nur zu einem geringen Teil durch Steuern und Beiträge gedeckt und sind daher als Verschuldung zukünftiger Generationen zu betrachten (Blankart 2008: 328). Mit

diesem Konzept der impliziten Staatsverschuldung gelangt man zum ökonomischen Kern des Problems, das das kameralistische Rechnungswesen nur unzureichend erfasst: Staatsschulden sind im ökonomischen Sinne „Ansprüche gesellschaftlicher Gruppen an zukünftige staatliche Haushalte" (Raffelhüschen 2001: 243).

Um die implizite Staatsverschuldung zu berechnen, werden die jährlichen Defizite – bestehend aus dem Staatskonsum (G_Z, inklusive Zinsen), den Transfers (Tr) abzüglich der Steuereinnahmen (T) und dem Finanzkapital (FK) – abdiskontiert und aufsummiert.

$$D_{implizit} = \sum_{i=0}^{\infty} D'^{dis} = \sum_{i=0}^{\infty} (G_K^{dis} + Tr^{dis} - T^{dis}) - FK$$

Aus der ursprünglichen Gleichung zur Berechnung des jährlichen Defizits, einer Stromgröße, ist so eine Gleichung zur Berechnung des impliziten Schuldenstandes, einer Bestandsgröße, geworden. Diese Gleichung lässt sich als intertemporale Haushaltsbeschränkung interpretieren. Zur Finanzierung der Staatsausgaben muss das Finanzkapital zuzüglich der zukünftigen Steuereinnahmen abzüglich der zukünftigen Transfers ausreichen (Blankart 2008: 328f.). Auf die Rolle der impliziten Verschuldung wird noch des Öfteren zurückzukommen sein.

2.2. Die Tragbarkeit der Staatsverschuldung

Das Domar-Modell (Domar 1944) zeigt, dass die staatliche Verschuldung auch bei fortgesetzter Staatsverschuldung nicht ins Unendliche steigt, wie bisweilen befürchtet, sondern vielmehr gegen einen festen Wert konvergiert. Daraus folgt, dass durch Steuern langfristig ein fester Anteil des Bruttoinlandsprodukts (BIP) an Zinsen bezahlt werden muss (Balassone und Franco 2000: 26, Bombach 1989: 13ff.).

In der Ausgangsgleichung ersetzt die Verschuldungsquote $\Delta = \frac{D}{Y}$ den Kapitalkoeffizienten, die Neuverschuldungsquote (bzw. Gesamtdefizitquote) ($d = \frac{G_Z - T}{Y} = \frac{D'}{Y}$) ersetzt die Spar-/Investitionsquote. Ist die nominale Wachstumsrate des BIPs g, nähert sich die Verschuldungsquote bei Konstanz der Wachstumsrate des

BIPs und des Neuverschuldungskoeffizienten (*Steady-State*-Hypothese) dem Quotienten aus D‘ und g.[5]

$$\lim_{n\to\infty} \frac{D_n}{Y_n} = \frac{D'}{g}$$

Unmittelbar nach dem Zweiten Weltkrieg resümierte Domar selbst: „*The problem of the debt burden is a problem of an expanding national income*“ (Bombach 1989: 15). So war es nach dem Zweiten Weltkrieg vielen Staaten möglich, sich ihrer Schuldenlast, die sie im Kriege aufgetürmt hatten, durch die damals sehr hohen Wachstumsraten relativ leicht zu entledigen. In jüngerer Zeit gelang es beispielsweise Irland, die Verschuldungsquote durch hohe Wachstumsraten drastisch zu senken. 1985 hatte dort die Verschuldungsquote noch bei 100,6% des BIPs gelegen, 1990 immer noch bei 93,1%. Durch den folgenden Boom, den das Land erlebte, sank die Quote bis 2006 auf 24,9%. Durch die Finanz- und Wirtschaftskrise ab 2008 wurde das Land jedoch hart getroffen. Zweistellige Neuverschuldungsquoten sorgten für ein erneutes Ansteigen der Verschuldungsquote auf 97,4% (2010).[6]

Da der Staat ewig existiert, kommt für ihn eine Rückzahlung der Schulden nicht unbedingt in Frage. Die Grenzen der Verschuldung werden indes durch den Zwang zur Verzinsung gesetzt. Erst wenn die Zinszahlungen eine bestimmte Höhe des Staatshaushaltes ausmachen – und die Wachstumsrate nicht entsprechend mithalten kann –, wird es für die Regierung gefährlich, da ihr Handlungsspielraum in der Folge zu sehr eingeengt wird und ihr die Handlungsmöglichkeiten zur politischen Gestaltung fehlen. Im schlimmsten Fall muss die Regierung für die Bezahlung der Zinsen neue Anleihen aufnehmen und so ein Ponzi-Spiel eröffnen. Die Zinslastquote ($z = \frac{iD}{Y} = i * \Delta$) strebt unter Beibehaltung der *Steady-State*-Hypothese ebenfalls gegen einen festen Wert:

$$\lim_{n\to\infty} z = i\frac{d}{g} = \bar{z}$$

5 Für die Herleitung siehe beispielsweise Scherf (2007: 32f.).

6 Datenquelle: Bundesministerium der Finanzen (2011c).

Langfristig gilt, dass der Quotient aus Zinslastquote und einer stabilen Neuverschuldungsquote dem Quotienten aus Zinssatz und Wachstumsrate entspricht[7]:

$$\frac{z}{d} = \frac{i}{g}$$

Ob die Staatsverschuldung langfristig tragbar ist, hängt von der Höhe der Zinsen und der Wachstumsraten ab. Blanchard, Chouraqui, Hagemann und Sartor (1990) haben hier einen einfachen Ansatz entwickelt, durch den sich ermitteln lässt, wie der Primärhaushalt beschaffen sein muss, um die Verschuldungsquote auf einem bestimmten politisch gewünschten Niveau zu stabilisieren. Den Ausgangspunkt bildet die Defizitgleichung[8]:

$$D' = G - T + iD$$

Da die meisten Volkswirtschaften langfristig real wachsen, sind die Bedingungen der Tragbarkeit nicht mehr so restriktiv. Die absolute Höhe der Verschuldung muss dann nicht konstant bleiben, sondern nur noch die Verschuldungsquote $\Delta = \frac{D}{Y}$. Als jährliche Veränderung der Staatsverschuldung ergibt sich:

$$\frac{\delta D}{\delta t} = G - T + i * D \;\; |:Y$$
$$=> \frac{\left[\frac{\delta D}{\delta t}\right]}{Y} = \frac{G - T}{Y} + \frac{i * D}{Y}$$
$$= d_{primär} + i * \Delta$$

Für die jährliche Veränderung der Verschuldungsquote gilt dann:

$$\frac{\delta \left[\frac{D}{Y}\right]}{\delta t} = d_{primär} + \Delta(i - g) \stackrel{!}{=} 0$$
$$=> D'_{primär} = D(i - g)$$

Das Niveau an Staatsschulden, das *jede* Volkswirtschaft langfristig tragen kann, ist gegeben, wenn die Verschuldungsquote konstant bleibt. Blendet man die In-

7 Siehe Anhang für die mathematische Ableitung.
8 Für die Herleitung siehe Anhang.

flation nun aus, ergeben sich drei Fälle, in denen die Tragbarkeit von unterschiedlichen Bedingungen abhängt:

- Ist i = g, werden die Schulden aus dem Wirtschaftswachstum finanziert, wenn der Primärhaushalt ausgeglichen ist.
- Ist i > g, muss ein ausreichend großer Primärüberschuss erzielt werden, wobei dieser umso größer sein muss, je später er anfällt. Liegt kein Primärüberschuss vor, kommt es zu einem permanenten Anstieg der Verschuldungsquote, auch dann, wenn der Primärhaushalt ausgeglichen ist. In diesem Fall wächst der Schuldenstand um den Betrag der Passivzinsen. Ist der Primärsaldo hingegen negativ, tritt ein „Schneeballeffekt" ein, weil der Primärsaldo des Vorjahres zu einem negativen Primärsaldo des Folgejahres führt.
- Ist i < g, kann ein Primärdefizit ewig erhalten bleiben, ohne dass dadurch die Verschuldungsquote steigt. Die Zinslast wird aus dem Wachstum finanziert.

Der Primärsaldo ist folglich in Verbindung mit der Wachstumsrate und dem Zinsniveau entscheidend. Das Defizit und die Defizitquote selber sagen nur wenig über die Nachhaltigkeit der Finanzpolitik aus.
So lange der Zinssatz für Staatsanleihen die (nominale) Wachstumsrate des BIPs nicht übersteigt, kann die Staatsschuld nicht nur ewig bestehen, sondern auch im Gleichschritt mit dem BIP weiter wachsen, ohne dass dies eine steigende Zinslast zur Folge hätte. Sänke der Zins unter die Wachstumsrate, würde die Zinslastquote sogar fallen.[9]
Um die Zinsen für die aufgelaufenen Schulden bedienen zu können, muss der Primärhaushalt (laufende Einnahmen und Ausgaben ohne Schuldendienst) ausgeglichen sein und die Wachstumsrate dem Zinssatz entsprechen. Liegen die Wachstumsraten hingegen unter dem Zinssatz, was für die Bundesrepublik und die meisten Volkswirtschaften zutrifft, verschafft sich der Staat langfristig durch Verschuldung keinen zusätzlichen Handlungsspielraum. In diesem Fall müssen im Primärhaushalt sogar Überschüsse erwirtschaftet werden, um die Verschul-

9 In diesem historisch relativ seltenen Fall wäre es sogar möglich, ein Ponzi-Spiel zu betreiben, bei dem zur Begleichung von Verbindlichkeiten neue Kredite aufgenommen werden. Für die Bundesrepublik ließe sich ein solcher Zusammenhang in den 50er und 60er Jahren vermuten, als die Wachstumsraten über dem Zins lagen.

dungsquote zu stabilisieren (Schaltegger 2004). Geschieht dies nicht, engt der Staat seinen Handlungsspielraum durch permanente Neuverschuldung immer weiter ein und gerät irgendwann an den Punkt, an dem die Gläubiger zusätzliche Risikoaufschläge verlangen, weil sie fürchten müssen, dass der Staat seinen eingegangenen Verpflichtungen nicht mehr nachkommen kann.

Abbildung 1 verdeutlicht, dass für die Bundesrepublik für den Zeitraum seit 1971 die Rendite langfristiger Staatsanleihen meistens über den nominalen Wachstumsraten lag. Hierbei handelt es sich zwar um einen vorsichtig zu genießenden Vergleich, denn es wurde nur die Rendite zehnjähriger Staatsanleihen berücksichtigt. Kürzer laufende Schuldtitel werden typischerweise auch niedriger verzinst. Entsprechend dürfte der Abstand bei Berücksichtigung der gesamten Verschuldung niedriger ausfallen.

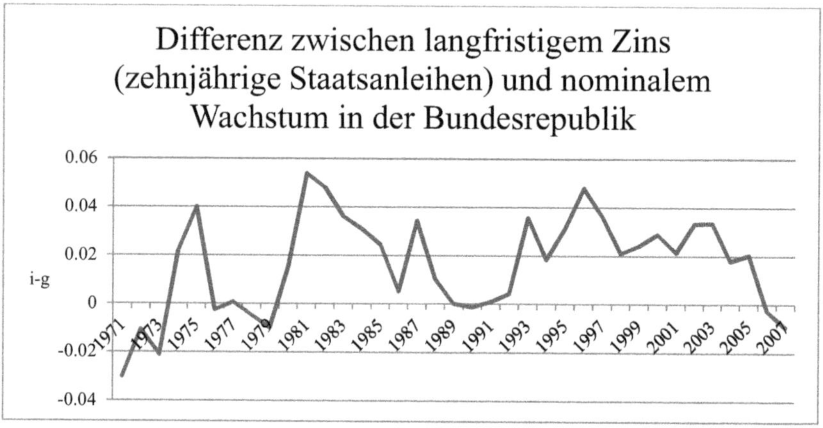

Abbildung 1: Differenz zwischen Zins und Wachstum[10]

Da die Verschuldungsquote aber in diesem Zeitraum von 18% auf 63% angestiegen ist, wird deutlich, dass der Primärüberschuss nicht ausreichend groß war, um die Verschuldungsquote auch nur annähernd zu stabilisieren. Durch die fortlaufende Neuverschuldung hat die Politik folglich ihren Spielraum immer weiter eingeengt, während die Zinslastquote als Anteil der Zinsen am BIP immer weiter angestiegen ist.

Abbildung 2 stellt den Fall dar, bei dem der Zins über der Wachstumsrate liegt. Bei einer fortgesetzten, konstanten Verschuldung engt der Staat seinen Hand-

10 Datenquelle: Eurostat (Zinsen) und OECD (Wachstum), eigene Darstellung.

lungsspielraum immer weiter ein. Noch stärker einengen würde er sich natürlich, wenn er auf den verminderten Handlungsspielraum mit der Erhöhung der Defizitquote reagieren würde, um den Handlungsspielraum so kurzfristig zu erweitern. Langfristig wird er dadurch aber nur umso schneller und stärker eingeengt.

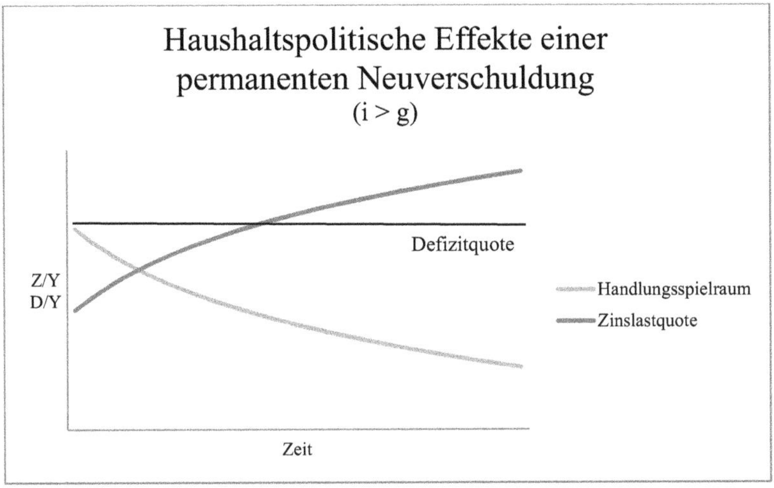

Abbildung 2: Haushaltpolitische Effekte einer permanenten Neuverschuldung[11]

2.3. Fakten zur deutschen Staatsverschuldung

2.3.1. Die explizite Staatsverschuldung

Insgesamt waren die Gebietskörperschaften 2010 mit 1,999 Billionen Euro verschuldet. Das entsprach bei einer Einwohnerzahl von 81750716 einer Pro-Kopf-Verschuldung von 24450 Euro pro Einwohner.[12]

Im internationalen Vergleich hatte die Bundesrepublik im Jahr 2010 mit einer Verschuldungsquote von 75,7% eine leicht unterdurchschnittlich hohe Quote. Die Mitglieder der EU waren durchschnittlich mit 79,1%, die Mitglieder der Eurozone mit 84,1% verschuldet.[13] Diese Tatsache ist besonders kritisch zu bewer-

11 Eigene Darstellung

12 Datenquelle: Bundesministerium der Finanzen (2011c).

13 Datenquelle: Bundesministerium der Finanzen (2011c). An dieser Stelle muss kritisch auf die Datenqualität verwiesen werden. EUROSTAT stellt andere Kriterien für die Daten zur

ten, überschreiten doch zwölf von 17 Mitgliedsstaaten der Eurozone den durch den Vertrag von Maastricht und den Stabilitäts- und Wachstumspakt maximal erlaubten Grenzwert von 60% des BIPs.
Bereits vor der Finanz- und Wirtschaftskrise konnte die Finanzpolitik der meisten Industriestaaten nicht als nachhaltig bezeichnet werden (Schaltegger und Weder 2010: 14). Für den Zeitraum zwischen 1970 und 2006 erfüllten lediglich sieben der EU-15-Staaten die Kriterien der langfristigen Zahlungsfähigkeit. Bei den übrigen acht zeigte der Trend klar in Richtung höherer Verschuldungsquote, wobei die implizite Staatsverschuldung hier noch gar nicht berücksichtigt wurde (Afonso und Rault 2010). Ein ähnlich schlechtes Bild ergibt sich beim Blick auf die Mitgliedsstaaten der EU (Schaltegger und Weder 2010: 15).

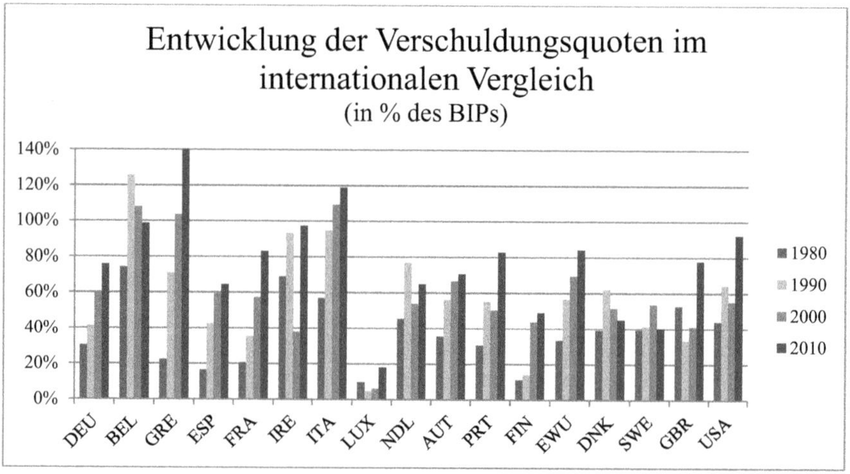

Abbildung 3: Verschuldungsquoten im internationalen Vergleich[14]

Ein Blick auf das internationale Umfeld zeigt, dass es zum einen Staaten gab, deren Verschuldungsquote in den letzten 30 Jahren extrem gestiegen ist, es andererseits aber auch einige „Musterstaaten" gab, die das Problem der Haushaltskonsolidierung gerade im Vorfeld der Währungsunion erfolgreich in Angriff genommen haben. Dazu zählen u. a. Belgien (Volkery 2011), Irland und die

Staatsverschuldung auf, weshalb die Verschuldungsquote der Bundesrepublik niedriger ausfällt.
14 Datenquelle: Bundesministerium der Finanzen (2011a), eigene Darstellung.

Niederlande. Außerhalb der Währungsunion konsolidierte Dänemark seinen Haushalt erfolgreich.
Anhand von Abbildung 3 wird aber auch deutlich, dass selbst diejenigen Länder, die vorübergehend eine starke Konsolidierungstendenz aufwiesen, vor gewaltigen Schuldenbergen stehen. Die Verschuldungsquote Irlands lag 2010 mit 97,4% wieder in Bereichen, in denen sie in den neunziger Jahren lag. Die Niederlande wurden durch Finanzkrise ebenfalls hart getroffen: Nachdem die gesamtstaatliche Verschuldungsquote dort 2000 noch bei 53,8% gelegen hatte, lag sie 2010 wieder bei 64,8%. Dass der (erneut) starke Anstieg der Verschuldung in den letzten 30 Jahren länderübergreifend gilt, macht auch der Blick auf die Eurozone deutlich: Dort lag die Verschuldungsquote 1980 im Durchschnitt noch bei 33,4%, 2010 lag sie bei 84,1%. Die USA lagen mit 92,2% sogar noch über diesem Wert. Diese Zahlen machen deutlich, dass die Staatsverschuldung derzeit völlig zu Recht im Fokus steht, insbesondere wenn man sich vor Augen führt, dass hier ein Niveau erreicht wurde, das zuletzt im Zweiten Weltkrieg erreicht worden war.

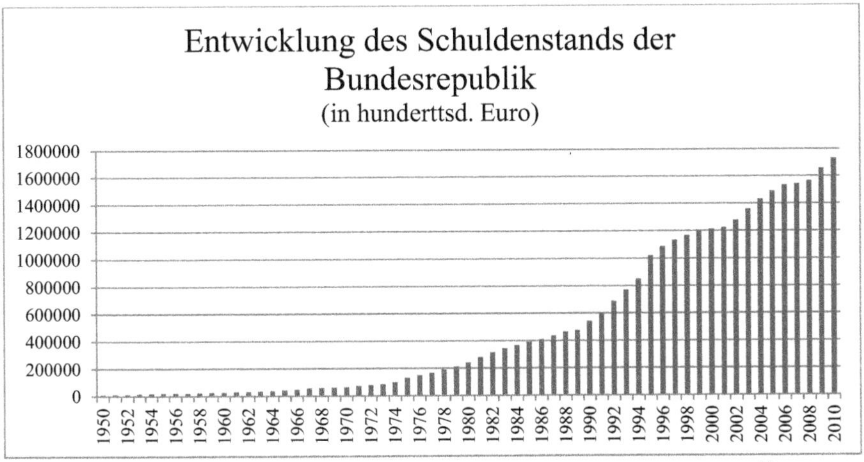

Abbildung 4: Verschuldung der deutschen Gebietskörperschaften[15]

Anhand der Abbildung 4 ist zu erkennen, dass die absolute Verschuldung der Bundesrepublik insbesondere ab Ende der siebziger Jahre stark gestiegen ist. In

15 Datenquelle: Sachverständigenrat, eigene Darstellung.

den achtziger Jahren waren die absoluten Zuwächse moderat, bevor sie im Zuge der Deutschen Einheit wieder steil anstieg.
Die absoluten Zuwächse liefern aber nur einen Teil des Bildes der expliziten Verschuldung. Da bei hohen Wachstumsraten eine (absolut) stärker steigende Verschuldung einfacher zu tragen ist, wie im vorherigen Abschnitt deutlich wurde, ist die Verschuldungsquote wesentlich aussagekräftiger. Abbildung 5 macht deutlich, dass diese insbesondere ab Mitte der siebziger Jahre steil angestiegen ist, als im Zuge der Ölkrise die Wachstumsraten einbrachen. Ab Anfang der achtziger Jahre konnte der Anstieg gebremst werden und es war sogar eine leichte Konsolidierungstendenz erkennbar, die aber durch die Deutsche Einheit zerstört wurde. Wegen der fortwährend gesunkenen Wachstumsraten und dem parallelen Anstieg des Schuldenstandes stieg auch die Verschuldungsquote weiter. Seit der Wiedervereinigung konnte sie über einen längeren Zeitraum bislang nicht wieder stabilisiert werden.

Abbildung 5: Deutsche Verschuldungsquote[16]

An der starken Zunahme der Verschuldung der Bundesrepublik insbesondere seit Anfang der neunziger Jahre waren die Gebietskörperschaften in unterschiedlichem Maße beteiligt. Während sich die Verschuldung der Kommunen nur ge-

16 Datenquelle: Sachverständigenrat, eigene Darstellung.

ringfügig verändert hat[17], ist die Verschuldung der Bundesländer und vor allem des Bundes deutlich angestiegen. 1975 lag der Anteil des Bundes an der Verschuldung der Gebietskörperschaften noch bei 42,3%. Mittlerweile liegt er bei etwa 64%, wobei insbesondere ab 1995 ein starker Anstieg zu verzeichnen ist.[18]

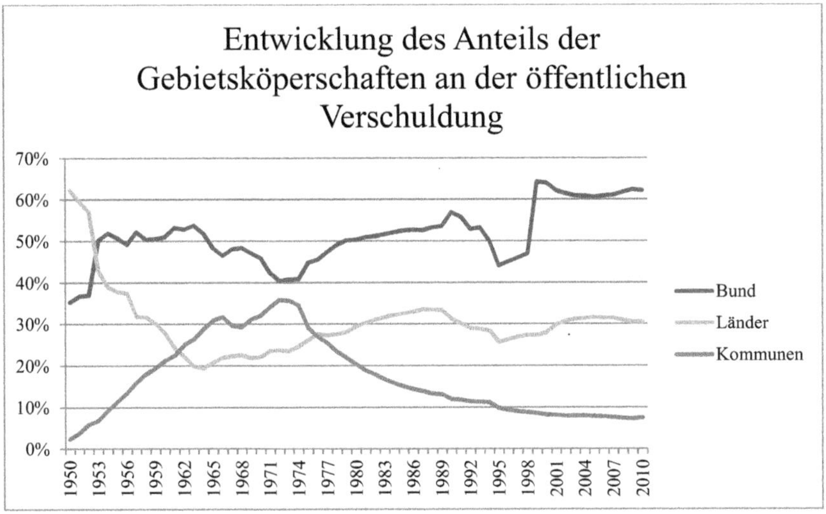

Abbildung 6: Anteile der Gebietskörperschaften an der Verschuldung[19]

Die folgende Tabelle gibt exemplarisch die Strukturmerkmale der expliziten Verschuldung der öffentlichen Haushalte der Bundesrepublik im vierten Quartal des Jahres 2009 wieder.[20] Es wird nicht nur ersichtlich, in welche Schuldarten sich die Verschuldung der Gebietskörperschaften in welchem Maße unterteilt und wie sich die öffentliche Verschuldung auf die Gebietskörperschaften aufteilte, sondern insbesondere auch, dass ein bedeutender Teil der deutschen Staatsschulden auf ausländische Gläubiger entfällt (53%). Folglich zählen Zinszahlungen des Staates nicht zum inländischen Einkommen. Es *kann* dadurch zu ei-

17 An dieser Stelle gilt es, eine wichtige Einschränkung vorzunehmen: Die Kommunen haben in verstärkten Maße die Möglichkeit, ihre Schulden in Nebenhaushalte (etwa von Zweckgesellschaften) auszulagern. Dementsprechend sollte man bei solchen Angaben generell große Vorsicht walten lassen.
18 Datenquelle: Bundesministerium der Finanzen (2011c). Scherf (2007: 8) führt dies insbesondere auf das Absinken der Wachstumsraten und die Deutsche Einheit zurück.
19 Datenquelle: Sachverständigenrat, eigene Darstellung.
20 Datenquelle: Deutsche Bundesbank (2010).

nem Ressourcenentzug zukünftiger Generationen kommen, wenn es zu einem Realtransfer in Form höherer Exporte an das Ausland kommt (Scherf 2007: 25f.). Damit entfällt das relativierende Argument Lerners „*We owe it to ourselves*" (Lerner 1948: 256), nach dem die von Inländern bezahlten Steuern dazu dienen, Zinsen für die aufgelaufenen Staatsschulden an Inländer (möglicherweise dieselben, die auch die Steuern bezahlt haben) zu entrichten.[21]

	Kreditnehmer	Mio. €	v. H.
1.	Bund	1033107	62,3
2.	Länder	505965	30,5
3.	Kommunen	118260	7,2
	Schuldarten	Mio. €	v. H.
1.	Unverzinsliche Schatzanweisungen	106220	6,4
2.	Obligationen/Schatzanweisungen	361475	21,8
3.	Bundesobligationen	174219	10,5
4.	Bundesschatzbriefe	9471	0,6
5.	Anleihen	594999	35,9
6.	Tagesanleihen	2495	1,5
7.	Direktausleihungen der Kreditinstitute	304304	18,4
8.	Darlehen von Nichtbanken	99547	6,0
9.	Altschulden	4513	2,7
	Gläubiger	Mio. €	v. H.
1.	Bankensystem	446540	26,9
2.	Inländische Nichtbanken	332002	20,0
3.	Ausland	878700	53,0
	Insgesamt	1657242	100

Der Bund verzeichnete im Jahr 2010 259,3 Milliarden Euro an Einnahmen (ohne Seignoriagegewinn). Dem standen 303,7 Milliarden Euro an Ausgaben gegen-

21 Auch das Prinzip des Arguments wurde kritisiert, insbesondere von Buchanan (1958).

über. Das Bundesfinanzministerium wies für das Jahr 2010 eine Nettokreditaufnahme von 44,0 Milliarden Euro aus. Gleichzeitig gab der Bund 33,1 Milliarden Euro für Zinsen aus, was einer Quote von 10,9% am Gesamthaushalt entsprach.[22] Trotz fortwährender Erhöhung der Einnahmen und guter Wachstumsraten steckt die Bundesrepublik in einem strukturellen Defizit (Kirchhof 2002: 1569), da der Primärhaushalt zwar Überschüsse aufweist, die Verschuldungsquote aber dennoch wächst. Das Jahr 2010 mag wegen der Auswirkungen der Finanz- und Wirtschaftskrise eine Ausnahme darstellen, aber auch in den Jahren zuvor gelang es nur aufgrund der hervorragenden konjunkturellen Lage, leichte Überschüsse zu erwirtschaften. Da die Wachstumsraten im Mittel aber unter den Sollzinsen liegen, müsste der Primärhaushalt deutlich größere Überschüsse aufweisen. Damit treibt der Bund auf den gefährlichen Mechanismus zu, dass er Kredite aufnehmen muss, um die Zinsen für alte Kredite zu bezahlen. Insgesamt betrug der Schuldenstand 1,284 Billionen Euro, was 51,4% des BIPs entsprach. Damit entfielen auf jeden Einwohner etwa 15698 Euro Bundesschulden.[23]

Die Bundesländer wiesen in ihrer Gesamtheit im Jahr 2010 einen Schuldenstand von 595,3 Milliarden Euro auf.[24] Dies entsprach 23,6% des BIPs.[25] Auf die Kommunen entfiel ein Schuldenstand von 119,4 Milliarden Euro, was 4,7% des BIPs entsprach.[26]

Die Verschuldung der einzelnen Bundesländer war dabei sehr unterschiedlich, wie Abbildung 7 zeigt. Das Bundesland mit der geringsten Pro-Kopf Verschuldung war mit 2342 Euro Bayern. Am anderen Ende der Skala fanden sich die drei Stadtstaaten mit 14034 Euro (Hamburg), 17545 Euro (Berlin) und 26900 Euro pro Kopf (Bremen) wieder. Im Bundesdurchschnitt waren die Länder 2010 mit 7275 Euro pro Kopf verschuldet.[27]

Problematisch an den offiziellen Angaben ist, dass sie auf dem kameralistischen Rechnungswesen der Gebietskörperschaften beruhen. Daher bieten sie nur ein unvollständiges Bild der Staatsverschuldung. Für ein vollständiges Bild ist ein Blick auf die implizite Verschuldung notwendig.

---

22 Datenquelle: Bundesministerium der Finanzen (2011c).
23 Datenquelle: Bundesministerium der Finanzen (2011c).
24 Datenquelle: Statistisches Bundesamt.
25 Datenquelle: Deutsche Bundesbank (2011), eigene Berechnung.
26 Datenquelle: Statistisches Bundesamt, Deutsche Bundesbank (2011), eigene Berechnungen.
27 Datenquelle: Statistisches Bundesamt, eigene Berechnungen.

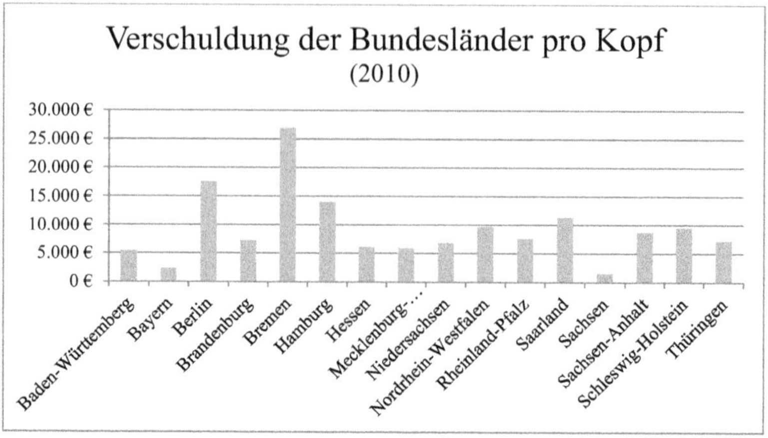

Abbildung 7: Pro-Kopf-Verschuldung der Bundesländer[28]

2.3.2. Die implizite Staatsverschuldung

Da das kameralistische Rechnungswesen lediglich laufende Einnahmen und Ausgaben erfasst und damit auch nur die Kreditmarktschulden, nicht aber zukünftige Kosten, geben die offiziellen Darstellungen der öffentlichen Haushalte die Wirklichkeit nur verzerrt wieder, denn alle Gebietskörperschaften haben enorme Verbindlichkeiten in Form etwa von Pensions- und Rentenansprüchen angehäuft, die sie aber aufgrund der Natur des kameralistischen Rechnungswesens nicht ausweisen müssen. Daher ist es interessant zu wissen, wie hoch die implizite Verschuldung, die zukünftig zusätzlich zu erwartende Verschuldung, der Gebietskörperschaften ist.

Die Ergebnisse zur Höhe der impliziten Verschuldung können sehr unterschiedlich ausfallen, da sich die Rechenmethoden unterscheiden können und die Berechnungen mit einer Reihe von Problemen behaftet sind (Wissenschaftlicher Beirat beim Bundesministerium der Finanzen 2001: 14ff.).[29] Die Ergebnisse zeigen jedoch regelmäßig in dieselbe Richtung: Die implizite Staatsverschuldung ist in allen Fällen mindestens noch einmal so groß wie die explizite, in den meis-

28 Datenquelle: Statistisches Bundesamt, eigene Berechnungen, eigene Darstellung.

29 Zu den Problemen zählen beispielsweise die Fragen, wie sich die Staatsverschuldung in der Zukunft entwickeln wird, wie die Finanzpolitik in der Zukunft gestaltet wird oder wie sich die Einflussfaktoren (Wirtschaftswachstum, Zins, Lebenserwartung und Erwerbsbeteiligung) entwickeln werden.

ten Fällen aber um ein Vielfaches größer.[30] Dieses Ergebnis wird anhand der Abbildung 8 sichtbar: Nur die Schweiz weist ein „implizites Vermögen" auf – hier ist also in den folgenden Jahren mit einem deutlichen Vermögensaufbau des Staates zu rechnen. Bei den übrigen Staaten ist damit zu rechnen – allerdings in sehr unterschiedlichem Maße –, dass die dann explizite Verschuldung z. T. schwindelerregende Höhen erreichen wird.

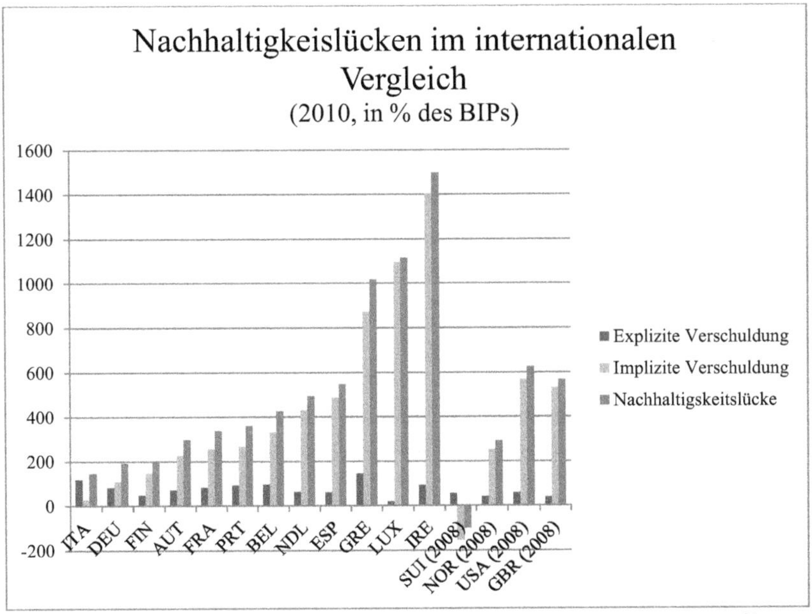

Abbildung 8: Nachhaltigkeitslücken im internationalen Vergleich[31]

Für die Bundesrepublik kommt Raffelhüschen (2001), der die Methode des *Generational Accounting*[32] (Auerbach et al. 1991) nutzt, in einer Arbeit aus dem

30 Es wurde in diesem Zusammenhang auch kritisiert, dass die Schuldenbremse die implizite Staatsverschuldung nicht berücksichtige (Hausner und Simon 2009), was natürlich richtig ist. Die Ausgabenbeschränkung der Schuldenbremse wird aber zu einer Priorisierung der Ausgaben führen, was Strukturreformen unausweichlich macht (Heinen 2010). Insofern trifft diese Kritik zwar zu, wird aber auf anderem Wege durch die Schuldenbremse „beantwortet".

31 Datenquelle: Raffelhüschen et al. (2009), Moog und Raffelhüschen (2011), eigene Darstellung.

32 Bei dieser Methode wird für jedes lebende Individuum ein Generationenkonto oder auch Nettosteuerzahlung errechnet. Dieses Generationenkonto ergibt sich aus der Summe der Barwerte aller zukünftigen Steuerzahlungen abzüglich des Transfererhalts (bestehend aus Sozial-

Jahr 2000 zu folgendem Ergebnis: Die explizite Staatsverschuldung betrug 61,2% des BIPs, die implizite Staatsverschuldung betrug zusätzlich 214,9%, was für das Jahr 1997 eine Verschuldungsquote von 276,1% des BIPs ergab.[33] Diese Gesamtverschuldungsquote aus bereits aufgelaufenen Schulden und zukünftigen Schulden bezeichnet Raffelhüschen als „Nachhaltigkeitslücke“[34].

Im Jahr 2010 belief sich die Nachhaltigkeitslücke demgegenüber nur noch auf 193% des BIPs (projiziert auf das Jahr 2060). Die explizite Verschuldung ist zwar in der Zwischenzeit auf 83,2% gestiegen, dafür ist die implizite Verschuldung auf 109,4% gesunken (bei einem unterstellten realen Wirtschaftswachstum von 1,5% und einem Realzinssatz von 3%). Der Konsolidierungsbedarf betrug 4,0%, was einem Einsparvolumen von jährlich 99 Milliarden Euro entspricht.[35] Dieser Rückgang ist insbesondere durch teilweise sehr tiefgreifende Reformen im sozialen Sicherungssystem zu erklären. Moog und Raffelhüschen (2011) stellen fest, dass gerade diejenigen Staaten, die sich einem hohen Reformdruck gegenübersehen, in der Vergangenheit umfangreiche Reformen der Rentensysteme beschlossen haben.[36] Wichtige Reformen im Gesundheitsbereich und bei den Pensionen stehen aber noch aus.

Immerhin: 2001 stellte Raffelhüschen noch fest, dass die Bundesrepublik zusammen mit Österreich, Japan, Schweden und Finnland die schwerwiegendsten

---

versicherungsleistungen, Bildungsausgaben oder auch Kindergeld). Das Generationenkonto wird für jeden Jahrgang mit der Zahl seiner Mitglieder multipliziert und über alle lebenden Jahrgänge aufsummiert, was letztlich die Gesamtsumme der Nettosteuerzahlungen ergibt. Diese Methode wird auch bei zukünftigen Generationen mit Hilfe von Schätzungen angewandt. Wenn das Generationenkonto der zukünftigen Generation höher ist als das der im Basisjahr geborenen Generation, lässt dies auf eine intergenerative Umverteilung zulasten der zukünftigen Generation schließen. Ist dies der Fall, muss irgendwann gegengelenkt werden, weil sonst die Ansprüche der lebenden Generationen an zukünftige nicht mehr beherrschbar sein werden.

33 Wie dargelegt, sind die Probleme und Methoden der Berechnung groß. Es wird darauf verzichtet, die Ergebnisse anderer Studien detailliert darzulegen, da die wesentliche Aussagekraft unverändert bliebe. Es sei daher an dieser Stelle nur auf die Untersuchung des Wissenschaftlichen Beirats beim Bundesministerium der Finanzen (2001) verwiesen, der die Ergebnisse verschiedener Arbeiten zusammenfasst.

34 Eine Definition des Begriffs der Nachhaltigkeit liefert der Wissenschaftliche Beirat beim Bundesministerium der Finanzen: „Eine Finanzpolitik ist nachhaltig, wenn der Gegenwartswert aller Primärüberschüsse der Höhe der gegenwärtigen Staatsschuld entspricht. Ist der Gegenwartswert der Primärüberschüsse kleiner, besteht eine Nachhaltigkeitslücke“ (Wissenschaftlicher Beirat beim Bundesministerium der Finanzen 2001: 13).

35 In einer Arbeit aus 2001 kam der Wissenschaftliche Beirat beim Bundesministerium der Finanzen (2001: 2) noch zu dem Ergebnis, dass ein Konsolidierungsbedarf von 10 bis 12% vorliegt.

36 Hier seien nur die Stichworte „Rente mit 67“ und „Riester-Rente“ erwähnt.

intergenerativen Ungleichgewichte der Welt hat. Dies lag vor allem daran, dass sich die Bundesrepublik einen der großzügigsten Wohlfahrtsstaaten weltweit leistete und gleichzeitig eine ausgeprägte Bevölkerungsalterung erleidet (Raffelhüschen 2001: 259). Wie Abbildung 8 gezeigt hat, haben sich die Schwerpunkte hier klar verschoben.[37] Griechenland (Nachhaltigkeitslücke von 1016,9%), Luxemburg (1115,6%) und Irland (1497,2%) sollten ihre Sozialpolitik überdenken und weitreichende Reformen ihrer sozialen Sicherungssysteme einleiten.

Nicht nur die Bundesrepublik (mit der zweitältesten Bevölkerung der Welt) erleidet einen massiven demographischen Umbruch, auch andere Staaten sind (in unterschiedlicher Weise) betroffen. Der demographische Wandel wird auf zweierlei Weisen deutlich: Zum einen wird die Erwerbsbevölkerung stark schrumpfen, sobald die geburtenstarken Jahrgänge der „Baby-Boomer" in den Ruhestand gehen. Zum anderen werden die Ruheständler immer älter. Ein Indikator hierfür ist der Altersabhängigkeitsquotient. Er misst das Verhältnis der wirtschaftlich abhängigen Altersgruppe unter 20 und über 65 Jahren zur Bevölkerung im erwerbsfähigen Alter.

$$a = \frac{B_{0\rightarrow 19} + B_{65\leftrightarrow\infty}}{B_{20\leftrightarrow 64}}$$

Im Jahr 2007 betrug der Altersabhängigkeitsquotient a = 0,65. Dies bedeutet, dass 100 Personen im erwerbsfähigen Alter 65 Ruheständler und Kinder versorgen mussten. Für das Jahr 2050 prognostiziert das Statistische Bundesamt einen Altersabhängigkeitsquotienten von 0,89.[38] Die Kosten für Renten, Pensionen, Gesundheit und Pflege werden wegen der steigenden Zahl von Älteren drastisch steigen.

Daraus ergibt sich, dass der Schuldenstand pro Kopf 2010 in der Bundesrepublik gerade bei jüngeren Bevölkerungsteilen nicht 24437 Euro, wie vom Bundesministerium der Finanzen offiziell ausgewiesen, betrug[39], sondern ein Vielfaches

37 Hier wird auch deutlich, dass sich die Generationenbilanzen innerhalb relativ kurzer Zeit stark verändern können (zum positiven wie zum negativen). Dies liegt schlicht daran, dass sie zum Zeitpunkt der Erstellung die Gegenwart einfach fortschreiben. Ändern sich in der Zukunft aber die Rahmenbedingungen (z. B. durch Reformen im sozialen Sicherungssystem), ändern sich die Generationenbilanzen ebenfalls. Siehe hierzu auch Raffelhüschen (2001: 258).

38 Datenquelle: Berlin-Institut für Bevölkerung und Entwicklung.

39 Datenquelle: Bundesministerium der Finanzen (2011c), eigene Berechnung.

des ausgewiesenen Wertes.[40] Die geburtenstarken Jahrgänge stehen derzeit noch mitten im Erwerbsleben. Sobald sie aber in den Ruhestand gehen, wird die öffentlichen Haushalte (und insbesondere auch die *Parafisci*) die volle Wucht des demographischen Wandels treffen. Für die Lastenverteilung zwischen den Generationen ist die offiziell ausgewiesene Staatsverschuldung daher ein schlechter Indikator, da die geltende Haushaltsplanung den absehbaren Problemdruck allenfalls ansatzweise abbildet. Es ist daher kaum übertrieben festzustellen, dass die „bestehende Informationslage [...] nur als höchst unzureichend bezeichnet" (Wissenschaftlicher Beirat beim Bundesministerium der Finanzen 2001: 2) werden kann.
Die dargelegten Zahlen zeigen das gewaltige Problem der Staatsverschuldung für zukünftige Generationen. Unter den momentanen politökonomischen Bedingungen wird ein Aufkündigen des „Generationenvertrages" durch zukünftige Generationen wahrscheinlich (Raffelhüschen 2001: 253), hierin liegt möglicherweise gar der Schlüssel zur Zukunft der öffentlichen Finanzen, da aus der Staatsverschuldung eine neue Art von Verteilungskampf zwischen Jung und Alt entstehen könnte (Ferguson 2001: 213ff.). Damit sich die Gebietskörperschaften aber überhaupt ein Bild über ihre zukünftigen Verpflichtungen machen können, ist eine Reform des öffentlichen Rechnungswesens unabdingbar.

2.3.3. Neue Wege: Die Doppik hält Einzug

Bei den Bundesländern zeichnen sich in dieser Hinsicht bereits Ansätze eines Umdenkens in der Rechnungslegung ab. Um die Transparenz zu erhöhen, haben mit Hamburg und Hessen zwei Bundesländer erstmals Bilanzen ähnlich den Grundsätzen des kaufmännischen Rechnungswesens vorgelegt. Diese weisen nicht nur Zahlungsflüsse aus, wie es das kameralistische Rechnungswesen tut, sondern u. a. auch Vermögen und Verbindlichkeiten (insbesondere zukünftige Zahlungsverpflichtungen).[41]
Die Eröffnungsbilanz Hamburgs weist dabei trotz der relativ hohen Verschuldung des Bundeslandes mit 12422 Euro pro Kopf ein Eigenkapital von gut vier Milliarden Euro aus (Freie und Hansestadt Hamburg 2006). Im Jahr 2007 hat Hamburg einen „Gewinn" von knapp 0,8 Milliarden Euro erwirtschaftet. Hessen hingegen weist ein negatives Eigenkapital von 58 Milliarden Euro aus. Davon

40 Für 2010 dürfte der Wert bei ca. 57000 Euro gelegen haben.
41 Das kameralistische Rechnungswesen erfasst die implizite Staatsverschuldung nicht gänzlich, weil im kaufmännischen Rechnungswesen künftige Einnahmen nicht erfasst werden.

entfallen insbesondere etwa 38 Milliarden Euro auf (fehlende) Pensionsrückstellungen und andere Versorgungsansprüche (Hessisches Ministerium der Finanzen 2009). Trotz der im Ländervergleich moderaten pro-Kopf-Verschuldung von 4832 Euro wäre das Land Hessen als Unternehmen insolvent.

Natürlich ist dem früheren hessischen Ministerpräsidenten Koch darin zuzustimmen, dass eine kaufmännische Bilanz nicht ohne weiteres auf eine Gebietskörperschaft übertragen werden kann (Müller et al. 2007: 9). Eine Gebietskörperschaft hat beispielsweise keine Gewinnerzielungsabsicht. Etliche Punkte fließen darüber hinaus nicht in die Bilanz ein, da sie nicht oder kaum beziffert werden können. Darüber hinaus fällt beispielsweise der Großteil des Anlagevermögens den Kommunen zu, was wiederum Stadtstaaten wie Hamburg zugutekommt. Im Gegenzug muss ein Bundesland aber nicht im Wettbewerb bestehen. Es kann Preise in der Form von Steuern und Abgaben festlegen, wie es möchte.[42] Der „Kunde“ kann dem aber nur in bestimmtem Maße ausweichen.

Doch egal, wie man diese Zahlen betrachtet, sie sind in jeder Hinsicht alarmierend. Das gilt sowohl für die explizite Staatsverschuldung, als auch für die implizite Staatsverschuldung, die ein Vielfaches des offiziell ausgewiesenen Wertes beträgt – daher auch die desolate Bilanz Hessens. Dass die Bundesrepublik mit diesem Schuldenniveau auf gefährliche Werte zusteuert, wird im nächsten Abschnitt deutlich.

2.4. „Psychologische“ Grenzen der Staatsverschuldung

Langfristig kann in den meisten Fällen die Verschuldung nicht schneller als das BIP steigen, da sonst der Staatsbankrott droht. Als Staatsbankrott wird eine Situation verstanden, in der der Staat eingegangene Verpflichtungen zu Zins- oder Kapitalzahlungen ganz oder teilweise nicht mehr erfüllt. Im Gegensatz zur Insolvenz eines Unternehmens besteht hier folglich ein scharfer Gegensatz. Während ein Unternehmen pleite ist, wenn das Eigenkapital aufgezehrt ist, tritt der Staatsbankrott erst ein, wenn der Staat seinen Verpflichtungen gegenüber seinen Gläubigern nicht mehr nachkommt. *De facto* kann eine solche Situation nur aus politischen Gründen eintreten. Schließlich wäre es dem Staat möglich, Ausga-

42 Dem steht das Konzept des unitarischen Bundesstaats entgegen, das einen echten Wettbewerb zwischen den Bundesstaaten (und auch den Kommunen) zumindest auf finanzpolitischer Ebene verhindert.

ben von anderen Positionen umzuwidmen. Zudem könnte der Staat jederzeit zusätzliche Einnahmen durch Besteuerung generieren.[43] Wenn ein Staatsbankrott eintritt, werden diese Auswege aber aus politischen Gründen abgelehnt. Der Staatsbankrott ist deshalb vielmehr eine Frage politischer Überlegungen als ökonomischer Zwänge.

Wann der Staatsbankrott eintritt, ist daher auch nicht genau zu beziffern. Entscheidend ist hier nicht nur die Einschätzung der Regierung, es kommt auch auf die Gläubiger und deren subjektiven Eindruck an. In diesem Zusammenhang wird auch von einer „psychologischen Grenze" gesprochen (Haniotis 1999: 9). Ist diese Grenze erreicht, steigen zunächst die Zinsen, zu denen sich der Staat am Kapitalmarkt verschuldet, da der Staat die Attraktivität seiner Anleihen durch Risikoprämien erhöhen muss. Die steigenden Zinsen wiederum belasten den Haushalt zusätzlich. Es kann zu einer verstärkten Eigendynamik und damit zu einem gefährlichen *Circulus vitiosus* kommen, an dessen Ende die Erklärung der Zahlungsunfähigkeit steht (Heinen 2009: 8). Da es sich hier um eine psychologische Grenze handelt, ist die Erwartungsbildung der Gläubiger entscheidend. Wenn genügend Gläubiger der Meinung sind, der Staat könne in Zukunft seine Verbindlichkeiten nicht mehr bedienen, droht sehr schnell ein Staatsbankrott, wie auch das Beispiel Griechenlands zeigt.

Da die Situation des Staatsbankrotts *a priori* unabhängig von der tatsächlichen Verschuldung eintreten kann, ist es möglich, dass auch relativ gering verschuldete Staaten in Zahlungsschwierigkeiten geraten können. In entwickelten Volkswirtschaften tritt dieser Fall zwar relativ selten auf, für Entwicklungs- und Schwellenländer hat er aber einige Bedeutung (Reinhart und Rogoff 2010b: 72f., 104f.).

Wo die „psychologische Grenze" liegt, ab der das Klima an den Kapitalmärkten umschlägt, lässt sich möglicherweise anhand einer Untersuchung von Reinhart und Rogoff (2010a) sagen. In einem aktuellen Artikel stellen sie fest, dass das Wirtschaftswachstum von Staaten, die mit über 90% des BIPs verschuldet sind, deutlich geringer ausfällt als in Staaten mit geringerer Verschuldung. Zur Erklärung dieser geringeren Wachstumsraten schlagen sie eine These von Barro vor: Um das Schuldenniveau nicht weiter steigen zu lassen und die Glaubwürdigkeit am Kapitalmarkt zu erhalten, sind Steuererhöhungen oder Ausgabenkürzungen notwendig, da die Kapitalgeber um ihre Rückzahlung bangen und andernfalls

43 Natürlich hat auch die Besteuerung ihre Grenzen. Hier sei nur auf die Laffer-Kurve verwiesen.

höhere Zinsen verlangen (Barro 1979). Das Ergebnis dieser finanzpolitischen Anpassung ist ein Absinken der Wachstumsraten.[44] Die Median-Wachstumsrate fällt bei einer Verschuldungsquote von über 90% des BIPs im Vergleich zu geringer verschuldeten Staaten um 1%, die durchschnittliche Wachstumsrate fällt sogar um 4% (Reinhart und Rogoff 2010a: 7).

Möglich wäre dabei jedoch auch eine Umkehrung der Kausalität. Wie gezeigt wurde, hängt die Tragbarkeit der Staatsverschuldung von einer konstanten Verschuldungsquote ab. Diese kann jedoch sowohl durch die Erhöhung der Neuverschuldung als auch durch das Absinken des Wachstums steigen. Somit wäre es auch denkbar, dass zunächst das Wachstum fällt und daran anschließend die Verschuldung, wenn der Staat sein Verschuldungsverhalten nicht rechtzeitig an die makroökonomischen Gegebenheiten anpasst.

Dass die Kausalität aber auf sinkendes Wachstum infolge der Erhöhung der Verschuldung hindeutet, belegen Kumar und Woo (2010). Auch sie kommen zu dem Schluss, dass das Wirtschaftswachstum durch eine zunehmende Staatsverschuldung in Mitleidenschaft gezogen wird. Im Durchschnitt lassen zehn Prozentpunkte mehr Staatsverschuldung das Pro-Kopf-Wachstum um 0,2 Prozentpunkte sinken, wobei der Effekt in entwickelten Volkswirtschaften etwas geringer ausfällt. Darüber hinaus finden sie ebenfalls Hinweise auf eine Nicht-Linearität des Zusammenhangs, wonach der Zusammenhang insbesondere bei einer Verschuldungsquote von über 90% aufträte. Dabei zeigen ihre Ergebnisse, dass erst die Verschuldung steigt und anschließend das Wachstum nachlässt.

Zur Begründung ihrer Ergebnisse zielen sie aber nicht auf mögliche Konsolidierungsprogramme ab. Ohnehin ist Reinhart und Rogoffs Arbeit hier angreifbar: Wie später noch gezeigt wird, müssen Konsolidierungsprogramme keineswegs eine keynesianische Wirkungsreihenfolge nach sich ziehen und kontraktiv, also wachstumsbremsend wirken, insbesondere dann nicht, wenn die Konsolidierung über die Ausgabenseite erfolgt. In diesem Fall kann der Staat durch Absenken der Transfers die Anspruchslöhne senken und so dem Arbeitsmarkt entscheidende Impulse geben, gleichzeitig würden die Risikoprämien an den Kapitalmärkten bei einer glaubwürdigen Konsolidierungsstrategie sinken. Plausibel ist das Erklärungsmuster von Barro nur, wenn die Konsolidierung über die Einnahmenseite erfolgt. Durch erhöhte Steuern würden etwa die Produktionsfaktoren belastet, was zu einer verringerten Wettbewerbsfähigkeit führen würde.

44 Dass das Ergebnis einer fiskalischen Anpassung keineswegs zwangsweise ein Absinken der Wachstumsraten nach sich ziehen muss, wir später noch thematisiert werden.

Kumar und Woos Ergebnisse deuten aber darauf hin, dass das nachlassende Wachstum vor allem auf *Crowding-Out*-Effekte zurückzuführen ist. Bisher konnte in dieser Hinsicht vielfach keine klare Aussage getroffen werden. Dies ist auch verbunden mit der Frage, inwiefern die staatliche Schuldenaufnahme durch Verdrängungseffekte für steigende Zinsen sorgt (Duwendag 1983: 77). Argumente konnte beide Seiten für sich reklamieren (Wagschal 1996a: 79), weshalb das Theorem in der Literatur umstritten war (Andel 1990: 161). Kumar und Woo weisen aber auf ein verlangsamtes Wachstum der Arbeitsproduktivität hin, das auf eine Reduktion der Investitionen und damit einhergehend ein langsameres Wachstum des Kapitalstocks zurückzuführen ist.
Aufgrund der erwähnten Arbeiten sollte klar sein, Staatsverschuldung das gesamtwirtschaftliche Wachstum negativ beeinflusst. Eine Größenordnung der Verschuldungsquote von 90% scheint hier entscheidende Bedeutung zuzukommen, auch wenn hier auch Studien existieren, die gegenteilige Meinungen vertreten (Panizza und Presbitero 2012).[45] Fest steht aber, dass Verschuldungsquoten nicht ungebremst ansteigen können, ohne dass der Staat irgendwann das Vertrauen der Investoren verliert. Dann droht nämlich der Staatsbankrott. Die genauen Umstände von Staatsbankrotten legt der folgende Abschnitt dar.

2.5. Kapitalmärkte und Staatsbankrott

Die Verschuldungskrise der Eurozone liefert für das Verhalten der Kapitalmärkte angesichts dramatisch steigender staatlicher Verschuldungsquoten reichlich Anschauungsmaterial. Dabei fällt zunächst auf, dass die Krise relativ plötzlich auftrat (Corsetti und Müller 2011). Beispielhaft kann dies anhand der Rendite griechischer Staatsanleihen gezeigt werden.
Nachdem die Rendite zehnjähriger Staatsanleihen über Jahren hinweg auf einem Niveau von etwa 5% verharrte, stieg sie ab dem Herbst 2009 langsam und ab März 2010 rasant an. So stieg die Rendite zwischen März und April 2010 um 1,59 Prozentpunkte. In den kommenden Monaten stieg sie immer weiter bis sie

45 Die Autoren können die Ergebnisse, die hier dargelegt wurden, nicht bestätigen. Sie vermuten, dass es erst die Konsolidierungsprogramme sind, die das Wachstum einbrechen lassen und ein entsprechender Zwang vonseiten der Kapitalmärkte nicht vorliegt. Allerdings gestehen sie auch, dass nicht jeder mit ihren Methoden einverstanden sein könnte. Zudem würde aus ihrer Argumentation folgen, dass Regierungen ohne Druck der Kapitalmärkte zu Konsolidierungsprogrammen greifen. Folgt man der in dieser Arbeit dargelegten Argumentation, erscheint eine solche Vorgehensweise sehr fragwürdig und unwahrscheinlich.

schließlich im Februar 2012 bei 29,24% ihren Höhepunkt erreichte, unmittelbar vor dem Schuldenschnitt.[46] Erstaunlich dabei ist, dass sich in dieser Zeit nur wenig an den Fundamentaldaten des Landes geändert hatte. Die Verschuldungsquote war bereits vor der Verschuldungskrise stark angestiegen und lag 2010 bereits (offiziell) bei 124,9% des BIPs (2011 wurde sie revidiert auf 142,8%). Dabei sanken die Renditen bis Mitte 2009 sogar, und das angesichts eines offiziellen Defizits von 5,1% (später revidiert auf 6,4%) und einer seit 2007 wieder kontinuierlich gestiegenen Verschuldungsquote. Es muss folglich andere Erklärungen für den plötzlichen Anstieg der Renditen geben.

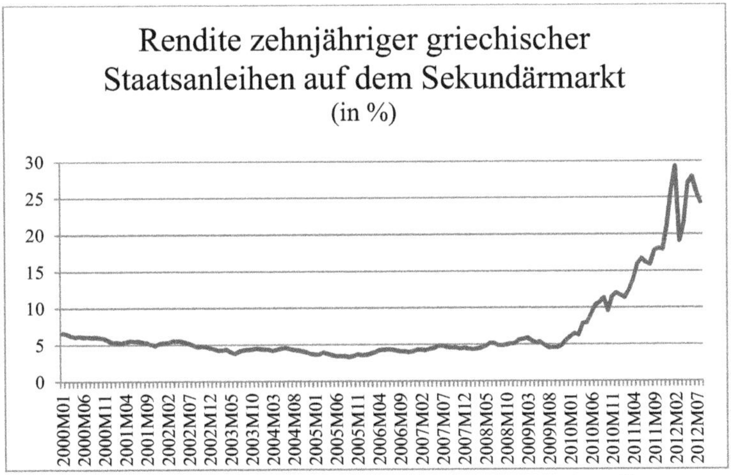

Abbildung 9: Rendite griechischer Staatsanleihen[47]

Eine wichtige Rolle spielen wiederum die Erwartungen der Investoren (Pagano 2010). Staaten gehen nicht bankrott, weil sie für Zinsen und Tilgung nicht mehr aufkommen *können*, sondern weil sie nicht mehr dafür aufkommen *wollen*.[48] Schließlich könnten Staaten in ihrem Haushalt jederzeit Mittel umwidmen und statt für staatliche Güter für den Schuldendienst aufbringen. Dies wäre nur in dem theoretisch denkbaren Fall möglich, wenn ein Staat bereits seinen gesamten Haushalt für den Schuldendienst aufwendet und der Steuersatz auf der Spitze

46 Datenquelle: Eurostat.
47 Datenquelle: Eurostat.
48 Deshalb ist der Begriff der Staatsinsolvenz auch nicht angebracht, weil er auf die mangelnde Fähigkeit des Schuldners abzielt, für den Schuldendienst aufzukommen. Staatsbankrotte treten aber im Falle des mangelnden Willens, für den Schuldendienst aufzukommen, auf.

der Laffer-Kurve liegt. Staatsbankrotte treten vielmehr ein, wenn Regierungen aus politischen Gründen keinen anderen Ausweg mehr sehen, als den Schuldendienst (zumindest teilweise) auszusetzen. Wenn die Investoren fürchten, dass dieser Fall eintritt und die Zweifel wachsen, dass der Staat seine Verbindlichkeiten künftig bedienen wird, werden sie auch höhere Zinsen verlangen. Gleiches gilt, wenn die Investoren fürchten müssen, dass der Staat seine Schulden „monetisiert" – sich ihrer durch Inflation entledigt.[49] Mögliche Anlässe für solche Befürchtungen sind vielfältiger Natur. Im Falle Griechenlands war es die Entscheidung der europäischen Regierungschefs Ende März 2010, Griechenland finanziell zu unterstützen, um einen möglichen Staatsbankrott zu vermeiden.

Steigende Zinsen auf Staatsanleihen sollten disziplinierend wirken. Wie noch gezeigt wird, beruht staatliche Verschuldung auf politökonomischen Gründen und wird umso stärker in Anspruch genommen, je niedriger die kurzfristigen Kosten der Verschuldung sind. Steigen aber die Zinsen, steigen die kurzfristigen Kosten der Verschuldung. Deshalb sollte sie bei steigenden Zinsen weniger in Anspruch genommen werden. Untersuchungen für die Bundesstaaten der USA lassen aber an der Wirksamkeit dieses Disziplinierungsmechanismus zweifeln, weil die Kapitalmärkte zwar auf die steigende Verschuldung mit steigenden Zinsen reagieren (Bayoumi et al. 1995), die staatlichen Schuldner aber nicht. Nur die Gefahr eines vollkommenen Abschneidens von den Kapitelmärkten könnte ggf. disziplinierende Wirkung haben (Kula 2004).

Eine Untersuchung für die Mitgliedsländer der OECD für den Zeitraum zwischen 1972 und 1998 lässt hingegen einen anderen Schluss zu: Demnach führen steigende Kosten der Verschuldung[50] (in Form sinkender Wachstumsraten oder steigender Prämien an den Kapitalmärkten) zu steigenden Primärüberschüssen. Allerdings reagieren die Regierungen sehr langsam und auch nur in überschaubarem Maße auf sich verändernde Bedingungen an den Kapitalmärkten oder Veränderungen der Wachstumsraten (Heinemann und Winschel 2001).

---

49 Als dritte Möglichkeit zur Linderung der Schuldenlast ist die „finanzielle Repression" anzuführen (wobei diese Methode fließend in die Methode der Monetisierung übergehen kann). Hierunter werden staatliche Maßnahmen verstanden, die Schuldenlast durch politische Maßnahmen zu senken. Dazu zählt z. B. die Verteuerung alternativer Geldanlagen (z. B. durch zusätzliche Steuern oder Gebühren), um staatliche Finanztitel attraktiver zu machen oder der Zwang, Staatsanleihen zu kaufen. Reinhart und Sbrancia (2011) haben die Bedeutung der Methode aufgezeigt: Nach dem Zweiten Weltkrieg haben die Industrienationen ihre Schuldenberger teilweise um über 20% des Steueraufkommens reduziert.

50 Bei sinkenden Verschuldungskosten gilt dieses Ergebnis interessanterweise nicht.

Die Verschuldungskrise im Euroraum liefert bislang ein gemischtes Bild, was die Auswirkungen der Zinssteigerungen anbelangt. Während Irland, Portugal und auch Spanien angesichts hoher Kapitalmarktzinsen zum Teil sehr weitreichende Konsolidierungs- und Reformprogramme verabschiedet haben, zeigen sich für Italien und Griechenland sehr ernüchternde Ergebnisse. Im Falle Portugals und Irlands lassen sich anhand der Renditekurven durchaus Fortschritte ablesen (siehe Abbildung 10). Italien und Spanien konnten die Renditen bislang nicht entscheidend drücken. Griechenland ist in den Augen der Finanzmärkte ohnehin ein verlorener Fall.

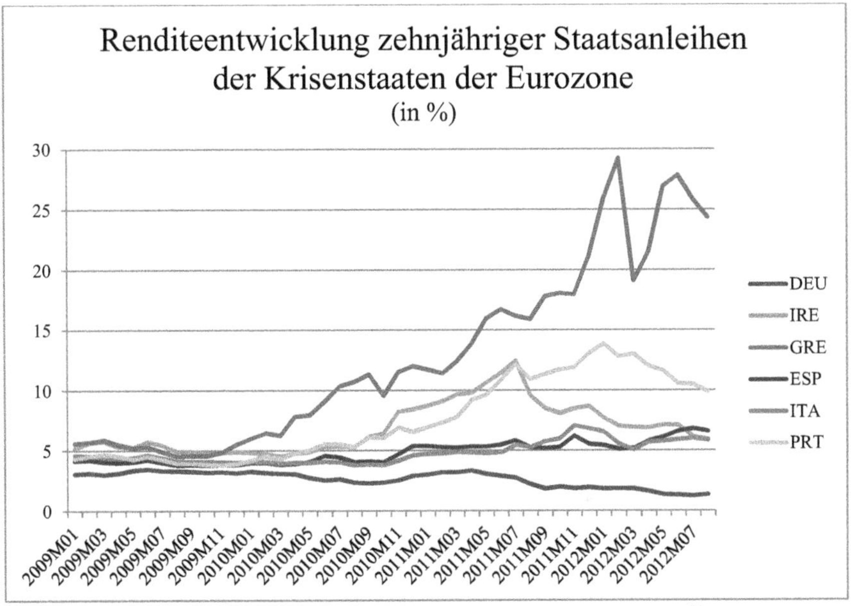

Abbildung 10: Renditeentwicklung in der Eurozone[51]

Dass die Bestrafung durch die Finanzmärkte sehr plötzlich eingetreten ist, kann dabei nicht als Ausrede gelten. Schließlich gilt der plötzliche Renditeanstieg zunächst nur für den Sekundärmarkt. Das gestiegene Zinsniveau macht sich somit gestaffelt für den Haushalt bemerkbar, weil die staatlichen Schuldenpapiere nicht alle auf einmal fällig werden, sondern nach und nach abgelöst werden müssen.

51 Datenquelle: Eurostat.

Dass es sich bei steigenden Risikoprämien in erster Linie um ein psychologisches Problem handelt, zeigt auf der anderen Extremseite das Beispiel Japan. Der japanische Staat verschuldet sich seit Jahren in drastischem Ausmaß. Die Verschuldungsquote betrug 2011 211,4% des BIPs – eine international fast einmalig hohe Quote.[52] Der Anteil der Neuverschuldung am Staatshaushalt beträgt fast 50%. Zwar wird die Bonität des Landes seitens der Ratingagenturen negativ bewertet, aber insbesondere dank der großen Zahl inländischer Gläubiger bleibt das Zinsniveau ausgesprochen niedrig.

Im Falle Griechenlands bleibt die Frage im Raum stehen, warum die Investoren trotz unveränderter Fundamentaldaten das Risiko eines Staatsbankrotts so lange unberücksichtigt ließen, um dann umso heftiger darauf zu reagieren. Diese Frage muss an dieser Stelle leider unbeantwortet bleiben. Nur so viel: Nachdem jahrzehntelange kein Industriestaat einen Staatsbankrott erklärt hatte, wurden Staatsanleihen wohl als zu sicherer Hafen gesehen.[53] Die Kapitalmärkte wurden dadurch zu schuldenaffin, was im Übrigen auch für die privaten Schulden galt. Dies begünstigte sowohl die Finanz- und Wirtschaftskrise ab 2008, als auch die anschließende europäische Verschuldungskrise. Bei letzterer bleibt der Eindruck zurück, dass die Kapitalmärkte sehr spät ihr Misstrauen in Form steigender Renditen gezeigt haben.

Die Verschuldungskrise hat zwar in den Staaten der europäischen Peripherie zu teilweise rapide steigenden Renditen auf Staatsanleihen geführt. Dies gilt bislang aber nicht für die Bundesrepublik. Die deutschen Staatsanleihen werden nach wie vor als sicherer Hafen angesehen, was zum Absinken der Zinsen geführt hat, mit dem Ergebnis, dass die Bundesrepublik vorübergehend sogar Anleihen platzieren konnte, für die die Käufer Zinsen zahlen mussten. Dies sollte aber nicht über das durchaus problematische Verschuldungsniveau der Bundesrepublik hinwegtäuschen. Die Ursachen für dieses Verschuldungsniveau werden im Folgenden erklärt.

52 Datenquelle: Bundesministerium der Finanzen.

53 Gefördert wurde dieses Verhalten durch den fehlenden Zwang zur Hinterlegung von Eigenkapital beim Kauf von Staatsanleihen durch institutionelle Investoren. Diese rechtliche Bevorzugung von Staatsanleihen vor anderen Anlageformen darf als Teil der finanziellen Repression gesehen werden.

3. Der Einfluss von Wahlen auf die Staatsverschuldung

Die initiale Frage dieser Arbeit war die Frage, warum die Bundesrepublik eine so hohe – international allerdings keineswegs auffällig hohe – Verschuldung aufweist. In den beiden folgenden Kapiteln wird gezeigt werden, dass diese hohe Verschuldung insbesondere auf politökonomische Faktoren zurückzuführen ist. Anschließend wird die Frage zu untersuchen sein, warum sich Regierungen verschulden können. Hier wird also die Meta-Ebene analysiert werden. Zuletzt wird zu untersuchen sein, wofür sich Regierungen verschulden. Erst wenn diese Fragen beantwortet sind, lässt sich die Schuldenbremse als Methode zur Begrenzung der Verschuldungsneigung beurteilen und unter diesem Aspekt analysieren.

3.1. Das Verhalten von Politikern und Wählern

Ausgangspunkt der hier dargelegten Argumentation ist die Annahme eines egoistisch handelnden Politikers, dessen Ziel es ist, seine Nutzenfunktion zu maximieren, wie es die *Public Choice*-Theorie formulierte. Im Mittelpunkt steht das fundamentale Interesse an seiner Wiederwahl, da sein Nutzenniveau hiervon abhängt. Weil der nächste Wahlausgang jedoch unsicher ist, sind Politiker in starkem Maße gegenwartsorientiert und diskontieren dementsprechend den gegenwärtigen Nutzen mit hohen Diskontraten ab (Wissenschaftlicher Beirat beim Bundesministerium der Finanzen 2001: 6): „*This is not to say that politicians never look beyond the next election in choosing courses of action, but only that such short-term considerations dominate the actions of most of them*“ (Buchanan und Wagner 1977: 159).

Um ihre Wiederwahlwahrscheinlichkeit zu erhöhen, dürften Politiker umso stärker auf die Wünsche der Wähler eingehen, je größer die politische Konkurrenz ist, da die Regierung unter dem Druck der Opposition steht und diese die Begehrlichkeiten der Bevölkerung durch Versprechungen in höherem Maße bedienen kann als die Regierung (Bökenkamp 2010: 58). Dabei ist es umso wichtiger für Politiker, bei der nächsten Wahl die maximale Anzahl von Stimmen zu erreichen, je unsicherer der nächste Wahlsieg ist (Stalder 1997: 150ff.).

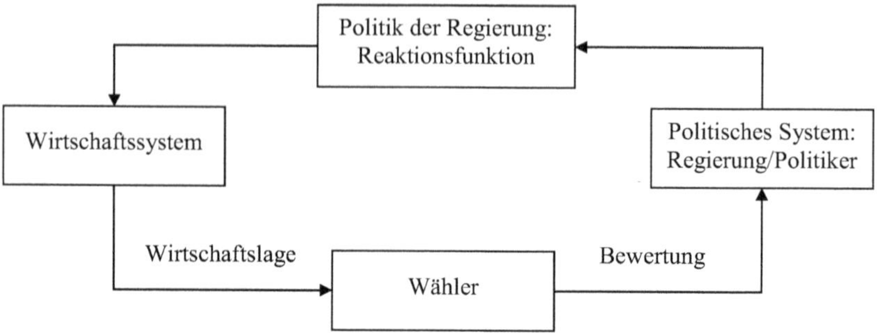

Abbildung 11: Wählerverhalten im politökonomischen Gesamtmodell[54]

Demgegenüber stehen die Wirtschaftssubjekte in ihrer Eigenschaft als Wähler. Gemäß der Theorie des *Economic Voting*[55] bilden Wähler ihre Wahlpräferenzen auf Grundlage wirtschaftlicher Gesichtspunkte[56]: „Das Wählen nach ökonomischen Gesichtspunkten ist im Hirn der Bürger von Demokratien fest verankert" (Ferguson 2001: 16), so Norpoth. Dabei sind die Wähler aber aus rationalen Gründen relativ schlecht informiert, sehr kurzsichtig (Stalder 1997, Paldam und Nannestad 2000, Norpoth 1996)[57], weisen eine hohe Unsicherheit bezüglich zukünftiger politischer Maßnahmen auf und sind in der Folge dessen ebenfalls in hohem Maße gegenwartsorientiert (Stalder 1997: 142ff.).

Dass Wähler in der Regel relativ schlecht informiert sind, liegt daran, dass die Wahrscheinlichkeit, dass sie der entscheidende Wähler sind, extrem gering ist. Wenn sie nicht der entscheidende Wähler sind, ist ihr Einfluss auf den Wahlausgang jedoch verschwindend gering. Folglich liegen die Kosten der Informati-

54 Eigene Darstellung. In Anlehnung an Stalder (1997: 296).

55 Siehe für einen Überblick: Lewis-Beck und Paldam (2000a), ebenso Alvarez und Nagler (2000). Zurück geht dieses Konzept auf Downs (1968).

56 Natürlich spielen nicht nur wirtschaftliche Gesichtspunkte eine Rolle. Gerade in Krisen- und Kriegszeiten übernehmen andere Faktoren die Hauptrolle bei Wahlentscheidungen. Es gibt eine Reihe von Arbeiten, die zu zeigen versuchen, dass nicht-ökonomische Faktoren eine wichtigere Rolle bei der Wahlentscheidung spielen als ökonomische Faktoren (Blais et al. 2004). Aber in „normalen" Zeiten spielen ökonomische Faktoren die wichtigste Rolle. Clinton brachte diesen Umstand 1992 mit dem markanten Wahlslogan „*It's the economy, stupid*!" auf den Punkt, mit dem er gegen Bush sen. in den Wahlkampf zog, um deutlich zu machen, dass Bush trotz seiner außenpolitischen Erfolge aufgrund der ökonomischen Probleme der USA die schlechtere Wahl sei.

57 Diese Kurzsichtigkeit dürfte auch auf den Rückgang ökonomischen Wissens bei den Wählern zurückzuführen sein.

onsbeschaffung immer höher als der erwartete Nutzen. Zudem sind umfassende Informationen zum politischen Prozess häufig nur schwer verfügbar.
Für die Unsicherheit bezüglich der zukünftigen Maßnahmen der Regierung ist eine Reihe von Tatsachen verantwortlich. Erstens stellen die Wahlprogramme der Parteien in der Regel „Wunschzettel" dar. Welche Programmpunkte während der Legislaturperiode tatsächlich verwirklicht werden, kann der Wähler vor der Wahlentscheidung kaum wissen. Zweitens legen die Parteien ein Maßnahmenbündel im Wahlprogramm vor, das nur als Ganzes abgelehnt oder gebilligt werden kann. Drittens können Maßnahmen über mehrere Legislaturperioden hinweg wirken. Bei einem Machtwechsel können die Maßnahmen jedoch wieder zurückgenommen werden. Der Wähler müsste daher zukünftige Wahlentscheidungen in seinem Kalkül berücksichtigen, was aufgrund der hohen Unsicherheit zukünftiger Entwicklungen nur schwerlich gelingen kann.[58]
Da der Wähler seine Entscheidung nicht aufgrund zukünftiger Ereignisse und Ergebnisse treffen und damit prospektiv wählen kann, greift er auf gegenwärtige Indikatoren und Erfahrungen aus der Vergangenheit zurück. Lässt man Krisensituationen außer Acht, rücken ökonomische Faktoren in den Blickpunkt.[59] Dabei wird angenommen, dass Wähler gemäß der *Responsibility Hypothesis* urteilen: Sie machen die Regierung für ökonomische Ergebnisse verantwortlich.[60] Dabei wiegen die ökonomischen Faktoren in schlechten Zeiten schwerer als in guten. Die beiden bedeutendsten ökonomischen Faktoren sind Inflation und Arbeitslosigkeit, die „*Big Two*", wobei Wähler über ersteres relativ schlecht und über letzteres relativ gut informiert sind (Paldam und Nannestad 2000a). Vor der Wahlentscheidung schätzt der Wähler demnach die ökonomische Situation ein und trifft auf dieser Grundlage seine Entscheidung, wobei die Bestrafung oder Belohnung der im Amt befindlichen Regierung im Vordergrund steht (Lewis-Beck und Paldam 2000). Ein berühmtes Beispiel für das retrospektive Wählen

58 Dass Wähler tendenziell eher retrospektiv denn prospektiv abstimmen, wird in dieser Arbeit noch häufiger erwähnt werden.
59 Eine Untersuchung von Alvarez, Nagler und Willette (2000) zeigt, dass politische Probleme und ökonomische Faktoren einen etwa gleichbedeutenden Einfluss haben, wenn auch mit Unterschieden bei den verschiedenen Parteien. Gschwend und Norpoth (2000) kommen ebenso wie Blais, Turgeon, Gidengil, Nevitte und Nadeau (2004) hingegen zu dem Ergebnis, dass politische Faktoren einen größeren Einfluss als wirtschaftliche Faktoren haben.
60 Wir werden noch sehen, dass Wähler dies auch dann tun, wenn die Regierung keinerlei Einfluss auf die ökonomischen Ergebnisse hat. Dies ist beispielsweise bei der Geldpolitik der Fall, die in der Bundesrepublik immer in den Händen der politisch unabhängigen Bundesbank lag und heute in den Händen der ebenfalls unabhängigen Europäischen Zentralbank liegt.

anhand ökonomischer Indikatoren ist der amerikanische Präsidentschaftswahlkampf 1980 zwischen Carter und Reagan. Reagan hatte sich an die Wähler gewandt und sie gefragt: „*Are you better off than you were four years ago*?“ Die Wähler beantworteten die Frage mit der Abwahl Carters.
Geht man von solchen Erfahrungswerten aus, dürfte es der Wähler honorieren, wenn eine Regierung vor der Wahl eine Möglichkeit findet, beispielsweise die Arbeitslosigkeit zu senken oder die Einkommen der Wähler zu erhöhen. Damit würde gleichzeitig die Wahrscheinlichkeit einer Wiederwahl der Regierung steigen.
Fasst man nun zusammen, dass sowohl Politiker als auch Wähler einen sehr kurzen Zeithorizont haben und die Wähler schlecht informiert, vergesslich und unsicher bezüglich der zukünftigen politischen Maßnahmen sind, kann es für Politiker einen rationalen Anreiz geben, vor Wahlen Maßnahmen zu ergreifen, die die Wiederwahlwahrscheinlichkeit erhöhen.

3.2. Downs' Kalkül der optimalen Haushaltsgröße

Dass staatliche Verschuldung und Überschuldung keine Erfindung der Neuzeit sind, wurde bereits in der Einleitung offenbar. Der *unmittelbare* Zweck der Verschuldung hat sich jedoch gewandelt. In früheren Zeiten verschuldeten sich Staaten bzw. deren Herrscher in erster Linie, um Kriege zu finanzieren[61] und häufig auch, um eine prunkvolle Hofhaltung zu ermöglichen. Der *mittelbare* Zweck dabei war entweder den Einflussbereich des Herrschers, also seine Macht und seinen Ruhm zu vergrößern oder aber, ihm ein annehmliches Leben zu ermöglichen.
Historisch gibt es dafür unzählige Beispiele. Auf das *Ancien Régime* Frankreichs trafen beide Zwecke zu. Am Vorabend der Revolution von 1789 wurden etwa 6% des Staatshaushaltes allein für die Hofhaltung aufgebraucht. Die von Frankreich geführten Kriege zehrten weiter an den Staatsfinanzen: Ein Viertel der Ausgaben wurde 1789 für die Streitkräfte verwandt, fast die Hälfte der gesamten Einnahmen für den Schuldendienst. Da die steuerliche Belastung der Bauern aber bereits sehr hoch war und somit weitere Steuererhöhungen kaum als gang-

61 Einen interessanten Überblick bietet Ferguson (2009: 61 ff., 2001). Hank hat zu diesem Umstand geschrieben: „Seit der Neuzeit waren es vor allem Kriege, die den Regierungen Anlass gaben, ihre Bürger – unter Mobilisierung aller patriotischen Gefühle – um Geld anzupumpen“ (Hank 2010).

bare Alternative angesehen werden konnten, flohen die französischen Könige trotz eines ersten Staatsbankrottes 1720 in die Verschuldung.[62] Die Unfähigkeit zu Reformen und das politische Missmanagement im Zuge der Verschuldungskrise führten letztlich zur Revolution (Fahrmeir 2010). Ferguson (2001: 138ff.) kommt zu dem Schluss, dass das vorrevolutionäre Frankreich mutmaßlich der bekannteste Fall eines Staates war, der aufgrund seines Verschuldungsverhaltens und seines unzulänglichen Schuldendienstes einen Niedergang erlebte.

Ähnliche Muster für das Verschuldungsverhalten von Herrschern und Staaten finden sich in der Weltgeschichte immer wieder, so etwa im Spanien Philipps II. Der Herrscher eines Weltreichs wandte im ausgehenden 17. Jahrhundert etwa 90% seiner Ausgaben für militärische Zwecke auf. Obwohl Spanien sich auf gewaltige Einnahmen aus den amerikanischen Minen stützen konnte, erklärte er insgesamt vier Mal offen den Staatsbankrott. Dennoch fand er in Form wohlhabender italienischer Familien und der Fugger immer wieder neue Geldgeber (von Petersdorff 2010).

Für Kriege und Hofhaltung werden heute zwar – von bestimmten Ausnahmen abgesehen[63] – keine großen Ausgabenposten mehr bereitgehalten, doch der mittelbare Zweck der Staatsausgaben und der Verschuldung ist der gleiche.[64] Der *Public-Choice*-Theorie zufolge sind Politiker ebenso auf die Maximierung ihres persönlichen Nutzens bedacht wie andere Individuen auch. Politiker verfolgen demnach nicht primär das Allgemeinwohl, sondern ihr eigenes Wohl. Dieses Wohl ist umso größer, je einflussreicher und mächtiger ein Politiker ist, da damit die Realisierung seiner Eigeninteressen in Form von Macht oder Ideologie einhergeht. Politische Entscheidungen werden in diesem Prozess lediglich als Nebenprodukt gesehen (Schumpeter 1993: 448ff.).

In der Demokratie kommt es aufgrund des Strebens der Politiker nach Nutzenmaximierung somit zu einem Wettstreit um Macht und Ämter. Die politischen

62 Die Verschuldungsquote Frankreichs betrug 1788 „nur" 65% des BIPs, während die Verschuldungsquote Englands 182% des BIPs betrug. Hank (2010) führt dies auf den Umstand zurück, dass sich die englischen Regierungen relativ erfolgreich des Wohlstandes ihrer Untertanen bedienen konnten, ohne diesen dadurch zu gefährden. Folgerichtig betrug der Zins für die englischen Staatsschulden acht und der für die französischen Staatsschulden mehr als zwölf Prozent. Siehe hierzu auch Ferguson (2001).

63 Als Beispiel für eine solche Ausnahme lassen sich die amerikanischen Rüstungsprogramme der 1980er Jahre nennen, die zwar mit zum Ende des Kalten Krieges beitrugen, aber auch den Staatshaushalt belasteten.

64 Ferguson hat dazu geschrieben: „Der Sozialstaat verdrängt den Militärstaat" (Ferguson 2001: 27). Wie in Kapitel 7 noch erläutert wird, diente der schuldenfinanzierte Ausbau des Sozialstaats in der Bundesrepublik insbesondere der Bindung von Wählern an Regierungen.

Akteure kämpfen dabei um Stimmen, um ihre (Wieder-)Wahl zu sichern, da sie hieraus den größten Nutzen ziehen, etwa Macht, Ansehen und Einkommen oder die Möglichkeit, ihre ideologischen Ziele zu verfolgen (Kirsch 2004: 3ff., Roberts 1978: 605).[65]

An diesen Kampf um Wählerstimmen knüpft Downs' frühes Konzept der optimalen Haushaltsgröße an (1968: 67ff.). Es liefert gleichzeitig einen ersten Ansatz für die Erklärung der steigenden Staatsverschuldung in der Bundesrepublik.[66] Stimmengewinne und -verluste bei der Wahl sind in Downs' Modell ein Ergebnis der Finanzpolitik der Regierung. Durch Ausgaben gewinnt sie Stimmen, durch die Generierung von Einnahmen mittels Steuern und Abgaben verliert sie Stimmen.[67] Die „erkauften" (Downs 1974: 125) Stimmen schlagen mit abnehmendem Grenzgewinn und die „besteuerten" Stimmen mit zunehmendem Grenzverlust zu Buche. Im Optimum entspricht der Grenzstimmengewinn dem Grenzstimmenverlust einer zusätzlichen Geldeinheit. In diesem Punkt maximiert die Regierung die Wahrscheinlichkeit ihrer Wiederwahl.

$$Optimum\colon \frac{\delta SG}{\delta G} = \frac{\delta SV}{\delta T}$$

Möglicherweise hatte Friedman Downs' Theorie im Hinterkopf, als er äußerte: „Geldausgeben ist das Lebenselixier von Politikern. Und zugleich die Grundlage ihrer Macht" (Friedman 2005). Durch Schuldenaufnahme steht Regierungen ein Instrument zur Verfügung, das ihnen erlaubt, zusätzliche Stimmen zu kaufen, ohne Stimmenverluste aufgrund der Besteuerung befürchten zu müssen: *to spend without to tax.*[68] Sie können die Kosten der Staatsverschuldung externalisieren, da die Last der Staatsverschuldung größtenteils in die Zukunft geschoben

---

65 Hibbs (1986) bemerkt dazu: "*In a democratic system, macroeconomic policies are rarely, if ever, motivated by a political Golden Rule; rather they are conditioned, at times, decisively, by political forces*" (Belke 1996: 8).

66 Ich folge damit der Argumentation, der auch die meisten anderen Autoren gefolgt sind, die sich mit dem Thema Staatsverschuldung beschäftigt haben. So etwa Heinemann (1994), von Weizsäcker (2008) oder Kirchhof (2002).

67 Oder um es mit den Friedmans zu sagen: „*Many of us welcome the additional government spending; few of us welcome additional taxes*" (Friedman 1990: 264). Siehe auch: Scherf (1996: 371).

68 Das dritte Finanzierungsmöglichkeit neben Steuereinnahmen und Neuverschuldung, die Geldschöpfung, wird hier aus naheliegenden Gründen nicht näher betrachtet, da diese Möglichkeit zu Zeiten der Bundesbank verboten war und auch heute gegenüber der EZB verboten ist.

wird und von jenen getragen werden muss, die noch keine Wählerstimme haben (Weizsäcker 2008: 6).[69] Bei dieser Sichtweise lässt sich durchaus mit einiger Berechtigung von einem negativen externen Effekt sprechen, der auf zukünftige Generationen ausgeübt wird. Wie bei allen negativen externen Effekten fällt das Aktivitätsniveau zu hoch aus, sprich: Das Defizit ist ineffizient groß.[70] Abbildung 12 macht das Ergebnis deutlich. Durch das Instrument der Kreditaufnahme vergrößert sich das Haushaltsvolumen, weil mittels Kreditaufnahme zusätzliche Ausgaben getätigt werden können, die der Regierung Wählerstimmen sichern.

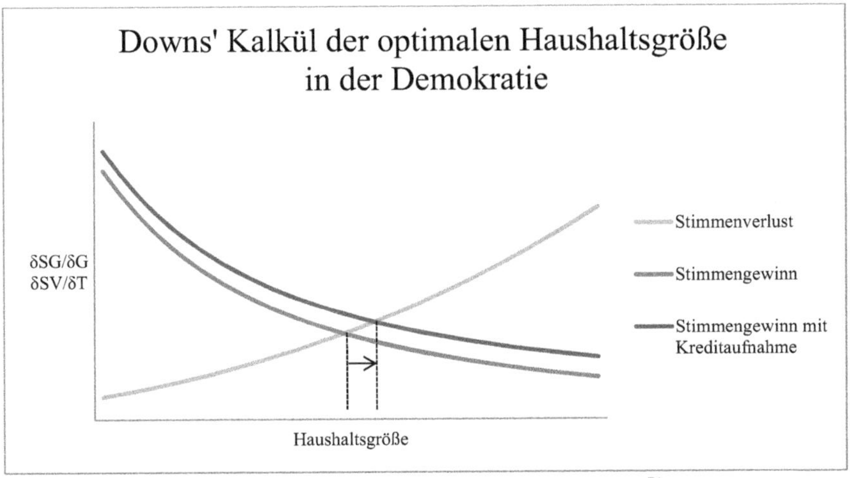

Abbildung 12: Die optimale Haushaltsgröße[71]

Dieser Hang, in der Gegenwart Defizite aufzubauen, wird auch als *Deficit Bias* bezeichnet (Heinen 2010: 4). Sinn fasst diese Situation folgendermaßen zusammen: „Demokratien werden häufig von der krankhaften Sucht heimgesucht, die Leistungen des Staates sofort zu verteilen und die Kosten dieser Leistungen auf zukünftige Generationen zu verschieben, die im Moment noch kein Wahlrecht haben“ (Sinn 2004: 324). Von Weizsäcker erkennt in der Staatsverschuldung deshalb eine „Zukunftsschwäche der Wettbewerbsdemokratie“ (von Weizsäcker 2000).

69 Ähnlich argumentieren Biedenkopf und Miegel: „Durch seine Schuldenpolitik verheimlicht der Staat den Bürgern die wahren Kosten seiner Tätigkeit“ (Biedenkopf und Miegel 1979: 13).

70 Einen solchen intertemporalen Ansatz verfolgen u. a. Alesina und Tabellini (1990).

71 Eigene Darstellung.

An Downs' Theorie der optimalen Haushaltsgröße knüpfen auch Wagner und Tollison an. Sie stellen den staatlichen Haushaltsprozess als Gefangenendilemma dar, in dem es zwar volkswirtschaftlich besser wäre, einen ausgeglichenen Haushalt vorzulegen, die Anreize zur Kreditfinanzierung aber überwiegen. Für den Gesetzgeber ist es gemäß Downs' Kalkül vorteilhafter, auf die Kreditfinanzierung auszuweichen, um sich politische Zustimmung zu erkaufen. Würden einzelne Abgeordnete indes versuchen, gegen die Kreditfinanzierung zu opponieren, würde das Defizit davon nicht berührt. Die Abgeordneten müssten aber Nachteile befürchten, da sie ihren Wählern keine Vorteile aus gewähren könnten. Folgten sie dagegen einer solchen *Pork-Barrel*-Politik (Shepsie und Weingast 1981), könnten sie zusätzliche Leistungen für ihren Wahlkreis erreichen und somit ihre eigene Wiederwahlwahrscheinlichkeit steigern (Wagner und Tollison 1982: 22ff.). Nur eine verbindliche Festlegung (*Commitment*) in Form etwa einer konstitutionellen Norm, die Defizite allgemeingültig und verbindlich begrenzt, kann in einer solchen Dilemmasituation einen Ausweg zeigen.

Neben der offenen Kreditaufnahme weist von Weizsäcker (199: 58) auf die Möglichkeit für Regierungen hin, die merklichen Ausgaben und unmerklichen Einnahmen nach dem Gutdünken der Regierung zu steuern. So lassen sich beispielsweise indirekte Steuern und Transfers an Haushalte erhöhen (Buchanan und Wagner 1977: 127ff., von Weizsäcker 1992: 58).[72] Ersteres fällt im Allgemeinen wenig auf, während zweiteres relativ schnell von den Wählern aufgenommen wird. Auf diese Weise lassen sich Wählerstimmen auch ohne Kreditaufnahme gewinnen. Zu einer solchen Entwicklung ist es in den meisten Staaten auch gekommen: Merkliche direkte Steuern wurden durch weniger merkliche indirekte Steuern ersetzt (Edling 2001: 98). Eine andere Option für die Regierung wäre es, diejenigen Steuern zu erhöhen, die die Gruppen betreffen, die für die Regierung nicht von Interesse sind (Scherf 1996: 371).

Eine weitere Konsequenz von Downs' Kalkül wäre, dass der Anteil der Investitionsausgaben am Haushalt abnimmt und die Konsumausgaben stattdessen zunehmen. Investitionsausgaben tragen nur langfristig Renditen, wenn die derzeitige Regierung möglicherweise gar nicht mehr im Amt ist. Konsumausgaben hingegen wirken sofort und steigern dementsprechend – und bei vorhandener Fiskalillusion bzw. Akzeptanz der Verschuldung – die Popularität der Regie-

72 Zu merklichen Ausgaben zählen z. B. Sozialtransfers oder Subventionen. Unmerkliche Einnahmen bilden hingegen solche, die der Bürger nicht unmittelbar spürt und wahrnimmt, wie etwa indirekte Steuern oder auch die Staatsverschuldung.

rung, was ihrer hohen Gegenwartspräferenz entgegen kommt (Buchanan und Brennan 2000: 79).

Für die aktuellen Wähler setzt die Möglichkeit des Stimmengewinns durch Kreditfinanzierung voraus, dass diese der Fiskalillusion unterliegen, die Leistungen und Kosten der Staatstätigkeit also verzerrt einschätzen oder die Staatsverschuldung aus anderen Gründen akzeptieren, denn andernfalls würden sie Parteien, die die Kreditfinanzierung (zu) extensiv nutzen, bei Wahlen entsprechend abstrafen. Auf beides wird noch zurückzukommen sein.

Gegen Downs' Überlegung der optimalen Haushaltsgröße kann eingewandt werden, dass die Wähler das Täuschungsmanöver der Regierung erkennen und die aufgenommenen Schulden als zeitverzögerte Steuern wahrnehmen nach der (alten, aber wohl wenig beachteten) Volksweisheit: Die Schulden von heute sind die Steuern von morgen. Diese Überlegung liegt der Barro-Ricardo-Äquivalenz zugrunde.

3.3. Die Barro-Ricardo-Äquivalenz

Die ricardianische Äquivalenz, die von Barro wiederentdeckt und bekannt gemacht wurde, besagt, dass Staatsverschuldung und Besteuerung belastungsäquivalent sind (Ricardo 1962, Barro 1989). Ricardo, selber ein erbitterter Gegner öffentlicher Verschuldung (Winch 1998: 18), verglich eine Staatsanleihe mit unbegrenzter Laufzeit mit einer einmaligen Steuer (T). Verschuldet sich der Staat, muss der Bürger in jeder folgenden Periode Steuern zur Begleichung der Zinsen bezahlen. Hierbei handelt es sich um eine revolvierende Staatsschuld: eine Staatsschuld, die nie zurückgezahlt wird. Bei unendlichem Zeithorizont entspricht der Barwert der zukünftigen Zinszahlungen (Z) der Höhe einer einmaligen Steuer zur Finanzierung der Staatsausgaben. Hierbei wird insbesondere vorausgesetzt, dass perfekte Kapitalmärkte vorliegen und die Individuen unendliche Zeithorizonte haben.

$$Z_{Barwert} = \lim_{n\to\infty} \frac{i\,T}{(1+i)^n} * \frac{(1+i)^n - 1}{i} = T$$

Bildlich gesprochen schränken die Individuen bei Erhebung einer Steuer ihren Konsum ein, um auf die Mehrbelastung durch den Staat zu reagieren. Finanziert der Staat seine Ausgaben über Schulden, antizipieren das die Individuen ebenfalls rational und schränken in den zukünftigen Perioden ihren Konsum ein, um damit die Steuern für die Zinsen zu bezahlen. Die Einschränkung des Konsums führt zu einer erhöhten Ersparnis und zwar in demselben Umfang, wie der Staat sich verschuldet (Aschinger 1985: 587). Die Instrumente der Besteuerung und der Schuldenfinanzierung unterscheiden sich in ihrer ökonomischen Wirkung demnach nicht. Für den Staat ist es daher gemäß der ricardianischen Äquivalenz sinnlos, sich zu verschulden.[73]

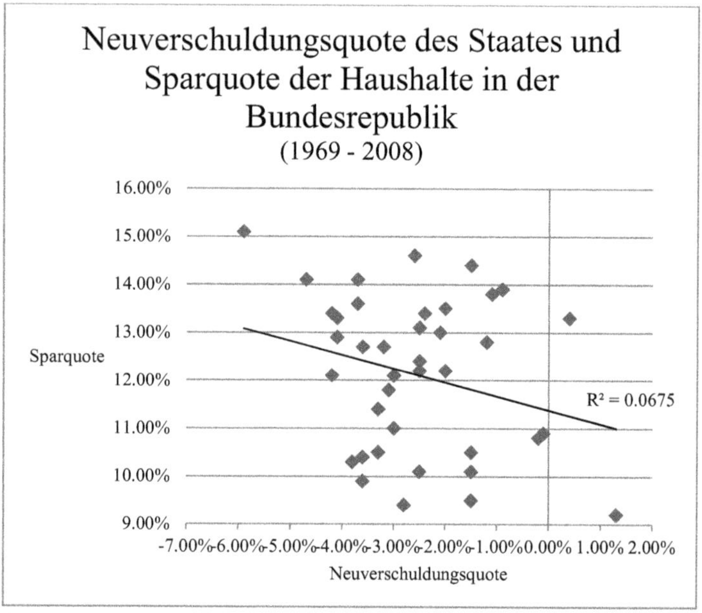

Abbildung 13: Spar- und Neuverschuldungsquote in der Bundesrepublik[74]

Abbildung 13 lässt erkennen, dass es schwierig ist, angesichts eines Bestimmtheitsmaßes (R^2) von 0,0675 einen Zusammenhang zwischen der Verschuldung des Staates und dem Sparverhalten der Haushalte herzustellen.[75] Ge-

73 Ein erstes Ergebnis dieses Theorems ist, dass Defizite die realen Zinssätze nicht beeinflussen. Dies widerspräche der Erwartung des *Crowding-out*. Hierauf wird bei den möglichen Rechtfertigungsgründen für die Staatsverschuldung noch zurückzukommen sein.

74 Datenquelle: Sachverständigenrat, Bundesministerium der Finanzen und Statistisches Bundesamt, eigene Darstellung.

75 Bei einer linearen Einfachregression mit denselben Daten konnte keine Signifikanz festgestellt werden.

rade in den Jahren nach den hohen Neuverschuldungsquoten in den Jahren 1975 (-5,9%), 1981 (-4,7%), 1993 (-4,2%) oder 2003 (-3,8%) hätte die Sparneigung zunehmen müssen. Mitte der siebziger Jahre und nach dem Defizit 1993 sank sie aber. Die seit 2000 ansteigende Sparquote dürfte in erster Linie eine Reaktion auf den wachsenden Reformbedarf der sozialen Sicherungssysteme sein, die in Zukunft wesentlich stärker auf eigenverantwortlichen Kapitalaufbau werden bauen müssen. Mit den starken Schwankungen der staatlichen Neuverschuldungsquoten in jüngeren Jahren (zwischen -3,8% und +1,3%) hat der Anstieg der Sparquote wahrscheinlich wenig zu tun.[76]

Empirische Studien belegen, dass der ricardianischen Äquivalenz in der praktischen Finanzpolitik keine Bedeutung zukommt (Leibfritz 1994). Insbesondere neuere Studien widerlegen die These, dass Steuern und Staatsverschuldung äquivalente Instrumente sind. Dass das Verschuldungsverhalten des Staates auf das Konsumverhalten der Wirtschaftssubjekte keinen Einfluss hat und der Barro-Ricardo-Äquivalenz für die Bundesrepublik keine Bedeutung zukommt, weist Stalder (1997: 342ff.) nach. Im Zeitraum von 1961 bis 1994 änderte sich das Konsumverhalten in der Bundesrepublik nicht. Dabei hätte der Konsum zurückgehen und das Sparverhalten zunehmen müssen. Beides kann nicht nachgewiesen werden.

Trotz der Ungültigkeit der ricardianischen Äquivalenz konnte und kann das Phänomen der Zwillingsdefizite in der Bundesrepublik nicht beobachtet werden – im Gegenteil. Verschuldet sich der Staat, reduziert er dadurch die inländische Ersparnis. Ein Anstieg der Zinsen wäre die logische Folge. Dies würde ausländische Investoren anziehen. Zum Erwerb der inländischen Staatsanleihen müssten sie aber inländische Währung nachfragen. Der Wechselkursanstieg würde den Waren- und Dienstleistungsexport bremsen und die Leistungsbilanz passivieren. Neben dem staatlichen Defizit bestünde folglich auch ein Leistungsbilanzdefizit. Das Phänomen der Zwillingsdefizite spielt für die Bundesrepublik jedoch keine Rolle, was der bis vor kurzem jährlich vergebene Titel des „Exportweltmeisters" belegt.

Wenn die Wirtschaftssubjekte mit ihrem Konsumverhalten nicht auf die staatliche Verschuldung reagieren, muss es dafür Gründe geben. Tatsächlich unterlie-

76 Vergleicht man die Entwicklung beispielsweise mit Japan, das auf ähnliche Weise hart vom demographischen Wandel betroffen ist, wird die Sparquote in Zukunft noch weiter deutlich ansteigen.

gen die Wirtschaftssubjekte der bereits von Ricardo vermuteten Fiskalillusion in hohem Maße.

3.4. Die Fiskalillusion

Wenn die Wähler die Verschuldung rational antizipieren würden, dürfte es für Regierungen keinen Anreiz geben, Schulden aufzunehmen, da die Wähler die Schulden als spätere Steuererhöhungen wahrnehmen würden. Antizipieren die Wähler die Schulden nicht korrekt, ist es für Regierungen rational, in einem solchen Maß Schulden aufzunehmen, um alle für die Wiederwahl notwendigen Gruppierungen auf ihre Seite zu ziehen.

Grundsätzlich gibt es jedoch zwei Erklärungsansätze, warum Wähler Staatsverschuldung hinnehmen oder im Extremfall sogar wünschen. Im ersten Fall unterliegen sie der Fiskalillusion und schätzen die Wirkungen der Verschuldung falsch ein, während sie im zweiten Fall die Verschuldung aus rationalen Gründen akzeptieren, was im nächsten Abschnitt erklärt werden soll (Ottnad 1996: 125ff., Scherf 2007: 40ff.).

Den Fall der Fiskalillusion[77] hatte, wie erwähnt, schon Ricardo erkannt. Er beschrieb unter diesem Stichwort das Phänomen, dass Wähler die (individuelle) Schuldenlast unter- und im Gegenzug den Nutzen aus öffentlichen Ausgaben überschätzen (Pommerehne und Schneider 1978: 381). Eine Fiskalillusion besteht schon allein deshalb, weil bei steuerfinanzierten staatlich bereitgestellten Gütern Leistung und Gegenleistung getrennt sind (Edling 2001: 97). In der Folge werden auch Staatsschulden nicht in ihrer vollen Tragweite durch den Wähler berücksichtigt, da die staatliche Finanzpolitik zu undurchdringlich ist, als dass sie ein einzelner Wähler in der ganzen Tragweite berücksichtigen könnte (Ottnad 1996: 130).

Grundsätzlich lässt sich die Fiskalillusion in zwei Komponenten unterteilen: die Ausgabenillusion und die Steuerillusion (Edling 2001: 97f.). Der Ausgabenillusion liegt die Überlegung zugrunde, dass die Wirtschaftssubjekte bestimmte staatlich bereitgestellte Güter eher wahrnehmen als andere. Erstere werden Politiker besonders fördern, während sie bei letzteren eher zu Kürzungen bereit wä-

77 Während sich die fehlerhafte Einschätzung von Schulden im Durchschnitt ausgleicht, impliziert die Illusion eine systematische Verzerrung der Wahrnehmung (Buchanan und Wagner 1977: 129).

ren. Die Steuerillusion wiederum beruht auf der Tatsache, dass die meisten Steuersysteme viel zu komplex sind, als dass sie von Wirtschaftssubjekten in ausreichend großer Zahl vollständig verstanden werden könnten. Durch die Vielzahl an unterschiedlichen Steuern und die unterschiedlichen Erhebungsarten ist es für den Einzelnen kaum möglich, einen Überblick zu gewinnen, welchen Anteil seines Einkommens er an den Staat abführt.

Auf die Steuerillusion beziehen sich auch Buchanan und Wagner, wenn sie bei der staatlichen Bereitstellung von Gütern eine Fiskalillusion feststellen (Buchanan und Wagner 1978: 137ff., Buchanan und Wagner 1977: 127ff.). Sie verweisen dabei auf die Komplexität des amerikanischen Steuerrechts, das ihrer Ansicht nach die Fiskalillusion fördert. Entscheidungen von Individuen werden für gewöhnlich durch Abwägen der Kosten und des Nutzens der Entscheidung getroffen. Bei Inanspruchnahme öffentlicher Güter fallen jedoch typischerweise keine Kosten an und die konsumierte Menge ist frei wählbar, ohne dass dies einen Einfluss auf die Kosten hätte. Das Individuum muss zwar einen Beitrag leisten, jedoch wäre die Feststellung der genauen Höhe des Beitrags viel zu aufwändig, als dass dies jemand auf sich nähme. Deshalb kommen Buchanan und Wagner zu dem Ergebnis, dass die Größe des staatlichen Haushalts von der Steuerstruktur abhängt. Ein hoher Anteil komplexer und indirekter Steuern fördert demnach Fiskalillusion.[78] Komplexe Steuerstrukturen führen dazu, dass der Anteil, den ein Individuum durch seine Steuern für das öffentliche Gut leistet, unterschätzt wird. Es konsumiert folglich mehr von dem öffentlichen Gut als es ein rationales Abwägen von Grenzkosten und -nutzen bestimmen würde.

Werden Güter durch den Staat bereitgestellt, liegt eine negative Preiselastizität der Nachfrage[79] nach staatlich bereitgestellten Gütern vor, da der wahrgenommene Preis für staatlich bereitgestellte Güter sinkt (Buchanan und Wagner 1978: 139ff.). In der Folge steigt die Nachfrage nach staatlich bereitgestellten Gütern. Die Politiker nehmen als Prinzipale diesen Wunsch wahr und erhöhen entsprechend das Haushaltsvolumen. Dieses Ergebnis setzt natürlich voraus, dass sich die Wähler der höheren zukünftigen Steuerbelastung nicht bewusst sind oder die zukünftigen Belastungen aus anderen Gründen in geringerem Maße oder gar nicht in das Kalkül einfließen (Duwendag 1983: 151, Stalder 1997: 351ff.).

---

78 Siehe für einen frühen Nachweis Wagner (1976).

79 Niskanen (1978: 91ff.) hat diese Hypothese für die USA empirisch getestet und kommt zu dem Ergebnis, dass die wahrgenommene Steuerpreis-Elastizität etwa -0,6 beträgt.

Die These, dass ein komplexes Steuersystem die Staatsverschuldung fördert, lässt sich international bestätigen. Gemäß einer Untersuchung von Franzese (2002) hat die Komplexität des Steuersystems einen sehr starken Einfluss auf die Höhe der staatlichen Verschuldung.
Eine andere Unterteilung der Fiskalillusion nimmt Stalder (1997: 230ff.) vor. Eine erste Komponente betrifft die falsche Wahrnehmung der finanziellen Situation des Staates. Diese Illusion bezieht sich auch auf die Belastung mit Steuern, die staatlichen Einnahmen und den Nutzen aus öffentlich bereitgestellten Gütern. Darüber hinaus stellt Stalder fest, dass diese Fehleinschätzung bei Fiskalillusion von allen Individuen getroffen wird.[80] Bei staatlicher Verschuldung ist es den Individuen folglich nicht mehr möglich, rationale Entscheidungen zu treffen, da sie ihre wirtschaftliche Lage nicht mehr angemessen und wirklichkeitsgetreu zu erkennen vermögen. Die Wahrscheinlichkeit, dass sie der Fiskalillusion unterliegen, steigt somit bei unmerklichen Einnahmen. Es könnte daher zu erwarten sein, dass Regierungen zunehmend auf unmerkliche Einnahmen ausweichen. Die unmerklichste Einnahmeart ist dabei die Kreditfinanzierung, bei der die Wirtschaftssubjekte aufgrund der personalen und temporalen Streuung die Belastung kaum einschätzen können. Diesen Sachverhalt kann Stalder (1997: 348ff.) empirisch auch nachweisen und damit auch die Existenz der Fiskalillusion.
Sie weist darüber hinaus auch auf das Informationsproblem der Wirtschaftssubjekte hin. Je schwieriger die Informationsbeschaffung für die Wirtschaftssubjekte bezüglich Kosten und Nutzen der öffentlichen Finanzen ist, desto eher bleiben die Wirtschaftssubjekte uninformiert. Diese Überlegungen knüpfen an die bereits erwähnte rationale Ignoranz von Downs an, der zufolge es für die Wähler rational ist, uninformiert zu bleiben, da die Wahrscheinlichkeit, dass sie der entscheidende Wähler sind, extrem gering ist. Die Kosten der Informationsbeschaffung liegen damit weit über dem Einfluss des einzelnen Wählervotums (Downs 1968: 202ff., Blankart 2008: 123).
Mit diesem letzten Punkt der rationalen Ignoranz wurde ein Grenzfall tangiert, der einen Mischfall der Fiskalillusion und der rationalen Akzeptanz der Staatsverschuldung darstellt.

---

80 In der finanzwissenschaftlichen Literatur wird meistens zwischen Illusion und falscher Wahrnehmung unterschieden. Die Illusion beruht auf psychologischen Aspekten, die nicht rational erklärt werden können. Die Fehleinschätzung beruht hingegen auf unzureichender Information der Individuen. So ist auch die These zu erklären, dass Wähler das Instrument der Verschuldung kaum durchschauen. Siehe hierzu von Weizsäcker (2008: 6).

3.5. Verschuldung als akzeptiertes Instrument?

Angesichts der steigenden Staatsverschuldung der Bundesrepublik und der Tatsache, dass weder rechte noch linke Regierungen die Staatsverschuldung in nennenswertem Ausmaß und dauerhaft eingedämmt haben, lässt möglicherweise auch den Schluss zu, dass die Wähler die Verschuldung zwar erkennen, sie aber begrüßen. Hierfür gäbe es mehrere Motive, die die Akzeptanz von Schulden durch den Wähler plausibel erklären würden.

Erstens kann der Staat in einer Rezession durch Verschuldung einen multiplikativen Prozess auslösen. Expansive fiskalpolitische Maßnahmen finanzieren sich dadurch zu einem bestimmten Teil immer selbst.[81] Diese „Hoffnung" kann es aber nur kurzfristig geben, da sich langfristig am Verschuldungsverhalten der Regierung nichts geändert hat und auch die Wachstumsraten nicht gestiegen sind.

Zweitens liegt der Barwert eines Kredites, den der Staat aufnimmt, unterhalb des Kreditbetrages eines Bürgers, da dem Staat eine bessere Bonität zugesprochen wird als privaten Schuldnern. Zukünftige Zahlungen müssen mit der individuellen Zeitpräferenzrate abdiskontiert werden, womit die Belastung durch den staatlichen Kredit folglich geringer ist als durch eine heutige Steuer. Hohe Gegenwartspräferenzen (Frey und Benz 2002) können dazu führen, dass Individuen zukünftige Zinszahlungen akzeptieren. In diesem Fall fällt der Diskontsatz (r) sehr hoch aus, weil der aktuelle Nettonutzen (NN) hoch bewertet wird.

$$NN_0 = \sum_{t=0}^{n} \frac{N_t - K_t}{(1+r)^t}$$

Drittens können Wähler Staatsschulden als Eventualverbindlichkeiten betrachten. In diesem Fall hoffen sie, dass sie von zukünftigen steuerlichen Belastungen nicht mehr betroffen sind, was insbesondere auf ältere Wähler zutrifft. Buchanan und Wagner haben dies am Beispiel eines Steuerzahlerlebens dargestellt (Buchanan und Wagner 1977: 139ff.). Nimmt der Staat zur Finanzierung eines Projekts Schulden auf, anstatt das Projekt durch eine einmalige Steuer zu finanzie-

81 Hierzu später mehr. In der öffentlichen Diskussion wird beispielsweise häufig von einer Selbstfinanzierungsquote von Steuersenkungen von 1/3 gesprochen, manchmal wird auch die Zahl 0,5 genannt. Diese Aussagen können als grobe Faustregel angesehen werden.

ren, liegt für ein Individuum mit einer verbleibenden Lebenserwartung von 40 Jahren der Barwert der Schuld nur noch bei 97,8% der Steuerfinanzierung. Je mehr die Lebenserwartung sinkt, desto niedriger fällt der Barwert aus. Liegt sie nur noch bei zehn Jahren, liegt der Barwert bei 61,4% (Wagner 1983). Auch Ferguson betont den eingeschränkten Altruismus gegenwärtiger Generationen gegenüber zukünftigen. Er zitiert Musgrave, nach dem die gegenwärtige Generation dazu neigt, „zukünftige Verpflichtungen zu übersehen und anzunehmen, dass durch Schulden finanzierte öffentliche Dienstleistungen [für sie] kostenlos sind" (Ferguson 2001: 213).

Dieses Kalkül trifft teilweise nicht nur auf ältere, sondern auch auf jüngere Wähler zu, da sie ebenfalls die Möglichkeit haben, der zukünftigen Besteuerung auszuweichen, etwa durch Migration (Scherf 1996: 373).[82] In diesem Fall weicht die persönliche Diskontrate von der der Gesellschaft ab. Steuersenkungen werden dann als Erhöhung des Lebenszyklus-Einkommens erachtet, da die Wahrscheinlichkeit besteht, dass der Steuerzahler von einer späteren Steuererhöhung nicht mehr betroffen ist (Haniotis 1999: 16).

Es gibt folglich eine ganze Reihe von Gründen, warum Wähler die Staatsverschuldung akzeptieren oder gar begrüßen. Darauf aufbauend können Politiker das Instrument der Verschuldung einsetzen, um die Bedürfnisse einzelner Wählergruppen zu befriedigen, um sich dadurch deren Stimmen zu sichern. Dieses Argument gewinnt vor dem Hintergrund der wachsenden Zahl von Transferempfängern in der Bundesrepublik enorm an Gewicht. 42,4% der wahlberechtigten deutschen Bevölkerung waren nach einer Studie des Instituts der deutschen Wirtschaft im Jahr 2007 Empfänger staatlicher Transfers (Peter 2010). Die steigende Zahl der Ruheständler in Folge der gesellschaftlichen Überalterung drückt sich bereits jetzt in dieser Zahl aus und wird das Problem weiter verschärfen. Transferempfänger haben an der Erhöhung ihres Einkommens natürlich ein besonderes Interesse und dürften daher schuldenfinanzierten Erhöhungen staatlicher Leistungen positiv gegenüberstehen (Ferguson 2001: 88ff.).

Dieser Befund wird untermauert durch die Arbeit von Cukierman und Meltzer (1989). Sie kommen in ihrer theoretisch angelegten Arbeit zu dem Ergebnis, dass die Verschuldung eines Staates u. a. umso größer sein dürfte, je ungleicher die Verteilung des Wohlstands und je kleiner der Anteil der Individuen, die von ihrem Arbeitseinkommen leben, sind. Wenn diese Fraktion (als entscheidender

---

82 Allein durch die innerdeutsche Migration werden die Schulden der Bundesländer belanglos, da die Wähler jederzeit dich Möglichkeit haben, das Bundesland zu wechseln.

Wähler) im politischen Prozess die Mehrheit erlangt, kann sie höhere Defizite und damit eine erhöhte Verschuldung gegenüber künftigen Generationen durchsetzen.

Ein letzter Gedanke sei hier noch angefügt, der in der Literatur möglicherweise noch nicht berücksichtigt wurde, der aber eine nähere Betrachtung verdienen würde. Oben wurde angesprochen, dass die Wähler prospektiv nicht über einzelne Aspekte des Programms von Parteien bei der Wahl abstimmen, sondern über das gesamte Programm auf einmal. Ebenso stimmen die Wähler retrospektiv über die Regierungsleistung als Ganzes ab und nicht über einzelne Aspekte (Kramer 1971). Darüber hinaus ist bekannt, dass die Wähler unterschiedliche Faktoren (insbesondere auch ökonomische) unterschiedlich gewichten. So werden etwa Arbeitslosigkeit und Inflation (*The Big Two*) bei der Wahl besonders berücksichtigt (Paldam und Nannestad 2000). Selbst wenn sich die Wähler der Staatsverschuldung bewusst wären, so wäre es möglich, dass sie die Regierung für ihre Schuldenakkumulation aus dem einfachen Grund nicht bestrafen, dass andere Faktoren eine wichtigere Rolle bei der Wahlentscheidung spielen als die Staatsverschuldung – Arbeitslosigkeit wäre eine Beispiel hierfür.[83] Gelänge es der Regierung beispielsweise, durch zusätzliche, kreditfinanzierte staatliche Ausgaben die Arbeitslosigkeit zu senken, würden die Wähler diese Senkung der Arbeitslosigkeit möglicherweise stärker gewichten als die Zunahme an Schulden, die nötig war, um die Arbeitslosigkeit zu senken.

Wenn Wähler staatliche Verschuldung hinnehmen oder gar akzeptieren, können Regierungen das Instrument der Kreditaufnahme systematisch zur Externalisierung der Kosten ihrer Regierungstätigkeit missbrauchen. Außerdem könnten sie versucht sein, die Staatsausgaben vor Wahlen zusätzlich zu erhöhen, um ihre Wiederwahlchancen zu steigern.

3.6. Politische Konjunkturzyklen opportunistischer Art

Die kreditfinanzierte Ausgabenerhöhung zur Sicherung der Wiederwahl fällt unter das Phänomen der politischen Konjunkturzyklen. Eine Definition für politische Konjunkturzyklen im weiteren Sinne gibt Belke: „Ein politischer Kon-

83 Auch die empirischen Untersuchungen (bspw. von Stalder (2007)) zum Einfluss der Staatsverschuldung auf die Wahlentscheidung liefern hier keine Erkenntnis, denn es konnte nur festgestellt werden, *dass* die Staatsverschuldung die Wählerentscheidung beeinflusst und wie dies wirkt, nicht aber, wie stark der Einfluss ist (Stier 1999: 238).

junkturzyklus entsteht in [...] Demokratien, wenn eine Regierung, motiviert durch Wiederwahl- und/oder Ideologieinteressen, die wirtschaftliche Aktivität beeinflusst und dadurch selbst zusätzliche, oft systematische Schwankungen auslöst" (Belke 1996: 7).

Die ursprüngliche Theorie des politischen Konjunkturzykluses[84] bei nicht-rationalen Erwartungen[85] der Bürger geht auf die Variante der opportunistischen Schule von Nordhaus zurück (Nordhaus 1975, Berger 1997: 160ff., Wagschal 1996a: 3ff.).[86] Grundlage seines Modells bildet die erwartungsmodifizierte Phillipskurve. Die Regierung versucht, die makroökonomischen Variablen Inflationsrate und Arbeitslosenquote so zu steuern, dass ihre Wiederwahlwahrscheinlichkeit maximiert wird. Die Bürger unterliegen in dem Modell einem mittleren Grad an Geldillusion, wodurch der Beschäftigungsgrad durch Inflation dauerhaft gesteigert werden kann.[87] Unmittelbar vor Wahlen wird es (in Abhängigkeit der Wählerpräferenzen) daher zu einer höheren Inflationsrate und damit einhergehend einer niedrigeren Arbeitslosigkeit kommen. Nach der Wahl passen die Bürger ihre Erwartungen an, wodurch es bei einer sinkenden Inflation wieder zu höherer Arbeitslosigkeit kommt. Über die Wahlperiode hinweg wären daher starke Schwankungen der Inflationsrate und der Arbeitslosenquote zu beobach-

84 Der Begriff des politischen Konjunkturzykluses geht zurück auf Kalecki (1976: 190). Kalecki ging davon aus, dass man Konjunktureinbrüche zwar vermeiden kann, dies jedoch politisch unerwünscht sei. Dazu wäre in Rezessionen die Inkaufnahme von Defiziten nötig, was die Unternehmen aber ablehnen. Diese wünschen vielmehr ein bestimmtes Maß an Arbeitslosigkeit, um die Arbeiter entsprechend kontrollieren zu können.
Eine Geschichte des Konjunkturzykluses und die entsprechende Literatur gibt Soh (1994).

85 Die Erwartungen spielen bei der Klassifizierung der verschiedenen Arten politischer Konjunkturzyklen eine wichtige Rolle. Im Folgenden wird danach nicht mehr scharf getrennt. Die Rolle der Erwartungen bezog sich im ursprünglichen Modell auf die Inflationserwartungen der Wirtschaftssubjekte. Es wurde angenommen, dass die Regierung bei Unterschätzung der Inflationsrate durch die Wirtschaftssubjekte die Beschäftigung (gemäß der Lucas-Angebotsfunktion) steigern kann. Im Kontext der kreditfinanzierten Staatsausgaben spielen Inflation und Inflationserwartungen allerdings eine untergeordnete Rolle. Davon abgesehen ist die EZB, die für die Geldpolitik im Euro-Raum verantwortlich ist, politisch weitestgehend unabhängig, ebenso wie die Bundesbank vor ihr. Positive Beschäftigungseffekte, ausgelöst durch Zinssenkungen vor der Wahl, waren und sind daher nicht unbedingt zu erwarten.

86 Nordhaus gehört der "opportunistischen Schule" an. Den Fall rationaler Erwartungen der Bürger beschreiben Rogoff und Sibert (1988) und Gärtner (1989). Siehe hierzu: Berger (1997: 160ff.) sowie Wagschal (1996: 3ff.).

87 Dass Nordhaus unterstellt, die Bürger würden keine rationalen Erwartungen bilden, steht im Einklang mit der Vorstellung, dass die Verschuldung in weiten Kreisen der Bevölkerung (aus rationalen Gründen) akzeptiert oder (aus Irrationalität und Unwissen) hingenommen wird.

ten. Anstatt die zyklischen Bewegungen der Konjunktur zu dämpfen, generieren oder verstärken Regierungen Schwankungen.
Eine direkte Übertragung des Nordhaus-Modells auf die Bundesrepublik wäre im Zusammenhang mit dieser Arbeit wenig zielführend, da die Geldpolitik von der Europäischen Zentralbank (EZB) wahrgenommen wird und diese weitestgehend unabhängig agiert. Denkbar ist aber, dass die Regierung über die Steuerung anderer Variablen versucht, die makroökonomischen Größen so zu beeinflussen, dass ihre Wiederwahlwahrscheinlichkeit maximiert wird. Vor Wahlen haben Regierungen einen Anreiz, durch zusätzliche kreditfinanzierte Ausgaben[88] Wähler an sich zu binden, um so ihre Wiederwahl zu sichern.[89] Diese Erklärung liefern die Überlegungen zu Konjunkturzyklen der opportunistischen Art in Verbindung mit dem Haushaltskalkül Downs'. Die öffentliche Kreditaufnahme würde in solchen Fällen zum politischen Machterhalt missbraucht (Weizsäcker 2008: 6). Darüber hinaus könnten durch kreditfinanzierte staatliche Ausgaben die Inflationsraten unter Kontrolle gehalten werden, sodass keine Wähler verprellt würden, was im Einklang mit dem ursprünglichen Modell von Nordhaus stehen würde.
Eine Rückführung der Staatsausgaben nach der Wahl – analog zu Nordhaus' ursprünglicher Theorie – ist (insbesondere in der Bundesrepublik) indes nicht zwangsläufig zu erwarten. Solche Ausgabensenkungen würden bei einer Wahl Stimmen kosten, nicht nur bei den Bürgern, die von den Ausgabenkürzungen unmittelbar betroffen wäre, sondern auch bei denen, die fürchten müssen, eines Tages eventuell davon betroffen zu sein (Köcher 2010),[90] denn jede Regierung, die Sozialleistungen des Staates kürzt, sähe sich mit dem Vorwurf der „sozialen Kälte" konfrontiert (Hank 2010). Aufgrund der föderalistischen Struktur der Bundesrepublik sind die Regierungen nicht nur alle vier Jahre auf ihre Wiederwahl aus, sondern müssen auch während der Legislaturperiode um Wählerstim-

---

88 Beispiele hierfür gibt es genug. Scherf (1996: 374) führt hier etwa die kreditfinanzierten staatlichen Leistungen für die neuen Bundesländer vor der Bundestagswahl 1990 an. Dies hatte zwar auch positive konjunkturelle Wirkungen. Im Kern waren die Maßnahmen nach Scherf aber darauf gerichtet, unpopuläre Steuererhöhungen vor der Wahl zu vermeiden.
89 Natürlich kann eine Regierung auch ganz auf solche Maßnahmen verzichten. Das wird sie insbesondere dann tun, wenn ihre Wiederwahl als gesichert gilt (Wagschal 1996b).
90 Überspitzt formuliert es der Publizist Jacobi: „1956 wurden (umgerechnet) vier Milliarden Euro für Arbeit und Soziales ausgegeben. Ein halbes Jahrhundert später, 2006, sind es über 119 Milliarden Euro – das Dreißigfache. Grund: Der Staat füttert und fördert zu viele Menschen und es werden immer mehr Millionen. Wer denen aber etwas wegnehmen würde, verliert die nächste Wahl" (Diekmann 2007: 114).

men kämpfen, da in den einzelnen Ländern[91] ebenso regelmäßig Wahlen anstehen.[92] Gerade die Mitbestimmungsmöglichkeiten der Länder über den Bundesrat[93] machen es wahrscheinlich, dass die expansive Finanzpolitik zu einem Dauerzustand wird und in der Folge die Staatsquote ein hohes Niveau hält. Auf diese Art von Verteilungskampf wird im Abschnitt über „Abnutzungskriege" noch näher eingegangen werden.

Eine Reduzierung der Ausgaben nach der Wahl wäre nur zu erwarten, wenn eine Partei die Wahl gewinnt, die Verschuldung als politisches Instrument tendenziell ablehnt oder keine wichtigen Wahlen unmittelbar nach der Bundestagswahl anstehen. Sind die Wähler vergesslich – und vieles spricht dafür –, könnte die Regierung vor der nächsten Wahl den Zyklus erneut auslösen. Bei solch einem Kalkül würden der Wunsch der Stimmenmaximierung der Regierung und das kurzsichtige und vergessliche Verhalten der Wähler so ineinander greifen, dass ein schuldenfinanzierter politischer Konjunkturzyklus der opportunistischen Art entsteht.

Verschärfen würde sich ein solcher schuldenfinanzierter Konjunkturzyklus, wenn die Wahrscheinlichkeit der Abwahl einer Regierung relativ hoch wäre. Zwei Gründe sprechen hierfür: Eine Regierung könnte versucht sein, den Handlungsspielraum der zukünftigen Regierung einzuengen. Insbesondere eine rechte Regierung könnte versucht sein, durch Ausgabensteigerungen vor der Wahl eine zukünftige expansive Finanzpolitik einer linken Regierung zu konterkarieren (Persson und Svenson 1989: 326, Alesina und Tabellini 1990: 404). Eine andere Erklärung hierfür wäre, dass eine Regierung, die ihre Abwahl erwartet, die Gelegenheit nutzt, um Geld für die von ihr präferierten Bereiche auszugeben. Die nachfolgende Regierung müsste dann für sie die „Rechnung bezahlen" (Tabellini und Alesina 1990: 409). Sehr plausibel sind die beiden Ansätze jedoch nicht,

---

91 Theoretisch sollten bei Wahlen in Bundesländern natürlich landesspezifische Themen im Vordergrund stehen. Die Erfahrung zeigt aber, dass insbesondere eine mögliche Unzufriedenheit mit der Politik der Bundesregierung eine durchschlagende Auswirkung hat.

92 Ein tagesaktuelles Beispiel liefert die Landtagswahl in Nordrhein-Westfalen im Mai 2010. Dort regierte eine bürgerliche Koalition, die der bürgerlichen Koalition im Bund ihre Mehrheit im Bundesrat sicherte. Angesichts sinkender Umfragewerte verfielen die Koalitionspartner im Bund auf die Idee, in die von der FDP geforderten Steuersenkungen teilweise einzuwilligen, um so im Wahlkampf konkrete folgende Wohltaten verkünden zu können. Letztendlich wurde das Vorhaben jedoch nicht umgesetzt.

93 Zwischen 1998 und 2005 belief sich der Anteil der zustimmungspflichtigen Gesetze beispielsweise auf 54,6%. Durch die Föderalismusreform sollte dieser Anteil um ca. 25% gesenkt werden. Tatsächlich ist der Anteil der zustimmungspflichtigen Gesetze bei etwa 50% geblieben (Mikosch und Übelmesser 2007: 327).

da insbesondere Anhänger rechter Regierungen tendenziell eher zu niedrigen Defiziten neigen und eine Regierung mit einem solchen Kalkül ihre Wiederwahlchancen möglicherweise zunichtemachen würde (Wagschal 1996b). Auch die empirischen Befunde finden allenfalls Einzelbeispiele für die Bestätigung dieser Thesen.[94] Daher wäre ein anderer Erklärungsansatz naheliegender: Eine Regierung, deren Popularitätswerte vor der Wahl niedrig sind, könnte in besonderem Maße zu expansiven finanzpolitischen Maßnahmen greifen, um ihre Popularität zu steigern. Steigt jedoch die Wahrscheinlichkeit, dass eine Regierung im Amt bleibt, könnte dies einen dämpfenden Einfluss auf die Staatsverschuldung haben, denn in diesem Fall muss die Regierung die Kosten der Verschuldung in höherem Maße internalisieren, als das bei einer Abwahl der Fall wäre (Alesina und Tabellini 1990: 409).
Der Nachweis politischer Konjunkturzyklen selber, der in der Literatur einen breiten Raum einnimmt, ist nicht einfach und die Ergebnisse nicht frei von Widersprüchen.[95] Für die Bundesrepublik ist die Feststellung politischer Konjunkturzyklen aufgrund der politischen Struktur wie oben angedeutet mit besonderen Schwierigkeiten behaftet.
Für die Regierungszeit Adenauers und Erhards (beide CDU) kann Berger (1997: 160ff.) die Existenz politischer Konjunkturzyklen nachweisen: „Der Bund hat zwischen 1951 und 1966 in der Regel spätestens im Wahljahr eine deutlich expansivere Konjunkturpolitik betrieben als in Nicht-Wahljahren“ (Berger 1997: 169). Bereits vor dem steilen Anstieg der Verschuldung Mitte der siebziger Jahre versuchte die Regierung, Wähler durch einen Anstieg der Ausgaben an sich zu binden, wobei die Defizitfinanzierung durch das hohe Wirtschaftswachstum nicht weiter ins Gewicht fiel. Dafür mussten spätere Regierungen höhere Defizite in Kauf nehmen, weil den Bürgern soziale Wohltaten gewährt worden waren, deren schwerwiegendste Auswirkungen erst Jahre später zum Tragen kamen. Hierzu zählt beispielsweise die Dynamisierung der Renten.

---

94 Siehe für eine Zusammenfassung Mikosch und Übelmesser (2007: 313).
95 Neben den angeführten Studien, die die Existenz politischer Konjunkturzyklen bestätigen, gibt es auch eine Vielzahl von Studien, die deren Existenz nicht nachweisen können. Beispielhaft seien hier zwei Arbeiten erwähnt: Wagschal (1996a) hat für ein internationales Umfeld von 21 Industrienationen die Hypothese untersucht, dass Defizite in Wahljahren höher ausfallen. Allerdings kann er die Hypothese nicht bestätigen. Dem „Ideal“ eines politischen Konjunkturzykluses nahe kommen nur die Schweiz, Finnland, Frankreich und teilweise Österreich. Ebenso wenig kann Lessmann (1987) die Existenz politischer Konjunkturzyklen nachweisen.

Indes war die Vorliebe Adenauers für eine expansivere Finanzpolitik im Vorfeld einer Wahl kein Geheimnis, sprach er sich doch 1956 auf einer Sitzung des CDU-Bundesvorstandes klar für eine solche Politik aus: „Ich stehe auf dem Standpunkt, dass man [...] in einem Wahljahr schon mal einen Groschen mehr ausgeben kann als in einem Nichtwahljahr“ (Berger 1997: 170). Die Finanzpolitik der bürgerlichen Koalition unter Adenauer und später Erhard hatte folglich eine eindeutige wiederwahlorientierte Komponente, die der opportunistischen Schule entsprach.
Mit einigen Einschränkungen kann Stalder (1997: 315ff.) auch für die Bundesrepublik politische Konjunkturzyklen nachweisen. Bei Popularitätsdefiziten wurden vor Wahlen im Beobachtungszeitraum von 1961 bis 1989 die Defizite erhöht, um durch expansive Maßnahmen die Wiederwahlchancen zu erhöhen. Allerdings setzte sich das im folgenden Abschnitt untersuchte ideologiebasierte Verhalten der Parteigängertheorie laut Stalder deutlich gegen das opportunistische Verhalten durch.
Einer der Forscher, die für die jüngere Vergangenheit politische Konjunkturzyklen nachweisen können, ist von Hagen (2003). In einer Arbeit über die finanzpolitische Stabilität im Zusammenhang mit der Euro-Einführung für die Jahre 1998 bis 2001 untersucht er 15 europäische Staaten (auch solche, die 1999 nicht Teil des Euro-Raumes wurden). Er stellt dabei fest, dass die untersuchten Staaten im ungewichteten Durchschnitt in Wahljahren (Präsidentschafts- und Parlamentswahlen) eine expansive Finanzpolitik aufwiesen, die 0,88% des BIPs ausmachte. In Nicht-Wahljahren betrug der expansive Effekt dagegen nur 0,49% des BIPs. Seine Schlussfolgerung lautet, dass die Strukturen des Stabilitäts- und Wachstumspaktes die Regierungen nicht daran hinderte, ihre Wiederwahlinteressen durch eine kreditfinanzierte expansive Finanzpolitik zu verfolgen. Mit seiner Arbeit bestätigt er Hallerberg, Strauch und von Hagen (2001), die trotz einer unterschiedlichen Methode zu ähnlichen Ergebnissen gekommen sind. Für die Bundestagswahl 2009 dürfte das Ergebnis der Untersuchungen ebenso gelten, ist sich von Hagen (2009) sicher. Eine ganze Reihe sozial- und finanzpolitischer Maßnahmen zum Wohl der Wähler und zur Stützung der Konjunktur lassen diesen Eindruck zweifelsohne aufkommen.
Für die Bundesländer bestätigt Wagschal (1996b) in einer älteren Untersuchung, dass die Verschuldung in Wahljahren höher ausfällt als in Nicht-Wahljahren. Diese Tendenz ist unterschiedlich hoch, was die führende Regierungspartei angeht: Sozialdemokratisch geführte Regierungen richten ihre Verschuldung we-

sentlich stärker am Wahltermin aus als unionsgeführte, doch auch bei diesen zeigt sich eine leichte Tendenz zu höherer Verschuldung in Wahljahren. Seine jüngeren Untersuchungen können dieses Ergebnis nicht mehr stützen (Wagschal et al. 2009, Schneider 2007). Die Defizite liegen in Wahljahren sogar etwas niedriger. Sowohl Wagschal als auch Schneider erklären dies mit veränderten politischen Präferenzen, was zu Stimmengewinnen bei konsolidierten Haushalten führt. Eine mögliche Erklärung wäre, dass die Wähler angesichts der vergleichsweise geringen Kompetenzen der Landesregierungen stärker auf die Finanzpolitik achten. Abgesehen davon können die Länder keinen Einfluss auf die größten Posten der Sozialtransfers nehmen, was nach obiger Argumentation die größten Stimmengewinne versprechen würde.
Neben opportunistischen politischen Konjunkturzyklen bildet die bereits angesprochene ideologiebasierte Parteigängertheorie eine weitere Variante des politischen Konjunkturzyklus.

3.7. Politische Konjunkturzyklen vom Parteigängertyp

Die Parteigängertheorie geht auf Hibbs (1977) zurück.[96] Er geht davon aus, dass Parteien in der Regierung unterschiedliche Präferenzen haben, was die Höhe von Inflation und Arbeitslosigkeit angeht. Gemäß des angenommenen Zielkonflikts der Phillipskurve bevorzugen rechte Regierungen seiner Analyse nach niedrige Inflationsraten und nehmen dafür höhere Arbeitslosenquoten in Kauf, linke Regierungen bevorzugen hingegen eine niedrige Arbeitslosenquote und nehmen dafür eine höhere Inflationsrate in Kauf.[97]
Die eigentliche Arbeit Hibbs‘ kann wie bei der opportunistischen Schule in der ursprünglichen Anlage keine Anwendung finden. Es wäre indes sehr plausibel anzunehmen, dass es Unterschiede in der Finanzpolitik zwischen rechten und linken Parteien in Bezug auf die Präferenzen hinsichtlich hoher und niedriger Staatsverschuldung bzw. hinsichtlich eines hohen oder niedrigen staatlichen Ausgabenniveaus gibt. Durch das Instrument der Verschuldung könnten Regie-

---

96 Als weiterer wichtiger Vertreter der ideologischen Schule ist Alesina (1987) zu nennen. Alesina verbindet das Modell der Parteigängertheorie mit zentralen Elementen der neokeynesianischen Theorie, nämlich rationalen Erwartungen bei gleichzeitiger Trägheit von Lohnanpassungen.
97 Die Existenz politischer Konjunkturzyklen auf Grundlage der Parteigängertheorie im Sinne unterschiedlicher Präferenzen in Hinblick auf Arbeitslosen- und Inflationsrate bestätigt für Deutschland etwa Belke (1997).

rungen ihre Wählerklientel bedienen, ohne einer anderen durch Steuererhöhungen oder Ausgabenkürzungen schaden zu müssen.

3.7.1. Regierungsverhalten

Ein erster Ansatz, um Defizite auf ideologische Faktoren zurückzuführen, ist die Verbindung zwischen Keynesianismus und linken Regierungen. Die keynesianische Wirtschaftspolitik hegt bekanntermaßen ein relativ positives Bild der staatlichen Verschuldung, soll diese doch in Form des *Deficit Spending* helfen, Rezessionen zu überwinden (Simmert 1981: 20ff., Buchanan und Wagner 1977). Insbesondere linke Parteien zeigten aufgrund der positiven Rolle, die diese Wirtschaftspolitik dem Staat beimisst[98], eine starke Zuneigung zur keynesianischen Wirtschaftspolitik: Es „lässt sich eine ganz besondere Affinität von Keynesianismus und Sozialdemokratie konstatieren, die so weit geht, dass man [...] vom Keynesianismus als *der* [Hervorhebung durch N. A.] ökonomischen Ideologie der Sozialdemokratie" (Seidl 1984: 109) sprechen kann. Ein erster Blick auf die deutsche Staatsverschuldung gibt Anhaltspunkte, die dies bestätigen: Der Aufbau der Staatsverschuldung begann unter den sozial-liberalen Koalitionen unter Brandt und Schmidt (beide SPD) (Bökenkamp 2010: 35). In der ersten Periode der Kohl-Regierung wurde der Anstieg der Verschuldungsquote gebremst, bevor sie im Zuge der Wiedervereinigung wieder deutlich anstieg. Umfragen zeigen, dass der SPD nahestehende Wähler das Instrument der Verschuldung positiver beurteilen als der Union nahestehende Wähler (Stalder 1997: 197ff.). Es lässt sich daher die Behauptung aufstellen, dass sich linke Regierungen stärker verschulden als rechte, da zum einen linke Regierungen dem Keynesianismus nahe stehen und zweitens die Wähler der linken Parteien das Instrument der Staatsverschuldung relativ positiv beurteilen.

Für ein internationales Umfeld hat Wagschal (1996a) den Einfluss der parteipolitischen Zusammensetzung auf die Verschuldung untersucht. Das Ergebnis ist, dass sich linke Regierungen weniger stark verschulden als rechte.[99] Wagschal

98 Natürlich gab es sowohl in Deutschland als auch international immer wieder rechte Parteien, die einer antizyklischen Fiskalpolitik anhingen. Doch sind diese im Vergleich deutlich seltener, da rechte Parteien und darunter insbesondere liberale dem Staat und seinen Möglichkeiten gegenüber tendenziell misstrauischer sind.

99 Die Arbeit von Hahm et al. (1996) bestätigt dieses Ergebnis nicht. Ihre Untersuchung zeigt keinen systematischen Zusammenhang zwischen der ideologischen Ausrichtung der regierenden Partei und dem staatlichen Defizit, was natürlich – wie sie einschränken – keine Aussagekraft über die Höhe der Staatsausgaben hat.

erklärt dieses Ergebnis mit der „modifizierten Steuerglättungshypothese", die um eine parteipolitische Hypothese erweitert wird. Die zentrale Aussage ist, dass Steuern und Defizite intertemporal gleich sind, womit die Ricardo-Äquivalenz wieder aufgegriffen wird. Niedrige Steuern haben jedoch einen positiven Effekt auf die Wirtschaft, was dazu führt, dass Defizite genutzt werden, um die Steuern im Zuge einer „optimalen Besteuerung" zu senken. Rechte Regierungen befinden sich damit in einer Zwickmühle, da sie sowohl niedrige Steuersätze als auch einen ausgeglichenen Haushalt propagieren, was sich nur schwer miteinander vereinbaren lässt. Sie wählen daher die Option, die ihnen die höhere Wiederwahlwahrscheinlichkeit sichert – und das sind die niedrigen Steuern. Sie verzichten somit in Wahlsituationen auf ausgeglichene Haushalte, um durch Steuersenkungen ihren Stimmanteil zu maximieren. Linke Regierungen bevorzugen im Gegensatz zu rechten Regierungen höhere Steuern (Schmidt 1982), da ihre Wähler, die vornehmlich den niedrigeren Einkommensschichten entstammen, von höheren Steuern unterproportional betroffen sind. Bei höheren Steuern steigt auch das Ausgabenniveau, wovon wiederum die einkommensschwachen Wählerschichten überproportional profitieren.
Zu einem anderen Ergebnis kommen Volkerink und de Haan (2000: 229f.). Ihre Untersuchung ergibt, dass sich die Defizite linker und rechter Regierungen nicht unterscheiden. Zwar zeigen sich linke Regierungen ausgabefreudiger, was jedoch durch eine höhere Besteuerung ausgeglichen wird. Dieses Ergebnis wiederum wird von Perotti und Kontopoulos (1999) bestätigt. Ob linke oder rechte Regierung, die Höhe des Defizits unterscheidet sich kaum, wohl aber die Ausgabenfreude in Form von Transfers: Linke Regierungen haben durchschnittlich um 0,47% des BIPs höhere Transferausgaben als rechte.
Für die Bundesrepublik zeigt Wagschal, dass sein Ergebnis für das internationale Umfeld nicht gilt: Sozialdemokratische Regierungen verursachen demnach höhere Verschuldungen als unionsgeführte. Diesen Sachverhalt erklärt er mit der Präferenz von unionsgeführten Regierungen für ausgeglichene Haushalte, die mit der historischen Erfahrung der Hyperinflation erklärt werden kann.
Stalder bestätigt Wagschals Ergebnis: Bei linksorientierten Regierungen wurde im Beobachtungszeitraum das Defizit erhöht, während es bei rechten Regierungen zurückgefahren wurde. Sie zeigt damit, dass es in der Bundesrepublik sowohl eine opportunistische Komponenten als auch eine ideologische Komponente der Staatsverschuldung gab: Vor Wahlen erhöhten Regierungen die Defizite, um ihre Wiederwahlchancen zu erhöhen. Nach Wahlen senkten bürgerliche

Regierungen das Defizit, während es unter linken Regierungen erhöht blieb. Es lässt sich daher von einem „politischen Schuldenzyklus“ (Stalder 1997: 333) sprechen.

Für die alten Bundesländer der Bundesrepublik gilt dieses Ergebnis ebenfalls: Wagschal (1996b) zeigt, dass die Pro-Kopf-Verschuldung von sozialdemokratisch dominierten Ländern größer ist als in unionsdominierten Ländern. Die Erklärung für dieses Muster liefert die Parteiendifferenzhypothese von Hibbs (1977, 1987, 1994): In der Bundesrepublik ist es den einzelnen Ländern nicht möglich, die Höhe der Steuern autonom festzulegen. Da sozialdemokratisch geführte Regierungen aber eine interventionistischere Politik durchführen wollen als unionsgeführte Regierungen, müssen sie die dafür notwendigen Mittel über Schulden aufbringen. Als weiteren Grund für die höhere Verschuldung führt Wagschal die Präferenzen innerhalb der SPD und der sie stützenden gesellschaftlichen Gruppen an: Umfragen zufolge haben diese Gruppierungen, wie oben bereits angedeutet, die geringste Präferenz für eine Verminderung der Staatsverschuldung. Außerdem führt die Untersuchung der Länder auf politische Konjunkturzyklen zu dem Ergebnis, dass die sozialdemokratisch geführten Länder wesentlich stärker ihre Verschuldung an Wahlterminen ausrichten als unionsgeführte Länder. Obwohl es auch bei bürgerlichen Parteien eine leichte Tendenz zur höheren Verschuldung in Wahljahren gibt, ist die SPD für solche politischen Konjunkturzyklen wesentlich anfälliger.

In einer späteren Arbeit von 2009 musste Wagschal diese Ergebnisse einschränken. Auf den ersten Blick ergibt sich eine relativ starke Korrelation, sowohl für unionsgeführte als auch für sozialdemokratisch geführte Regierungen. Werden einige Faktoren aber ausgeblendet, bleibt nur ein schwacher Zusammenhang übrig.[100] So schwächt sich der Zusammenhang ab, wenn die drei seit der Gründung vorwiegend sozialdemokratisch regierten Stadtstaaten mit ihren spezifischen Problemen ausgeblendet werden und ebenso, wenn nur der Verschuldungsanstieg seit 1992 betrachtet wird (Wagschal et al. 2009: 206). In dieser Hinsicht haben sich SPD und Union folglich einander angenähert.

Das Verhalten der Regierung im Hinblick auf die Verschuldung ist indes nur eine Seite der Medaille. Das Verhalten der Wähler muss ebenso berücksichtigt

100 Zu ähnlichen Ergebnissen kommt Potrafke (2009). Er kann zwar für einzelne Positionen des Haushalts parteipolitische Einflüsse feststellen, allerdings verhalten sich gemäß seinen Ergebnissen unions- und sozialdemokratisch geführte Regierungen insgesamt relativ ähnlich.

werden, entscheiden diese doch darüber, ob Parteien und Regierungen mit ihrer Politik ihre Wiederwahlchancen steigern.

3.7.2. Wählerverhalten

Für den Zeitraum zwischen 1971 und 1994 hat Stalder (1997: 295ff.) den ideologischen Einfluss von Parteien und Wahlen auf die Verschuldung untersucht.[101] Ihre Ergebnisse zeigen, dass sowohl die regierenden Parteien als auch Wähler höchst unterschiedliche Präferenzen bezüglich Arbeitslosigkeit, Inflation und Verschuldung haben. In einer ersten Periode von 1971 bis 1982, in der eine sozial-liberale Regierung im Amt war, zeigen die Popularitätswerte der Regierung, dass bei einem Anstieg der Arbeitslosigkeit und der Inflation die Opposition in dem Maße profitierte, wie die Regierung verlor. Stieg das Defizit, gewann die SPD an Popularität.[102]

In der ersten Zeit der bürgerlichen Regierung von 1983 bis 1989 zeigen die Popularitätswerte dann etwas andere Ergebnisse. Bei einem Anstieg der Arbeitslosigkeit profitierte die SPD überproportional, auf die Popularität der Regierungspartei CDU hatte es indes keinen Einfluss. Stalder erklärt dies mit der stärkeren Betroffenheit der SPD-Wähler durch Arbeitslosigkeit. Bei einem Anstieg der Inflation wiederum verlor nur die CDU an Popularität. Beim Defizitverhalten werden die Ergebnisse der Vorperiode bestätigt: Stieg es, gewann die SPD und verlor die CDU.

In der letzten untersuchten Periode werden die Ergebnisse der Vorperiode bestätigt. Bei steigender Inflation verlor die CDU an Popularität, bei steigender Arbeitslosigkeit verlor die SPD. Defizite minderten die Popularität der CDU und steigerten die Popularität der SPD.[103]

Über den gesamten Zeitraum ließ sich beobachten, dass die Wähler zunehmend vergesslicher wurden. Ereignisse, die länger als ein Jahr zurücklagen, spielten

---

101 Für ein internationales Umfeld lässt sich zeigen, dass Parteien gemäß der von ihnen verfolgten Ideologie unterschiedliche ökonomische Prioritäten haben was dazu führt, dass Verantwortungshypothese (*Responsibility Hypothesis*) asymmetrisch wirkt. Dabei wenden sich Wähler einer Partei besonders zuwenden, wenn sich diese um eine bestimmte ökonomische Variable besonders kümmern und sich diese Variable verschlechtert (Lewis-Beck und Paldam 2000b: 115).

102 Stiegen Arbeitslosigkeit und Inflation um jeweils 1%, verlor die SPD 1,38% bzw. 0,33%. Die CDU gewann hingegen 1,65% bzw. 0,28%.

103 Stieg die Arbeitslosigkeit um 1%, stieg die Popularität der SPD um 1,53%. Stieg die Inflation um 1%, verlor die CDU 0,46%. Bei steigendem Defizit verlor die CDU 0,51%, die SPD gewann 0,33%.

bei der Wahlentscheidung keine Rolle. Der Diskontsatz der Wähler stieg von 67% und 173% im Beobachtungszeitraum auf 203% und 245%.[104]
Nach diesen empirischen Ergebnissen muss also eine wichtige Einschränkung zum bisher Gesagten gemacht werden: Steigende Defizite nützen keineswegs jeder Regierung. In der Bundesrepublik scheint es im von Stalder beobachteten Zeitraum so gewesen zu sein, dass die SPD von Defiziten profitierte, während die Union verlor. Möglicherweise haben sich die Ergebnisse jedoch geändert: Es muss noch einmal auf die steigende Quote von Transferleistungsempfängern hingewiesen werden, die diese Ergebnisse kippen könnte. Verwunderlich sind die weiter oben angeführten Ergebnisse, wonach sich linke Regierungen stärker verschulden als rechte, jedenfalls nach diesen Erkenntnissen nicht. Schließlich müssen sich die Regierungen an den Präferenzen der Bürger orientieren, um ihre Wiederwahlwahrscheinlichkeit zu erhöhen. Aber auch hier gilt natürlich, dass sich die Regierungen der wachsenden Transferleistungsempfängerquote anpassen müssen (Hank 2010).
Abschließend lässt sich festhalten, dass es gute Argumente gibt, die für den Missbrauch des Kredits zum politischen Machterhalt sprechen, weil mit den zusätzlichen Ausgaben Wähler gewonnen werden können. Zudem zeigt sich, dass die beiden Spielarten des politischen Konjunkturzykluses für die Bundesrepublik nachgewiesen werden können. Die opportunistische Komponente fällt dabei etwas schwächer aus, die ideologiebasierte Komponente dafür deutlich stärker: Insbesondere linke Regierungen nutzen demnach das Instrument der Staatsverschuldung, um sich die Unterstützung ihrer Anhänger zu sichern.
Die bisherigen Gründe zur Erklärung der Staatsverschuldung beschränkten sich auf Wahlen. Neben Wahlen gibt es jedoch noch eine ganze Reihe von institutionellen Faktoren, die die Staatsverschuldung maßgeblich beeinflussen. Außerdem muss geklärt werden, warum einmal bestehende Defizite nicht mehr abgebaut werden.

104 Stieg die Inflation um 1%, verlor die CDU 1,4%. Stieg die Arbeitslosigkeit, gewann die SPD 0,62%. Steigende Defizite minderten die Popularität der CDU um 0,29% und erhöhten die der SPD um 0,34%.

ment entscheidet. Die Komponente des Mehrheitswahlrechts entscheidet lediglich einen Teil der personellen Zusammensetzung. Es ist daher nur konsequent, dass im Deutschen Bundestag fünf Fraktionen vertreten sind, während es etwa in Großbritannien oder den USA, die beide ein Mehrheitswahlrecht haben, nur drei bzw. zwei sind.

Grilli, Masciandaro und Tabellini (1991) haben den Einfluss des Wahlrechts auf die Verschuldung untersucht. Sie kommen zu dem Ergebnis, dass eine hohe Staatsverschuldung in der Regel in Staaten mit einem Verhältniswahlrecht zu finden ist. Es finden sich zwar auch Staaten, die kein Verhältniswahlrecht haben und dennoch eine hohe Verschuldung aufweisen (Portugal und Irland), aber abgesehen von diesen beiden Ausnahmen hatten zum Zeitpunkt der Untersuchung alle Staaten mit einer dauerhaft untragbaren Verschuldung ein Verhältniswahlrecht. Die Erklärung dafür findet sich bei Roubini und Sachs (1989): Das Verhältniswahlrecht begünstigt den Eintritt vieler Parteien ins Parlament und damit auch den Zwang zur Bildung von Koalitionsparteien. Darüber hinaus begünstigt das Verhältniswahlrecht den Einzug extremistischer Parteien ins Parlament, was zu einer Fragmentierung des Parlaments beiträgt und die Zahl der Interessenkonflikte erhöht.

Der empirische Befund der Arbeit Grillis et al. war zum Zeitpunkt des Erscheinens eindeutig. In den beinahe 20 Jahren, die seitdem vergangen sind, haben sich jedoch wichtige Veränderungen ergeben. So kommen sie zum Beispiel zu dem Ergebnis, dass präsidentielle Demokratien die geringste Verschuldung aufweisen. Betrachtet man die drei präsidentiellen Demokratien ihrer Untersuchung heute (USA, Frankreich und Portugal), ergibt sich eine durchschnittliche Verschuldung von 77,7% (2009). Damit läge die Kategorie der präsidentiellen Demokratie noch vor solchen mit Mehrheits- oder Verhältniswahlrecht. Die Aussage, dass eine exekutivlastige Demokratie die Verschuldung bremst, kann demnach nicht ohne weiteres aufrechterhalten werden. Auch in anderen Punkten muss den Autoren widersprochen werden. Wie oben bereits erklärt, herrscht beispielsweise in der Bundesrepublik das Verhältniswahlrecht vor. In ihrer Untersuchung klassifizierten sie sie jedoch als Staat mit Mehrheitswahlrecht.[106]

106 Dieser Unterschied ist dadurch zu erklären, dass sie Länder mit weniger als fünf Abgeordneten pro Wahlkreis als Länder mit Mehrheitswahlrecht klassifizierten, während Länder mit mehr als fünf Abgeordneten als Länder mit Verhältniswahlrecht klassifiziert wurden. Diese rein numerische Klassifizierung ist aus politikwissenschaftlicher Sicht falsch. Die Definition des Mehrheitswahlrechts besagt, dass im Mehrheitswahlrecht nur der Kandidat mit den

Daher wurde diese Untersuchung nach einer neuen Klassifizierung auf einfacher Basis wiederholt.[107] Wie anhand der Abbildung 14 zu erkennen ist, ist die Differenz zwischen der durchschnittlichen Verschuldung von Staaten mit Verhältniswahlrecht und solchen mit Mehrheitswahlrecht merklich geschrumpft. Betrug die Differenz in ihrer Untersuchung (1991) noch 31,2%, beträgt sie nun nach eigenen Berechnungen mit dem aktuellen Stand innerhalb der gesamten OECD (30 Staaten) im Jahr 2009 nur noch 9,1%. Dies ist insbesondere auf das Absinken der Verschuldung der Staaten mit Verhältniswahlrecht zurückzuführen. Die Aussagekraft der Untersuchung muss somit relativiert werden.

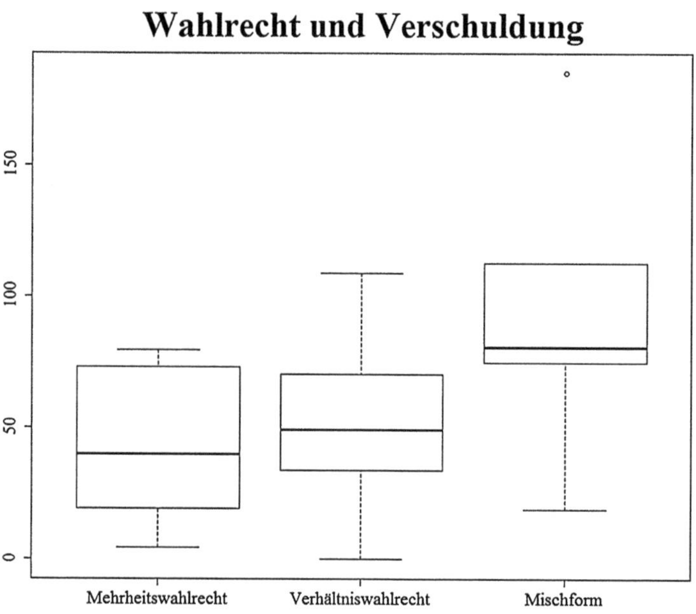

Abbildung 14: Wahlrecht in der OECD und Staatsverschuldung[108]

meisten Stimmen in einem Wahlkreis ins Parlament einzieht (*The winner takes it all*). Unter diese Definition würden nur die angelsächsischen Länder und Frankreich fallen.

107 Zugrunde gelegt wurden die 30 aktuellen OECD-Mitglieder. Die Klassifikation der europäischen Mitgliedsländer stammt von Bauer (2007). Neu hinzugekommen ist insbesondere die Mischform, bei der sich Länder nicht eindeutig einem Verhältnis- oder Mehrheitswahlrecht zuordnen ließen. So sind zudem Vergleichsgruppen mit mindestens fünf Staaten entstanden.

108 Datenquelle: Bundesministerium der Finanzen, eigene Darstellung.

Eine mögliche Aussage, dass eine Mischform zur höchsten Staatsverschuldung führt, sollte indes sehr zurückhaltend getroffen werden, da diese Gruppe insgesamt nur fünf Staaten aufweist, unter denen sich auch noch das hoch verschuldete Japan (185,3%) und das ebenfalls hoch verschuldete Italien (113,0%) befinden. Dieser Punkt macht ein methodisches Problem deutlich: Bei einer Vergleichsgruppe von nur 30 Staaten – in der Ausgangsuntersuchung waren es sogar nur 18 – können die Ergebnisse nicht belastbar sein. Solche kleine Gruppen reagieren sensibel auf Ausreißer, was die Gruppe der „Mischform" zeigt.
Das ursprüngliche Untersuchungsergebnis lässt sich zwar vorsichtig aufrechterhalten – zumal die einfache Darstellung an dieser Stelle nicht geeignet sein kann, ihre Ergebnisse zu widerlegen –, das Ergebnis zeigt sich in dieser aktualisierten Untersuchung aber weit weniger eindeutig als dies in der Ausgangsuntersuchung der Fall war.[109] Volkerink und de Haan (2000) bestätigen jedoch in einer jüngeren Untersuchung die Ergebnisse von Grilli et al. Sie zeigen, dass die Verschuldung eines Staates umso niedriger ausfällt, je größer die die Regierung tragende Mehrheit ist und je zersplitterter das Parlament ist.[110] Für beide Komponenten spielt das Wahlrecht eine entscheidende Rolle. Dabei resultiert die höhere Verschuldung vor allem aus übermäßigen Ausgaben.
Auf welche Weise das Wahlrecht auf die Verschuldung einwirkt, zeigen Grilli et al.: Das Wahlrecht entscheidet darüber, wie viele Parteien im Parlament vertreten sind und inwieweit die Interessen von Minderheiten vertreten werden. Wie oben festgestellt, ist die Zahl der Parteien im Parlament bei einem Mehrheitswahlrecht in der Regel geringer als bei einem Verhältniswahlrecht. Daraus folgt, dass die Interessen von Minderheiten bei einem Verhältniswahlrecht eher Berücksichtigung finden als bei einem Mehrheitswahlrecht.
Dass unterschiedliche Wahlrechtsformen zu gänzlich anderen Zusammensetzungen des Parlaments führen, zeigt der Blick auf Wahlergebnisse sehr schnell. Würde in der Bundesrepublik ein Mehrheitswahlrecht gelten, säßen nur vier Fraktionen mit einer vollkommen veränderten Stärke im Parlament. 2009 hätte

---

109 Bei einer Einfachregression konnte nur wegen der Kategorie der Mischform Signifikanz auf dem 10%-Niveau erzielt werden. Betrachtet man hingegen nur die Staaten mit Mehrheits- und Verhältniswahlrecht im Vergleich kann keine Signifikanz festgestellt werden, was bedeutet, dass hier nicht angenommen werden kann, dass das Wahlrecht einen Einfluss auf die Höhe der Verschuldungsquote hat.

110 Diese Mehrheit bezieht sich aber nur auf die Größe der Fraktionen. Je höher die Zahl der Koalitionäre, desto höher fällt auch das Defizit aus: Jede zusätzliche Partei in der Regierungskoalition bewirkt eine Erhöhung des Haushaltsdefizits um 0,4%.

von einem Mehrheitswahlrecht beispielsweise vor allem die Union profitiert, weil sie eine komfortable Mehrheit bei den Direktmandaten errang. Die großen Verlierer wären hingegen die Grünen und die FDP gewesen. Die Grünen hätten nur einen Abgeordneten, der direkt gewählt wurde, die FDP wäre gar nicht im Parlament vertreten.[111]

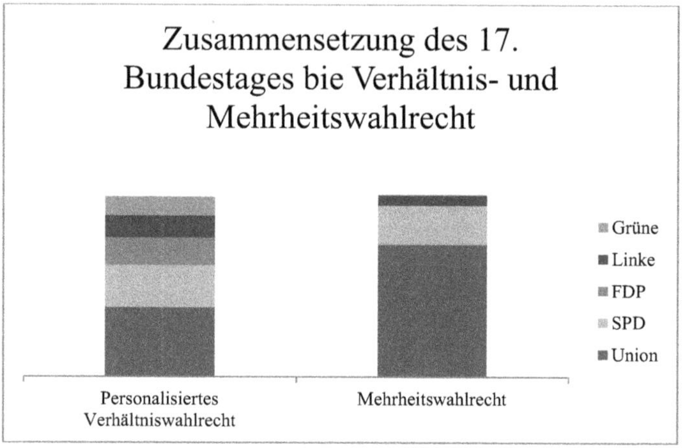

Abbildung 15: Zusammensetzung des 17. Bundestages[112]

Es ist unzweifelhaft, dass ein Verhältniswahlrecht zu Fraktionalisierung führt. Durch ein Mehrheitswahlrecht wird nicht nur die Zahl der extremistischen Parteien im Parlament reduziert, sondern auch die Zahl der Parteien insgesamt. Dies wiederum führt zu der Feststellung von Grilli et al., dass in erster Linie solche Staaten eine hohe Verschuldung aufweisen, deren Parteiensystem im Parlament stark zersplittert ist. Dies liegt vor allem daran, dass stark fraktionalisierte Parlamente meistens Koalitionsregierungen hervorbringen.

Auch ein Blick auf das Vereinigte Königreich bestätigt die Rolle des Wahlrechts bei der Fragmentierung des Parteiensystems innerhalb des Parlaments. Bei den Wahlen zum Unterhaus im Jahr 2005 errang die Labour-Partei lediglich 35,2% der Stimmen. Die Konservativen lagen bei 32,4%. Bei einem Verhältniswahl-

111 Es muss dabei zwar bedacht werden, dass sich die Sitzverteilung nicht ohne weiteres übertragen lässt, da eine nicht vernachlässigbare Zahl von Wählern „strategisch" wählt (die Erststimme also einem Kandidaten der beiden großen Parteien und die Zweitstimme der präferierten Partei gibt), für einen groben Anhalt sollte dies jedoch genügen.

112 Datenquelle: Deutscher Bundestag, eigene Darstellung.

recht hätte zwingend eine Koalitionsregierung gebildet werden müssen. Dank des Mehrheitswahlrechts gingen jedoch 55% der Sitze im Parlament an Labour. So konnte eine Alleinregierung gebildet werden. Dies mag aus demokratietheoretischer Sicht Anlass zu Kritik geben, wofür eine Vielzahl von Initiativen zur Einrichtung eines Verhältniswahlrechts im Vereinigten Königreich steht. Doch auf die Verschuldung hat dies, wie gezeigt, eindeutig eine dämpfende Wirkung, da sowohl die Zahl extremistischer Positionen im Parlament reduziert als auch der Zwang zu Koalitionsregierungen mit internen Verteilungskämpfen verringert wird.

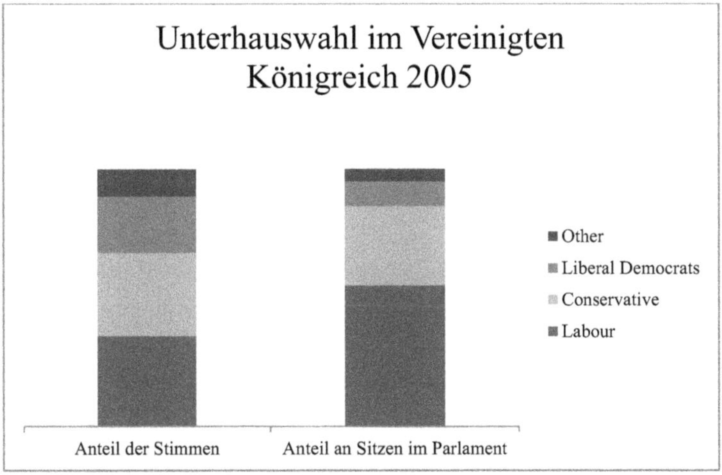

Abbildung 16: Zusammensetzung des Unterhauses 2005[113]

Auf die Regierung übertragen argumentieren Roubini und Sachs (1989), dass Koalitionsregierungen stärker zur Verschuldung neigen als Einparteienregierungen.[114] Die Verschuldungstendenz nimmt dabei mit einer steigenden Zahl von Koalitionspartnern zu.[115] Dieses Ergebnis begründen sie damit, dass in Koaliti-

113 Datenquelle: Mellows-Facer (2005), eigene Darstellung.

114 Dieses Ergebnis wird von Hahm et al. (1996) nicht bestätigt. Ihr Ergebnis zeigt keinen systematischen Zusammenhang zwischen der Stärke der regierenden Partei und dem Defizit. Hahm et al. führen dies insbesondere auf methodische Fehler von Roubini und Sachs' Untersuchung zurück.

115 Dies ist zwar bislang im Fall der Bundesrepublik nicht zugetroffen. Will sich aber die SPD in Zukunft neben der Juniorrolle in einer Großen Koalition eine realistische Machtperspektive eröffnen, wird sie um ein Dreierbündnis nicht umhin kommen. Gleiches könnte für die Union gelten, die bei fortschreitender Abwanderung der Wähler von den Volksparteien

onsregierungen jede Partei ein „Vetorecht“ hat, das sie einsetzen kann, wenn bei Ausgabenkürzungen oder -begrenzungen ihre Klientel getroffen wird.[116] Dieses Veto besteht in der simplen, aber effektiven Drohung, die Koalitionsregierung platzen zu lassen. Können sich die Koalitionspartner nicht einigen, wessen Klientel getroffen wird, wird der Haushalt an keiner Stelle gekürzt. Stattdessen wird die bequeme Verschuldung in Kauf genommen.[117] Eine andere Erklärung lautet, dass die Zahl der Entscheider in einer Koalitionsregierung zunimmt. Die Kosten, die die Regierungspolitik anderen auferlegt, werden dann von jedem Entscheider in geringerem Maße internalisiert (Volkerink und de Haan 2000: 222). Erklären lässt sich dies mit dem *Common-Pool*-Problem (Weingast et al. 1981): Demnach profitieren von staatlichen Ausgaben nur bestimmte Kreise, die dazu nötigen Steuern treffen aber alle. Der Nutzen wird also völlig internalisiert, während die Kosten auf die Gesellschaft verteilt werden, wobei jeder Akteur den Anteil 1/n trägt (Perotti und Kontopoulos 2002: 195).

Das Phänomen einer höheren Verschuldungsneigung innerhalb von Koalitionsregierungen gilt indes nicht prinzipiell, es trifft nach Roubini und Sachs nur zu, wenn die Volkswirtschaft von Schocks betroffen ist. Sie erklären dies damit, dass negative makroökonomische Schocks Haushaltskürzungen notwendig machen, über die dann die oben skizzierten Auseinandersetzungen ausbrechen. Bei einer positiven ökonomischen Situation sind die Verteilungskämpfe erfahrungsgemäß weniger ausgeprägt. Zudem mögen zwar Koalitionsmitglieder ein Vetorecht haben, das Haushaltskürzungen verhindert. Ausgabensteigerungen sind jedoch nur mit der Zustimmung der anderen Mitglieder möglich.[118]

Edin und Ohlsson (1991) schränken in ihrer Untersuchung diese Ergebnisse jedoch teilweise ein: Ihrer Arbeit zufolge beschränkt sich der negative Effekt von

---

auf die bislang nur auf Landesebene im Saarland existierende „Jamaika-Koalition“ aus Union, FDP und Grünen zurückgreifen müsste.

116 Hier treffen nach Roubini und Sachs zwei Faktoren aufeinander. Grundsätzlich befinden sich Koalitionen in einem Gefangenendilemma, in dem alle Seiten bestimmte Haushaltskürzungen ablehnen, auch wenn prinzipiell Einigkeit über deren Notwendigkeit besteht. Das Ergebnis ist die nicht-kooperative Lösung. Das Vetorecht kann in diesem Fall eingesetzt werden, um Partikularinteressen durchzusetzen.

117 Es sei auch noch einmal auf die Untersuchung von Volkerink und de Haan (2000) verwiesen, wonach die höhere Verschuldung von Koalitionsregierungen vor allem auf höheren Ausgaben beruht.

118 Auch diesen Befund Roubinis und Sachs‘ bestätigen Volkerink und de Haan (2000): Je größer die Zahl an Koalitionären, desto höher das Haushaltsdefizit. Jede zusätzliche Partei in der Regierungskoalition bewirkt eine Erhöhung des Haushaltsdefizits um 0,4%. Siehe hierzu auch: Kontopoulos und Perotti (1999).

Koalitionsregierungen auf die Verschuldung auf Minderheitsregierungen. Demzufolge wären nicht Verteilungskämpfe innerhalb der Regierung der Schuldentreiber, sondern Verteilungskämpfe zwischen der Regierung und dem Parlament. Die Erklärung könnte hier sein, dass Minderheitsregierungen den Haushalt nicht durch eine eigene Mehrheit im Parlament bewilligen lassen können. Sie sind auf die Stimmen der Opposition angewiesen. Um diese für sich zu gewinnen, bieten sie ihnen zusätzliche Ausgaben für die von ihnen präferierten Bereiche an. Da die Regierung aber ihre eigene Wiederwahl nicht gefährden möchte, kompensiert sie diese Ausgaben nicht, sondern wählt den bequemen Ausweg der Verschuldung. Ein alternative Erklärung zu letzterem Punkt sind die fehlenden Möglichkeiten von Minderheitsregierungen, Steuern zu erhöhen.

Bestätigt werden die Ergebnisse Roubinis und Sachs‘ hingegen durch eine Untersuchung von Perotti und Kontopoulos (2002) und durch eine Untersuchung von Wagschal, Wenzelburger, Petersen und Wintermann (2009) zum Verschuldungsverhaltens der Bundesländer und ihrer Regierungen. Es gilt, dass Alleinregierungen sowohl von Union als auch von der SPD die geringste Neuverschuldung aufweisen. Am schlechtesten schneiden große Koalitionen ab.[119] Für einen internationalen Vergleich lässt sich das Ergebnis indes nicht zweifelsfrei bestätigen. De Haan und Sturm (1997) widerlegen die These und auch Perotti und Kontopoulos (2002: 207) zeigen, dass es sich hier um eine extrem fragile Variable handelt. Edin und Ohlsson (1991) zufolge ist der Verschuldungseffekt schwacher Koalitionen in erster Linie auf Minderheitsregierungen zurückzuführen.

Sind die Parteien innerhalb der Regierungen stark polarisiert, sollte dies die Verschuldung zusätzlich negativ beeinflussen. Eine Erklärung dafür könnte folgende sein: In diesem Fall sind die Deckungsmengen der Präferenzen der Koalitionäre sehr unterschiedlich. In der Folge einigen sie sich nicht auf gemeinsame Schwerpunkte ihrer Politik, sondern geben die Gelder für gegenläufige Zwecke aus. Einen kleinen Anhaltspunkt für den Wahrheitsgehalt dieser Erklärung liefern Volkerink und de Haan (2000).

Bei den Abnutzungskriegen findet man in Verbindung mit dem Wahlrecht eine Kausalitätskette vor. Ein Verhältniswahlrecht führt zum Einzug von mehr Parteien ins Parlament. Dadurch erhöht sich außerdem innerhalb des Parlaments die Bandbreite politischer Positionen. Sind mehr Parteien im Parlament vertreten,

119 Perotti und Kontopoulos (2002: 207) führen dieses Phänomen auf die große Zahl von Entscheidern in einer großen Koalition zurück.

bedeutet dies, dass Regierungen häufiger aus Koalitionen gebildet werden müssen. Innerhalb dieser Koalitionsregierungen wiederum entstehen Verteilungskämpfe, deren Beilegung zum Ausweichen auf Verschuldung zwingt. Letztlich führt das Verhältniswahlrecht so über mehrere zwangsläufige Zwischenstufen zu einer höheren Verschuldung oder verhindert, dass aufgelaufene Defizite abgebaut werden.

Natürlich bietet ein Mehrheitswahlrecht keine Gewähr dafür, dass Abnutzungskriege nicht entstehen oder schnell wieder beendet werden können. Würde in der Bundesrepublik ein Mehrheitswahlrecht gelten, wären im Großen und Ganzen nur die Union und SPD im Bundestag vertreten. Der zentrale Verteilungskampf zwischen Transferempfängern (insbesondere Ruheständlern) und Steuerzahlern wäre damit aber keineswegs gelöst. Schließlich zählen Rentner und Pensionäre in beinahe ähnlich großen Anteilen zu den Wählern beider großer Parteien. Keine der beiden Parteien könnte es sich aber erlauben, den Ruheständlern die Last der Konsolidierung aufzubürden, denn damit würde man auf beiden Seiten eine zentrale Wählergruppe verschrecken, was mit hohen Stimmenverlusten gleichzusetzen wäre. Deshalb schrecken beide Parteien davor zurück, sich im Verteilungskampf auf eine Seite zu schlagen und sie würden dies auch vermeiden, wenn in der Bundesrepublik ein Mehrheitswahlrecht gelten würde.

Dies gilt umso mehr vor dem Hintergrund der Agenda 2010, mit der Sozialstaat durch die damalige rot-grüne Bundesregierung grundlegend reformiert wurde. Nachdem die üppigeren Sozialleistungen erst einmal gewährt worden waren, aber kurz darauf das Wachstum spürbar zurückging, war klar, dass diese Ansprüche langfristig nicht mehr bedient werden konnten. Dennoch haben alle Parteien jahrzehntelang davor zurückgeschreckt, den Sozialstaat grundlegend zurechtzustutzen. Erst im Zuge der Agenda 2010 unter Schröder wurden Besitzstände und Ansprüche an den Sozialstaat beschnitten, was insbesondere auch Wähler der SPD traf. Dies führte nicht nur zu innerparteilichen Kämpfen, sondern auch zu einem scharenweisen Abwandern der Wähler von der SPD. Die SPD erlitt dadurch einen Aderlass, von dem sie sich bis heute nicht erholt hat und der auch das Erstarken der politischen Linken zur Folge hatte. Ein Mehrheitswahlrecht hätte die Entscheidung zu tiefgreifenden Reformen möglicherweise etwas erleichtert, zumal die Union zum Zeitpunkt der Implementierung für einen straffen Reformkurs plädierte, wohlwissend, dass sie ihre eigene Wählerklientel damit in geringerem Maße treffen würde als die SPD. Allerdings hat auch in der Union seitdem ein starker Trend nach links eingesetzt. So wurde zwar der Kampf um die Last der Konsolidierung auch vor dem Hintergrund der damaligen Haushaltsschwierigkeiten eher zulasten der Transferempfänger aufgelöst. An den Verteilungskampf, der durch die alternde Gesellschaft entsteht, haben sich beide großen Parteien aber bislang nur einmal getraut und das bezeichnenderweise, als die beide gemeinsam regierten. Hier ließe sich durchaus argumentieren, dass die Rente mit 67 nur möglich war, weil sich beide Parteien einigen konnten, die daraus möglicherweise entstehenden Wählerstimmenverluste unter sich aufzuteilen, weil sie beide zu etwas gleichen Anteilen Wähler in den betroffenen Altersgruppen verlieren würden.[120] Die Rente mit 67 wäre bei einem Mehrheitswahlrecht wahrscheinlich überhaupt nicht zustande gekommen, zumindest nicht zu diesem Zeitpunkt. Die Agenda 2010 wäre bei einem Mehrheitswahlrecht hingegen (zumindest unter einer unionsgeführten Regierung) leichter durchzusetzen gewesen. Der Blick auf zwei zentrale Reformvorhaben der vergangen Jahre in der Bundesrepublik zeigt damit, dass ein Mehrheitswahlrecht keineswegs als Allheilmittel gegen Staatsverschuldung gesehen werden kann.

Außer Frage steht, dass vor allem der Verteilungskampf zwischen Jung und Alt die Finanzpolitik der kommenden Jahrzehnte beherrschen wird. Die Zahlen auf die implizite Staatsverschuldung machen dies deutlich: Auch wenn die Bundesrepublik im Vergleich zu den meisten anderen entwickelten Volkswirtschaften eine relativ niedrige implizite Verschuldung aufweist, so deutet eine Höhe implizite Verschuldungsquote von 193% von der Schwere der anstehenden Verteilungskämpfe, die bislang allenfalls in Ansätzen ausgetragen wurden. Die Rente mit 67, die die jüngeren Generationen belastet, war hier nur ein erster Schritt. Ohne tiefgreifende Anpassungen und Einschnitte droht den öffentlichen Haushalten absehbar eine Katastrophe. Welche Rolle das Wahlrecht bei der Lösung dieses Generationenkonflikts spielen wird, ist aber schwer einzuschätzen.

Neben das Wahlrecht als verschuldungsbeeinflussenden Faktor tritt die Dauer der Legislaturperiode: Kurze Legislaturperioden tragen zu einer höheren Staatsverschuldung bei. Je länger der erwartete Zeithorizont, desto eher kommt es zwischen den beteiligten Akteuren zur Kooperation. Diese Erkenntnis geht auf die Spieltheorie zurück und findet ihre Analogie in Spielen mit bekanntem Ende (Axelrod 1988: 116). Das Vertrauen in die Zuverlässigkeit des Koalitionspartners korreliert mit der Reichweite des Zeithorizonts. Kommt es bereits früh zu

120 Bei allen drei Parteien (CDU, CSU und SPD) teilen sich die Über-65-Jährigen und Unter-65-Jährigen in etwa zwei gleich große Gruppen.

einem Bruch getroffener Vereinbarungen, würde der Partner seinen Ruf für den Rest der Legislaturperiode verlieren. Ist die Perspektive des Machtverlusts virulent, besteht kein Zwang zu einer kooperativen Lösung. In diesem Fall wird die Verschuldung höher ausfallen (Stalder 1997: 215, Roubini und Sachs 1989: 5f.). Auch aus Sicht von Grilli et al. (1991) tragen kurze Regierungsdauern zu einer höheren Verschuldung bei, allerdings aus anderen Gründen. Sie zeigen, dass die durchschnittliche Regierungsdauer in Staaten mit Verhältniswahlrecht deutlich kürzer (1,9 Jahre) ist als in Staaten mit Mehrheitswahlrecht (3 Jahre) oder präsidentiellen Systemen (3,2 Jahre). Hierin zeigt sich ihrer Meinung nach wieder die größere Fraktionalisierung und Stärke extremistischer Parteien in Staaten mit einem Verhältniswahlrecht. In ihrer Arbeit zeigen sie, dass die Dauer einer Regierungsperiode den entscheidendsten Einfluss auf die Staatsverschuldung hat. Die Staatsverschuldung ist demnach umso höher, je häufiger Regierungswechsel stattfinden.[121] Drei Ansätze zur Erklärung des Phänomens wurden bereits aufgezeigt:

Erstens haben Regierungen zum Ende der Legislaturperiode einen Anreiz, die Ausgaben durch Kreditfinanzierung zu erhöhen, um ihre Wiederwahlwahrscheinlichkeit zu erhöhen. Je kürzer die Legislaturperiode ausfällt, desto öfter müssen sie zu diesem Mechanismus des politischen Konjunkturzykluses greifen, um wiedergewählt zu werden.

Zweitens könnte eine Regierung, deren Wiederwahlwahrscheinlichkeit gering ist, einen Anreiz haben, die Verschuldung zu erhöhen, um den Handlungsspielraum einer zukünftigen Regierung einzuengen oder aber, um mehr Geld für die von ihr bevorzugten Bereiche auszugeben.

Drittens schwindet aus spieltheoretischer Sicht mit kürzeren Regierungsdauern der Anreiz zur Kooperation. Zudem wird es mit bevorstehenden Wahlterminen gerade für Koalitionspartner wichtig, die Interessen der eigenen Klientel zu bedienen, was die regierungsinternen Verteilungskämpfe verschärft. Als Ausweg bietet sich die Verschuldung an.

Ein vierter Aspekt lässt sich an dieser Stelle noch hinzufügen, um das Phänomen zu erklären: Es wurde bereits festgestellt, dass demokratisch gewählte Politiker in der Regel auf den kurzfristigen Erfolg aus sind, da dieser ihre Wiederwahl

121 Die Autoren bieten für dieses Ergebnis auch nur Ansätze von Erklärungen, die teilweise jedoch nur wenig gehaltvoll sind. Sie betonen daher auch, dass es möglicherweise noch andere Erklärungen für das Phänomen gibt, dass die Staatsverschuldung mit häufigen Regierungswechseln ansteigt (Grilli et al. 1991: 359).

garantiert. Aufgrund der hohen Diskontrate haben Politiker eine starke Gegenwartspräferenz. Dadurch werden langfristige Ziele jedoch verdrängt und unbequeme Reformen werden verschoben.[122] Sind die Wahlperioden jedoch länger, geraten die langfristigeren Ziele möglicherweise wieder stärker in den Blickpunkt.

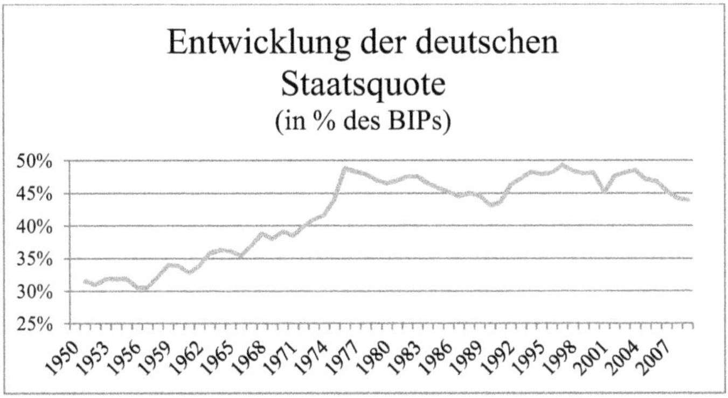

Abbildung 17: Deutsche Staatsquote[123]

Abnutzungskriege sind in Verbindung mit dem Haushaltskalkül von Downs eine Möglichkeit, steigende Staatsquoten zu erklären, da die Regierung für die Wiederwahl die Staatsausgaben ausweiten muss. Bei einer Rückführung der Ausgaben müsste die Regierung aber Popularitätsverluste befürchten. Folglich ist es nicht weiter verwunderlich, wenn die Staatsquote auf einem höheren Niveau verharrt. Erst wenn der Abnutzungskrieg um die Konsolidierungslast beendet oder die Regierung bereit ist, mögliche Popularitätsverluste in Kauf zu nehmen, kann das Defizit zurückgefahren werden. Die Angst der Regierung vor Stimmenverlusten durch Ausgabenkürzungen muss als das gravierendere Element im politischen Konjunkturzyklus gesehen werden, da es verhindert, dass das Ausgabenniveau nach Wahlen wieder abgesenkt wird und gewährte Wahl-

122 Ein klassisches Beispiel in der Bundesrepublik ist die staatliche Rentenversicherung. Bereits seit Anfang der achtziger Jahre lag die Sterberate über der Geburtenrate, während die Menschen gleichzeitig immer älter wurden. Ein solcher demographischer Wandel ist für ein umlagefinanziertes Rentensystem nur sehr schwer zu finanzieren. Da dieses Problem aber nur langfristig eine Rolle spielen würde, haben alle Regierungen diese politisch unbequeme Reform auf die nachfolgende Regierung verschoben.

123 Datenquelle: Littmann (1975) für die Jahre 1950-1968 und Statistisches Bundesamt für die Jahre 1969-2008, eigene Darstellung.

geschenke zurückgenommen werden. In der Folge bleibt die Staatsquote dauerhaft auf einem hohen Niveau.[124] Dies ist auch anhand der Abbildung 17 erkennbar. Allerdings gilt das Phänomen einer stark gestiegenen und dauerhaft hohen Staatsquote nicht nur für Deutschland, sondern für die Mehrzahl der entwickelten Volkswirtschaften.

Neben diesen Abnutzungskriegen existiert noch eine Reihe weiterer politökonomischer Faktoren, die das Verschuldungsverhalten beeinflussen. Diese sollen im nächsten Abschnitt kurz dargestellt werden.

4.2. Weitere verschuldungsbeeinflussende Faktoren

Einen ersten Aspekt tragen Wagschal et al. vor: Anknüpfend an die oben erwähnte Möglichkeit einer *Pork-Barrel*-Politik, ließe sich behaupten, dass die Verschuldung eines Landes umso höher ist, je größer das Parlament ist. Tatsächlich ist die Verschuldung umso höher, je höher die Abgeordnetendichte ist. Um in ihrem Wahlkreis wiedergewählt zu werden, versuchen die Abgeordneten, möglichst viele Mittel für ihren Wahlkreis durchzusetzen. Der Zusammenhang ist dabei selbst bei Ausblendung der Stadtstaaten relativ stark (Wagschal et al. 2009: 208). Diese Aussage lässt sich im Übrigen für ein internationales Umfeld bestätigen: Je mehr Wahlkreise ein Land hat, desto höher ist langfristig dessen Verschuldung (Franzese 2002).

Auch eine steigende Zahl von Ministern führt zu einer höheren Verschuldung. Gemäß einer Untersuchung von Volkerink und de Haan (2000) erhöht jeder zusätzliche Minister die Neuverschuldungsquote um 0,08% des BIPs. Die Zahl der Minister hat gar einen größeren Einfluss auf die Höhe des Defizits als die Zahl der im Parlament vertretenen Parteien. Perotti und Kontopoulos (2002: 208, 215) kommen auf einen langfristigen Wert von 0,8% des BIPs als zusätzliches Defizit je zusätzlichem Minister. Dabei kommt das höhere Defizit vor allem durch übermäßigen Staatskonsum zustande: Ein zusätzlicher Minister führt demnach zu einer um 1,27% höheren Ausgabenquote, wobei der Einfluss der Zahl der Minister in ökonomisch schlechten Zeiten gar noch steigt. Die Erklärung dürfte sein, dass Minister wie andere Politiker auch versuchen, sich zu pro-

124 Dieser Erklärungsansatz tritt in Konkurrenz zu älteren Erklärungsmodellen für den Anstieg der Staatsquote. Zu diesen Modellen zählen etwa das Wagnersche Gesetz (Wagner 1893) oder der *Displacement*-Effekt (Peacock und Wiseman 1961).

filieren und ihren Einfluss zu vergrößern. Das können sie durch (zusätzliche) Ausgaben in dem Bereich, für den sie zuständig sind.

Als weitere Untersuchung des Einflusses der staatlichen Verwaltung kommen Hahm, Kamlet und Mowery (1996) zu dem Ergebnis, dass die Eigenschaften der staatlichen Verwaltung (wie Unabhängigkeit, ihre Macht und das Personalsystem) einen größeren Einfluss auf die staatliche Verschuldung haben als die Macht der regierenden Partei oder deren Ideologie. Teilweise widerlegen sie mit ihrer Untersuchung auch Niskanens Bürokratietheorie. Nach Niskanen (1971) versuchen Bürokraten, ihren zur Verfügung stehenden Haushalt zu vergrößern, weil sie dadurch ihren Einfluss und ihr Ansehen ausbauen. Er macht dabei aber keinen Unterschied zwischen der Finanzbürokratie und sonstigen bürokratischen Einrichtungen. Für sonstige bürokratische Einrichtungen mag das Streben nach größeren Haushalten zutreffen. Ist die Finanzbürokratie entsprechend mächtig, kann sie jedoch dieses Streben bremsen, da die Finanzbeamten ihrerseits ebenfalls bestrebt sind, ihren Einfluss und ihre Macht zu vergrößern, was nur durch eine konsequente Sparpolitik gelingen kann. Dies führt zur Schlussfolgerung, dass eine starke Finanzbürokratie bremsend auf die Staatsverschuldung wirkt. Ebenso weist von Hagen (1992) darauf hin, dass die starke Rolle eines Finanzministers bzw. Regierungschefs beim Haushaltsprozess dazu führt, dass die Verschuldung eines Staates tendenziell niedriger ausfällt. Ein starker Finanzminister ist nicht nur in der Lage, die Wünsche seiner Kabinettskollegen in Zaum zu halten, sondern auch die Macht des Parlaments (und der einzelnen Parlamentarier) beim Haushaltsprozess zu begrenzen.

Daran anknüpfend lässt sich für die Bundesländer für den Zeitraum von 1990 bis 2006 feststellen, dass die Verschuldung umso niedriger ist, je stärker der Finanzminister und je länger dieser im Amt ist. Bundesländer mit häufig wechselnden Finanzministern weisen eine höhere Verschuldung pro Kopf auf (Wagschal et al. 2009: 207f.).

Zusammenfassend kann man festhalten, dass institutionelle Faktoren einen bedeutenden Faktor darstellen, was die Höhe der Staatsverschuldung angeht. Insbesondere Abnutzungskriege um die Konsolidierungslast in Gesellschaft, Regierung und Parlament führen dazu, dass Defizite übermäßig lange bestehen bleiben. Anderen institutionellen Faktoren, wie etwa der Zahl der Abgeordneten und der Minister, der Stärke der Finanzbürokratie und der -minister kann ebenfalls ein Einfluss auf die Höhe der Verschuldung nachgewiesen werden.

Anhand der letzten beiden Kapitel konnte der Eindruck entstehen, dass Staatsverschuldung ein grundsätzliches Übel ist, das es dringend zu vermeiden gilt. Möglicherweise existieren aber Rechtfertigungsgründe für Staatsverschuldung, wie dies bereits in der Einleitung angeklungen ist.

5. Mögliche Rechtfertigungen staatlicher Verschuldung

In diesem Kapitel sollen zwei Aspekte näher betrachtet werden, die möglicherweise eine Rechtfertigung für Staatsverschuldung liefern: der distributive Aspekt in Form der Verteilungswirkungen der Staatsverschuldung zwischen mehreren Generationen und der konjunkturpolitische Aspekt, der maßgeblich durch die keynesianische Lehre des *Deficit Spending* beeinflusst ist.

5.1. Distributive Aspekte der Staatsverschuldung

Die distributiven Effekte der Staatsverschuldung ließen sich auf eine Vielzahl von Verteilungswirkungen untersuchen. So begünstigt Staatsverschuldung etwa die oberen Einkommensschichten, da es zu einer Umverteilung zugunsten der Kapitaleinkommen kommt und sie benachteiligt die Arbeitnehmer, da durch die zusätzliche staatliche Nachfrage bei einem gegebenen Sozialprodukt die Preise steigen, was wiederum zu steigenden Unternehmensgewinnen führt. So wird die Einkommensverteilung zugunsten der Gewinn- und zu Lasten der Lohnquote verschoben (Scherf 2007: 19ff.). Für ein vollständiges Bild müsste aber ebenso die Verwendungsseite betrachtet werden, denn schließlich profitieren von den erhöhten staatlichen Ausgaben nicht alle gesellschaftlichen Schichten und Generationen gleichermaßen. An dieser Stelle soll daher nur die Verteilungswirkung zwischen den Generationen, die intergenerative Umverteilung, untersucht werden, da diese in der öffentlichen Diskussion eine dominante Rolle einnimmt.
Durch Staatsverschuldung fallen Nutzen und Kosten staatlicher Ausgaben nicht zeitgleich an.[125] So kann Nutzen aus staatlichen Ausgaben, denen erst morgen steuerliche Einnahmen gegenüber stehen, gezogen werden. Auf diesen Sachverhalt zielt ein bedeutender Teil der öffentlichen Kritik an Staatsverschuldung ab, die da gemeinhin lautet: „Wir dürfen uns nicht weiter zu Lasten unserer Kinder verschulden!“ Dasselbe Argument wird aber auch für die Rechtfertigung der Staatsverschuldung angeführt, da durch Staatsverschuldung eine intergenerative Lastenverschiebung stattfindet und so zukünftige Generationen an Investitionen

125 Die Externalisierung der Kosten der Regierungstätigkeit durch Verschuldung wurde oben angesprochen.

für die Zukunft beteiligt werden. Beide Sichtweisen werden durch den berühmten Lehrsatz von Steins deutlich: „Ein Staat ohne Staatsschuld tut entweder zu wenig für seine Zukunft oder er fordert zu viel von seiner Gegenwart" (Schlesinger et al. 1993: 218).

Verschuldung führt prinzipiell zu einer Belastung der zukünftigen Generation, wenn man von Erbschaften absieht, denn diese verringern die Verschuldung. Allerdings kann jede Generation entscheiden, ob sie sich verschuldet, und sei es nur, um die Zinsen zu begleichen. In diesem Fall wird die Verschuldung immer weiter in die Zukunft getragen, bis sich eine Generation entschließt, die Neuverschuldung zu beenden. Erst dann hätte sich die erste Generation zu Lasten der letzten verschuldet (Müller et al. 2007: 21f.).

Ein Argument für die intergenerative Lastenverteilung findet sich bei Musgrave. Er rechtfertigt die staatliche Verschuldung mit dem Argument, dass in jeder Periode der Nutzung eines staatlich bereitgestellten Gutes die Kosten dem Nutzen entsprechen müssten. Hierfür bietet sich der Kredit an, da er die Kosten in Form des Schuldendienstes gleichmäßig über die Nutzungsperioden verteilt. Dadurch wird verhindert, dass eine Generation die gesamten Kosten der Bereitstellung eines Gutes trägt, während folgende Generationen nur Nutzen daraus ziehen, ohne an den Kosten zu partizipieren. Zudem wird die stetige Versorgung mit staatlich bereitgestellten Gütern sichergestellt (Musgrave 1958: 72).[126]

Musgraves Argumentation diente mit als Grundlage für den alten Artikel 115 Grundgesetz (GG), der staatliche Verschuldung zuließ, sofern die Höhe der Verschuldung nicht die Höhe der Bruttoinvestitionen überstieg. Durch die Kreditfinanzierung von Investitionen sollten zukünftige Generationen an der Finanzierung rentierlicher Vorhaben beteiligt werden, da ihnen auch ein entsprechender Nutzen erwächst. Diese Rechtfertigung ist auch bekannt als *Pay as You Use*-Prinzip (Scherf 2007: 10).

Die Idee der intergenerativen Lastenverteilung trifft allerdings auf erhebliche Zweifel. So wird bei der Erstellung des Gutes die Wohlfahrtsfunktion der momentanen Generation zugrunde gelegt. Ändern sich die Präferenzen aber, was die Regel sein dürfte, wird aus der Erbschaft eine Erblast (Kronenberger und Wille 1984: 641). Das Argument, dass zukünftige Generationen an heutigen Investitionen beteiligt werden müssten, ist besonders anfällig für Manipulationen

126 Musgraves Argumentation ist auch aus weiteren Gründen nicht unproblematisch. Nimmt etwa die Bevölkerung ab, wird die zukünftige Generation überproportional in Anspruch genommen.

und darüber hinaus als Alibifunktion geeignet, da der Gestaltungsspielraum zukünftiger Generationen eingeengt und die Zukunft „verplant" wird (Gandenberger 1983).
Ein hinzukommendes Problem der heutigen Praxis der Staatsverschuldung stellt die Umschuldung dar. Dem *Pay as You Use*-Prinzip würde es entsprechen, dass Schulden getilgt werden, bis der Nutzenstrom aus einer Anlage versiegt ist. Bei Umschuldungen wird der Kredit aber nicht getilgt, sondern nur durch einen anderen abgelöst. So müssen zukünftige Generationen Zinsen für Investitionen bezahlen, aus denen sie keinen Nutzen mehr ziehen (Bundesrechnungshof 1991: 20).
Ein zweites Faktum zeigt ebenfalls, dass dieses Argument nur theoretischer Natur ist: Seit Mitte der siebziger Jahre hat der deutsche Staat sein Vermögen kontinuierlich abgebaut.[127] Ein Teil des Defizits diente immer dem Konsum und nicht dem Aufbau von Vermögen durch Investitionen (Schlesinger et al. 1993: 223).
Stützel greift ein weiteres Argument auf, das oben bereits angesprochen wurde und das die praktische Anwendung des *Pay-as-You-Use*-Prinzips noch fragwürdiger macht: Zwar führt der Staat über seine aufgenommenen Kredite genau Buch. Die Zahlungsverpflichtungen aus Pensionen und Transferverpflichtungen – die implizite Verschuldung – tauchen aber in staatlichen Statistiken, basierend auf dem kameralistischen Rechnungswesen, nicht auf (Stützel 1978: 442). Diese oben präsentierten gewaltigen Summen werden zukünftigen Generationen aber ebenso zugemutet, wie beispielsweise die Kosten für Infrastrukturinvestitionen. Insbesondere die Zahlungsverpflichtungen der Sozialversicherungen und der Pensionskassen werden zukünftige Generation hart treffen, da hier, trotz der seit den siebziger Jahren absehbaren Überalterung der Bevölkerung, keine Rückstellungen gebildet wurden. Es wird sich die Frage stellen, ob der finanzpolitischen Herausforderung mit Beitragserhöhungen, weiteren Schulden oder Leistungskürzungen begegnet wird. Den Zahlungsverpflichtungen aus Pensionen und Renten muss der Staat nachkommen, sodass zukünftigen Generationen eine intergenerative Umverteilung aufgezwungen wird. Die nominellen Zins- und Tilgungsverpflichtungen entsprechen keineswegs dem periodisierten Nutzen der Investitionen und noch weniger den realen Konsumlasten der jeweiligen Generation (Scherf 1996: 368). Angesichts der vor kurzem beschlossenen Rentenga-

127 Diese Feststellung ist nicht unproblematisch, da es bis heute keine Bilanz für das Vermögen und die Verbindlichkeiten des Bundes gibt, so dass es keine genauen Zahlenangaben gibt.

rantie, der zunehmenden politischen Macht der Ruheständler und der bereits heute horrenden impliziten Staatsverschuldung wird das intergenerative Konfliktpotential enorm steigen. Ein Aufkündigen des „Generationenvertrages" durch die jüngeren Generationen erscheint nicht realitätsfremd.[128]
Musgraves Argument des *Pay-as-You-Use* verkommt somit angesichts der Realität der hohen impliziten Verschuldung zu einem akademischen Argument. Scherf hat ganz Recht, wenn er schlussfolgert: „Insgesamt sprechen die Verteilungseffekte der öffentlichen Verschuldung überwiegend, vom *Pay-as-You-Use*-Prinzip einmal abgesehen, gegen eine Kreditaufnahme bei Vollbeschäftigung" (Scherf 2007: 29).
Die distributiven Aspekte können die Staatsverschuldung der Bundesrepublik nicht nur nicht rechtfertigen, sondern sprechen eindeutig für einen Abbau der Staatsverschuldung. Schlesinger, Weber und Ziebarth stellten bereits Anfang der neunziger Jahre fest: „Das Lastverschiebungsargument [...] bietet also – bei Lichte betrachtet – eine wichtige theoretische Stütze für die Forderung nach einem Abbau der Staatsverschuldung. [...] Zukunftsnutzen und Zukunftslast müssen auch hier alsbald zu einem Ausgleich gebracht werden" (Schlesinger et al. 1993: 224).
Nachdem somit die Verteilungswirkungen der deutschen Staatsverschuldung klar gegen die Kreditaufnahme sprechen, bieten sich noch konjunkturpolitische Faktoren in Form einer antizyklischen Fiskalpolitik als mögliche Rechtfertigung an.

5.2. Konjunkturpolitische Aspekte der Staatsverschuldung

Auf Keynes (2006) und seine Interpreten geht das Konzept einer antizyklischen Fiskalpolitik zurück, die Konjunkturausschläge glätten und dadurch Rezessionen mildern soll. Gemäß der keynesianischen[129] Theorie kann es zu Nachfragelü-

---

128 Einige Staaten haben einen ganz anderen Weg eingeschlagen und staatliche Einnahmen (insbesondere solche, die auf erschöpfbare natürliche Ressourcen zurückzuführen sind) in Staatsfonds eingezahlt, um angesichts des demographischen Wandels und der damit einhergehenden negativen Konsequenzen für zukünftige Generationen für eine größere intergenerative Gerechtigkeit zu sorgen.
129 An dieser Stelle sei auf den Unterschied zwischen keynesianischer und Keynesscher Theorie verwiesen: Während die Keynessche Theorie ausschließlich auf den Arbeiten Keynes' beruht, findet sich in der keynesianischen Theorie auch das Werk anderer keynesianisch geprägter Ökonomen (etwa Hicks, Samuelson oder Tobin) wieder.

cken kommen, die der Staat durch zusätzliche Nachfrage schließen soll – notfalls auch durch Inkaufnahme von Defiziten (Brown-Collier und Collier 1995: 347). Durch eine solche situationsbezogene Schuldenpolitik soll durch den Staat ein Multiplikatorprozess[130] ausgelöst werden, der die Nachfragelücke schließen und dafür sorgen soll, dass das Einkommen gegen das Gleichgewichtseinkommen konvergiert (Siebke und Thieme 2003: 110). In der Realität trifft diese Konzeption jedoch auf eine Vielzahl von Problemen, von denen hier nur die wichtigsten kurz angesprochen werden sollen.
Trotz der Schwierigkeiten, mit denen eine empirische Untersuchung der Multiplikatoreffekte behaftet ist[131], lässt sich zweifelsfrei feststellen, dass der Multiplikator nicht die theoretisch errechnete Höhe erreicht. Rechnerisch müsste sich bei einer marginalen Konsumneigung von 0,9 (Rittenbruch 1993: 152, Siebert 2003b: 234f.)[132] ein Multiplikatoreffekt[133] von

$$m = \frac{1}{1 - c'} = 10$$

ergeben. Im Jahresgutachten von 2010 stellt der Sachverständigenrat (2009: 169ff.) mehrere Modelle vor, die alle zu dem Ergebnis kommen, dass der kumulierte Multiplikator der deutschen Konjunkturpakete über einen Zeitraum von knapp vier Jahren betrachtet kleiner als eins ist (Cwik und Wieland 2010, Taylor 1993, Fagan et al. 2005, Ratto et al. 2009, Laxton und Pesenti 2003, Sachverständigenrat 2009).[134] Auch andere Untersuchungen (Lehment 1985, Plötscher et al. 2004) oder Untersuchungen zu Multiplikatoreffekten in den USA (Con-

130 Das Multiplikatorkonzept geht auf Kahn (1931: 173ff.) zurück, einen Kollegen Keynes'.
131 Problematisch an den Untersuchungen zu Multiplikatoreffekten ist, dass sie in höchstem Maße von den Annahmen des Modells abhängen. *Glaubt* der Wissenschaftler an die Wirkung des Stimulus, wird sich diese auch im Modell einstellen (Welter 2010).
132 Keynes selber ging fälschlicherweise davon aus, dass die Konsumneigung im „reifen Kapitalismus" abnehmen würde, ebenso wie die Investitionsmöglichkeiten. Die marginale Konsumneigung lag zwischen 1982 und 2002 etwa bei 0,92. Zwischen 1960 und 1990 hatte sie noch bei 0,86 gelegen.
133 Für die Herleitung kann jedes makroökonomische Standardwerk empfohlen werden. Hier wird verwiesen auf: Felderer und Homburg (2005).
134 Es wird damit auch deutlich, dass das Schuldenparadoxon (eine Überkonsolidierung der Defizite, die für die expansive Fiskalpolitik aufgebaut worden waren), das von bestimmten Forschern hervorgebracht wird (Scherf 1996: 369) extrem unwahrscheinlich wird, weshalb der Sachverständigenrat im Jahresgutachten 2010 schrieb: „Steuersenkungen finanzieren sich [...] zu einem bestimmten Teil, aber niemals vollständig selbst" (Sachverständigenrat 2009: 165).

gressional Budget Office 2005)[135] kommen zu dem Schluss, dass der Multiplikator die theoretische Höhe nicht einmal ansatzweise erreicht oder gar bei null liegt (Gramlich 1969). Diese Feststellung musste auch der frühere englische Premierminister Callaghan machen. Er erklärte auf der Jahreskonferenz der Labour-Partei 1976 ernüchtert:

> „Wir waren einmal der Auffassung, man könne einfach durch Steuersenkungen und erhöhte Regierungsausgaben aus der Rezession herausfinden und die Beschäftigung ankurbeln. Ich sage Ihnen in aller Offenheit, dass diese Option nicht mehr gegeben ist und dass sie – falls es sie überhaupt jemals gab – nichts anderes bewirkte, als der Wirtschaft Inflation zu injizieren... Höhere Inflation und in ihrem Gefolge höhere Arbeitslosigkeit. Das ist die Geschichte der letzten zwanzig Jahre“ (Issing 2010).[136]

Dass der Multiplikator nur eine allenfalls sehr geringe Höhe hat, hat insbesondere zwei Gründe[137]: den Abfluss von Nachfrage ins Ausland und strukturelle Probleme auf der Angebotsseite.

Dass ein Teil der zusätzlichen vom Staat ausgelösten Nachfrage im Ausland wirksam wird, versteht sich bei einer Importneigung von 44% (Borger 2009: 1) von selbst. Dieser Nachfrageeffekt fehlt in der Folge im Inland. Isolierte nationale Konjunkturprogramme gelten daher als „nahezu sinnlos“ (Gaul 2008: 21). Werden im Ausland hingegen parallel ebenfalls Konjunkturprogramme aufgelegt[138], kann sich ein wechselseitiger stimulierender Effekt ergeben.[139] Die Not-

---

135 Angesichts der extrem niedrigen amerikanischen Sparquote müsste der amerikanische Multiplikatoreffekt theoretisch deutlich höher liegen als in Deutschland.

136 Durch den Versuch, den vermeintlichen Zielkonflikt zwischen Inflation und Arbeitslosigkeit, den die Phillips-Kurve suggeriert hatte, auszunutzen, wurde die Inflationsrate von 3,9% (1964) auf 16% (1974) getrieben, ohne dass dies positive Effekte auf die Beschäftigung gehabt hätte (Bökenkamp 2010: 123).

137 In der Literatur wird hier typischerweise auch noch der Verdrängungseffekt (*Crowding-Out*) angeführt. Dabei kommt es aufgrund der staatlichen Kreditaufnahme zu einem Anstieg der Zinsen. Dies wiederum bremst private Investitionen und verdrängt private Nachfrage. Dieser Punkt war in der Literatur bislang jedoch umstritten (Andel 1990: 161, Friedman 1978, Sinn 1983, Lehment 1984 und 1985, Spencer und Yohe 1970), weshalb sich Argumente für beide Seiten finden lassen (Wagschal 1996: 79). Scherf (1996: S. 368) zählt die Gründe auf, warum solche Verdrängungseffekte bei Unterbeschäftigung unwahrscheinlich sind und wie andernfalls gegen sie vorgegangen werden kann.

138 Dies setzt natürlich politische Koordination und die Vermeidung von Trittbrettfahrerverhalten voraus.

139 Cwik und Wieland (2010: 33ff.) bezweifeln, dass dieser wechselseitige Effekt infolge der Konjunkturprogramme von 2009 sehr stark wäre. In ihrem Modell kommen sie zu dem Ergebnis, dass die gestiegene Nachfrage innerhalb der Eurozone durch eine reale Aufwertung

wendigkeit der internationalen Abstimmung von Konjunkturprogrammen angesichts einer globalisierten Wirtschaft wurde auch im Zuge der Finanz- und Wirtschaftskrise deutlich, als 2008 und 2009 zeitgleich Konjunkturprogramme in den großen Volkswirtschaften zur Abmilderung der Rezession verabredet wurden (Borger 2009).

Gering fällt der Multiplikatoreffekt auch dann aus, wenn die Ursachen der Probleme einer Volkswirtschaft nicht in einer unzureichenden Nachfrage, sondern in strukturellen Schwächen auf der Angebotsseite begründet sind. Hierfür sind etwa ungünstige Investitionsbedingungen und verkrustete Strukturen in verschiedenen Sektoren der Volkswirtschaft verantwortlich (Duwendag 1983: 51f., Zimmermann 1999: 165f.).

Ein mahnendes Beispiel für wirkungslose Konjunkturprogramme aufgrund von Problemen auf der Angebotsseite bietet Japan (Ottnad 2004: 11ff.). Japan liefert zwar ähnlich wie die Bundesrepublik hochwertige Investitionsgüter in alle Welt, erreicht aber bei nicht-handelbaren Gütern nicht den internationalen Standard. Die korporatistischen Strukturen und protektionistische Maßnahmen ließen die zahlreichen Konjunkturprogramme seit dem Einbruch der Wachstumsraten Anfang der neunziger Jahre wirkungslos verpuffen und die Staatsverschuldung bis 2010 auf 192,3% des BIPs[140] steigen – nach Simbabwe (304,3% des BIPs in 2009[141]) die zweithöchste Staatsverschuldung der Welt und die höchste aller entwickelten Volkswirtschaften.[142]

Neben diesen Erklärungen für die geringe Höhe des Multiplikators spricht auch der erhebliche Informationsbedarf von Konjunkturprogrammen bei Diagnose und Prognose gegen deren systematische Anwendung.[143] Diese Informationen sind aber essentiell für eine genaue sachliche und zeitliche Dosierung der antizyklischen Maßnahmen (Zimmermann 1999: 166).[144] Die zeitliche Dosierung

des Euros gegenüber anderen bedeutenden Währungen und in der Folge eine Abschwächung des internationalen Handels mit Nicht-Euro-Ländern konterkariert würde.

140 Datenquelle: Bundesministerium der Finanzen (2011c).

141 Datenquelle: Schätzung gemäß Index Mundi.

142 Die in Japan herrschende Deflation bremst die Konjunktur zusätzlich: In Erwartung weiter fallender Preise hat die japanische Bevölkerung gewaltige Ersparnisse angehäuft, die sich die Regierung zu niedrigen Zinsen leihen kann (Willmroth 2010).

143 Hierzu zählt auch das Erkennen, ob Probleme auf der Angebotsseite die Wirkung einer antizyklischen Fiskalpolitik möglicherweise einschränken.

144 Nur ein Beispiel für die Schwierigkeit der Umsetzung keynesianischer Rezepte war das deutsche Konjunkturprogramm von 1978: Die Umsetzung verlief derart schleppend, dass die staatliche Nachfrage, beispielsweise im Bausektor, gerade zu dem Zeitpunkt spürbar wurde,

wiederum wird durch die schwerfällige Reaktion der Bürokratie erschwert. Die schwerfällige Reaktion erklärt sich aus dem immensen Zeitbedarf, um eine Rezession zu erkennen, Gegenmaßnahmen zu beschließen und umzusetzen. Bis die Gegenmaßnahmen wirken, vergeht zusätzlich Zeit. Die antizyklische Fiskalpolitik destabilisiert den Konjunkturzyklus durch diese verzögerte Reaktion weiter (Friedman 1953).

Zu guter Letzt – und das ist der wohl wichtigste Punkt, der gegen den kreditfinanzierten Einsatz von Ausgabenprogrammen spricht – missachteten Keynes und seine Interpreten die politische Ökonomik sträflich. Willke sieht Keynes in diesem Zusammenhang als „unverbesserlichen Idealisten" (Willke 2002: 130). Er sieht die Gründe für das Scheitern der Keynesschen Konzeptionen in den „Widrigkeiten der politischen Umsetzung" (Willke 2002: 159). Tatsächlich wurden Konjunkturprogramme nämlich in aller Regel aus politökonomischen Interessen heraus aufgelegt[145], während ihre Finanzierung asymmetrisch erfolgte (Zimmermann 1999: 166, Stagnet 2009: 295, Kirchhof 2002: 1570). Einmal angefallene Defizite wurden im Aufschwung niemals in der Weise wieder abgebaut, wie es für eine erfolgreiche Konjunkturpolitik im keynesschen Sinne notwendig gewesen wäre,[146] womit Schumpeter mit seiner banal anmutenden Erkenntnis Recht behalten hat: „Eher legt sich ein Hund eine Wurstreserve an als eine demokratische Regierung eine Budgetreserve."[147] In vielen Fällen war die Keynesschen Politikvorschläge nur ein Vorwand, um schuldenfinanzierte Ausgabenprogramme aufzulegen, denen keine Gegenfinanzierung im Boom gegenüberstand (Stagnet 2009: 295, Kirchhof 2002: 1570). Der antizyklische Politikvorschlag der Keynesschen Theorie ist in der wirtschaftspolitischen Praxis einem wahren „Primitivkeynesianismus" (Sturm 1993: 39) oder „Vulgärkeynesianismus" (von Prollius 2009) gewichen: In Rezessionen wird das Defizit vergrößert, im Boom wird es aber kaum zurückgefahren. Auch die explizit antizyklisch

---

als auch die private Nachfrage anzog. Das Konjunkturprogramm hatte demnach einen prozyklischen Effekt (Bökenkamp 2010: 112ff.).

145 Dazu darf beispielsweise auch der Ausbau des Sozialstaates unter der sozial-liberalen Koalition gezählt werden.

146 Hierin ist auch eine Erklärung für den dauerhaften Anstieg der Staatsquote zu sehen.

147 Auch Befürworter einer keynesianischen Politik mussten dies früh eingestehen. So etwa Simmert (1981: 20f.). Einige Schriftsteller haben die Probleme, die die keynesianische Politik des *Deficit Spending* nach sich zieht, indes immer noch nicht verstanden. So etwa Hoff (2007), der die Kritik an der Schuldenpolitik der Bundesrepublik als „Hysterie" abtut und stattdessen eine „kritisch-bewusste Anwendung" des Instruments der Staatsverschuldung fordert.

folg Hitlers.[152] Auch in aktuelleren Diskussionen spielten und spielen die Lehren aus der Endphase der Weimarer Republik eine wichtige Rolle (Siedenbiedel 2010, Bofinger und Sinn 2006).

In den Krisenjahren der jüngsten Finanz- und Wirtschaftskrise bewirkten die automatischen Stabilisatoren einen Konjunkturimpuls von 1,9% des BIPs (Borger 2009: 4). Dolls, Fuest und Peichl (2009) kommen zu dem Ergebnis, dass ein negativer Einkommensschock in der EU zu 38% und in den USA zu 32% von den automatischen Stabilisatoren absorbiert wird, wobei die Absorption in der Bundesrepublik überproportional hoch ausfällt. Bei einem Arbeitslosigkeitsschock werden in der EU 48% durch die automatischen Stabilisatoren absorbiert, in den USA 34%. Entsprechend umfangreicher mussten daher die diskretionären Maßnahmen zur Konjunkturstabilisierung ausfallen. Der Stabilisierungseffekt ist tendenziell umso größer, je höher die Staatsquote und je progressiver das Steuersystem sind (Borger 2009: 2), weil insbesondere die hohe Staatsquote meist auf einen großzügig ausgebauten Wohlfahrtsstaat zurückzuführen ist.

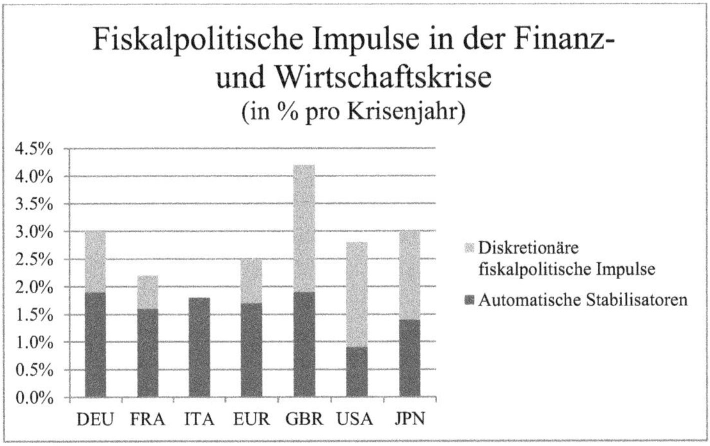

Abbildung 18: Fiskalpolitische Impulse in der Krise[153]

Ausgabenkürzungen bei den automatischen Stabilisatoren hätten möglicherweise gravierende Auswirkungen auf den Verlauf der Krise gehabt.[154] Stiglitz

152 Er argumentiert, dass sich durch das Absenken der Löhne diese wieder der Produktivität näherten. Durch diese strukturelle Bereinigung war der langfristige ökonomische Erfolg des Deutschen Reiches vorbereitet (Borchardt 1979).

153 Datenquelle: Borger (2009: 5). Die Schätzung beruht auf Daten der OECD.

hat diese Politik schon vor der Krise folgendermaßen zusammengefasst: „Seit sechzig Jahren vertritt kein seriöser Volkswirt mehr die Meinung, dass eine Volkswirtschaft, die auf eine Rezession zusteuert, einen ausgeglichenen Staatshaushalt haben sollte“ (Stiglitz 2002: 127)[155] Auch der Sachverständigenrat erklärte, dass die „überwiegend krisenbedingte Ausweitung der Staatsverschuldung [...] letztlich ohne Alternative“ war. Diese Politik sei „alles in einem richtig“ gewesen (Sachverständigenrat 2009: 174).

Fraglos spiegelt sich in Konjunkturprogrammen auch immer eine psychologische Komponente wieder. Hierbei scheint es in vielen Fällen relativ belanglos zu sein, ob die Konjunkturprogramme rechtzeitig ihre Wirkung entfalten (Bökenkamp 2010: 118). Den Einfluss dieser psychologischen Komponente zu präzisieren, fällt nicht in den Aufgabenbereich dieser Arbeit. Es sei aber an das *Bonmot* Erhards erinnert, der erklärt hatte, dass 50% der Wirtschaftspolitik Psychologie seien.

Zuletzt sollte erwähnt werden, dass eine Haushaltskonsolidierung nicht immer restriktiv wirken muss, insbesondere dann nicht, wenn sie über die Ausgabenseite erfolgt. Nach der traditionellen keynesianischen Lehre würde eine Konsolidierung des Haushalts zu einem Nachfrageausfall und in der Folge zu einem sinkenden Volkseinkommen führen. Dieser „keynesianische Effekt“ muss aber nicht zwangsläufig auftreten. Er kann sich sogar in sein Gegenteil verkehren: In diesem Fall ziehen Haushaltskonsolidierungen positive Wachstumseffekte nach sich. Empirische Untersuchungen von Giavazzi und Pagano weisen für Dänemark zwischen 1983 und 1986, Irland zwischen 1987 und 1989[156] und Schweden Anfang der neunziger Jahre einen solchen Effekt nach. Infolge der Haus-

---

154 Im Übrigen lässt auch der Wachstums- und Stabilitätspakt eine solche Politik zu. Die Europäische Kommission hat Deutschland bis 2013 Zeit eingeräumt, um das Defizit unter die durch den Stabilitäts- und Wachstumspakt erklärte Grenze von 3,0% zu senken. Dies wird begründet mit der schweren Rezession im Zuge der Finanz- und Wirtschaftskrise, die das BIP in Deutschland im Jahr 2009 um 4,7% sinken ließ. In diesem Fall greife die Ausnahmeregel des Stabilitätspaktes, die den Staaten in einer schweren Krise mehr Zeit zur Konsolidierung der Haushalte lässt. Bis 2013 müsse das strukturelle Defizit aber jährlich um 0,5% zurückgefahren werden (Ott 2009).

155 Problematisch ist der Kontext der Aussage. Stiglitz fordert nicht nur, dass sich der Staat in Rezessionen verschulden können muss, sondern dass er aktiv eine antizyklische Fiskalpolitik betreibt. Wie gezeigt wurde, ist dieser Rat an die Politik wahrlich nicht empfehlenswert.

156 Bei einem ersten Konsolidierungsversuch in Irland zwischen 1982 und 1984 trat ein keynesianischer Effekt ein. Zwar wurde das Primärdefizit um 7% des BIPs gekürzt, die Verschuldungsquote wuchs aber in der Folge um 6,8%, weil die Verringerung des Defizits zu einer Verringerung des privaten Konsums führte (Giavazzi und Pagano 1996: 69).

haltskonsolidierung stiegen Konsum und private Investitionen massiv an. Allerdings muss der Kurswechsel der Finanzpolitik ausreichend groß und anhaltend sein. Zurückzuführen sind diese positiven Wachstumseffekte insbesondere auf *Crowding-in*-Effekte und die veränderten Erwartungen der Individuen: Bei einer dauerhaften Haushaltskonsolidierung über sinkt die erwartete zukünftige Steuerlast. Die erwartete dauerhafte Steigerung des verfügbaren Einkommens führt zu einer Steigerung des Konsums (Giavazzi und Pagano 1990 und 1996) und der Investitionen in der Gegenwart (Heinen 2010: 16) – dazu müssen die Wirtschaftssubjekte aber zumindest annähernd wie durch die Barro-Ricardo-Äquivalenz angenommen reagieren. Gleichzeitig kann der Staat die Zinslast senken, indem er eine glaubwürdige Strategie der Haushaltskonsolidierung aufbietet, da hierdurch die Risikoprämien für Staatsanleihen sinken. Auf der Angebotsseite wirkt die Haushaltskonsolidierung über den Arbeitsmarkt und die Investitionen (Alesina und Ardagna 2009: 3f.): Durch die Kürzung der Ausgaben (sei es bei Staatsbediensteten oder bei Transfers) sinken die Anspruchslöhne, wodurch die Wettbewerbsfähigkeit der Unternehmen gesteigert wird. Gleichzeitig können die Anreize zu Investitionen erhöht werden, weil die Unternehmen infolge der gesunkenen staatlichen Ausgaben für die Zukunft keine Steuererhöhungen erwarten müssen. Auf diese Weise wird der Nachfrageausfall in Form der gesunkenen staatlichen Nachfrage kompensiert durch eine erhöhte Investitionsnachfrage. Würde hingegen versucht werden, das Defizit durch Steuererhöhungen zu beseitigen, würde das die Nettolöhne senken, worauf die Arbeitnehmer mit höheren Lohnforderungen reagieren würden. Dies würde Gewinne, Investitionen und Wettbewerbsfähigkeit der Unternehmen einschränken.
Cwik und Wieland (2010: 38ff.) haben die fiskalpolitischen Reaktionen auf die Wirtschafts- und Finanzkrise unter diesen Vorzeichen untersucht und kommen dabei zu dem Schluss, dass es Anfang 2009 sinnvoller gewesen wäre, statt Konjunktur- besser Sparpakete zu beschließen. Es wäre zu einer Steigerung des Konsums gekommen und als willkommener Nebeneffekt hätte die Staatsverschuldung reduziert werden können. Langfristig wäre das Wachstumspotential durch Ausgabenkürzungen und eine darauf aufbauende Reduzierung verzerrender Besteuerung gestärkt worden.
Positive Wachstumsimpulse treten nach Perotti (1999) insbesondere dann ein, wenn die Staatsverschuldung zuvor sehr hoch war oder schnell angestiegen war und das Vertrauen der Konsumenten, der Wirtschaft und der Kapitalmärkte erschüttert war. Die Ausgangsbedingungen spielen demnach eine entscheidende

Rolle. Eine Haushaltskonsolidierung in einer tiefgreifenden Rezession zu beginnen, erscheint dennoch wenig empfehlenswert. Gleichzeitig zeigen diese Untersuchungen aber, dass Haushaltskonsolidierungen der Schlüssel zu mehr Wachstum sein *können*.

Zusammenfassend liefern sowohl die distributionspolitische als auch die konjunkturpolitische Sichtweise der Staatsverschuldung gewisse Argumente für eine begrenzte Verschuldung des Staates. Aus distributionspolitischer Sicht ließe sich die deutsche Staatsverschuldung rechtfertigen, wenn sie sich in einem gewissen Rahmen gehalten hätte. Angesichts der enormen impliziten Staatsverschuldung und des fehlenden Bestrebens, Staatsschulden jemals zurückzuzahlen, verfängt dieses Argument jedoch nicht.

Die konjunkturpolitische Sicht könnte die Staatsverschuldung ebenso in einem gewissen Umfang rechtfertigen. Eine erfolgreiche antizyklische Fiskalpolitik erscheint indes angesichts der vielfältigen Probleme, mit denen die keynesianische Politik behaftet ist, fragwürdig. Darüber hinaus wurde die keynesianische Konjunkturpolitik aus politökonomischen Gründen immer wieder missbraucht. Die Politik des *Deficit Spending* ist daher „„entmythologisiert" und in ihre Grenzen verwiesen" (Schlesinger et al. 1993: 80).

Es erscheint nachdenkenswert, in einer nicht zu gravierenden Rezession – also den meisten – einfach die automatischen Stabilisatoren wirken zu lassen, auf diskretionäre Maßnahmen zu verzichten und sich darüber hinaus auf die antizyklische Geldpolitik der Zentralbank zur Belebung der Wirtschaft zu verlassen. Maßnahmen, der Rezession durch diskretionäre fiskalpolitische Maßnahmen entgegenzutreten, hätten aufgrund der dargelegten Probleme ohnehin wenig Aussicht auf den gewünschten Erfolg.[157] In der historisch einmaligen Situation der jüngsten Finanz- und Wirtschaftskrise hat die antizyklische Fiskalpolitik laut dem Urteil von Rogoff durchaus eine gewisse Daseinsberechtigung gehabt. In normalen Zeiten sind Konjunkturprogramme seiner Meinung nach aber „wertlos", da sie teuer sind und viel Geld damit „verschwendet" (Rogoff 2009) wird.

Nachdem nun auch die Frage nach möglichen Rechtfertigungen der Staatsverschuldung beantwortet ist, muss die Frage beantwortet werden, warum sich Regierungen verschulden können und warum die den demokratischen Mechanismen inhärente Tendenz zur Verschuldung nicht durch entsprechende Regelwerke gebremst wird.

157 Siehe bspw. Taylor (2000).

6. Die Meta-Ebene der Staatsverschuldung

Wenn Regierungen sich verschulden können, dann deshalb, weil sie nichts daran hindert. Die Finanzmärkte waren jahrelang zu schuldenaffin, außerdem ist nicht sicher, dass Regierungen überhaupt auf steigende Renditen reagieren, weshalb die Macht der Märkte nicht immer disziplinierend wirkt. Eine Abstrafung durch die Wähler erfolgt nicht – oder nicht in ausreichendem Maße –, da diese häufig die Verschuldung nicht richtig einschätzen oder aufgrund der damit finanzierten politischen Maßnahmen gar begrüßen. Wenn aber dieses wichtigste Kontrollorgan der Demokratie ausfällt, müssten andere Barrieren auf der Meta-Ebene geschaffen werden, die langfristig die Funktionsstörung der Volkswirtschaft infolge hoher staatlicher Schulden verhindern. Diese Barrieren können insbesondere Fiskalregeln in Form von Verschuldungsregeln oder Ausgabengrenzen sein, wobei erstere als Fiskalregeln in der Bundesrepublik fungierten und fungieren.

6.1. Gründe für Regeln

Buchanan und Brennan liefern wichtige Argumente für die Einrichtung von Fiskalregeln: Da Regierungen regelmäßig wiedergewählt werden wollen, ist ihr Zeithorizont entsprechend kurz. Die staatliche Verschuldung erscheint hier als attraktives Finanzierungsinstrument, da der kurzfristige Nutzen die kurzfristigen Kosten weit übersteigt. Immerhin fällt für die Kredite nur der (für Staaten in der Regel niedrige) Sollzins an, während der Kreditbetrag für die politischen Zwecke ausgegeben werden kann. Der Fälligkeitstermin hingegen wird weit in die Zukunft verschoben, wenn die Regierungen, die sich ursprünglich verschuldet haben, mit hoher Wahrscheinlichkeit schon nicht mehr im Amt sind. Folglich gibt es für regierende Politiker keinen Anreiz zu finanzpolitischer Vorsicht und Zurückhaltung. Das Ergebnis ist ein Pareto-pessimales Gleichgewicht. Daher sind bindende Regeln für das Verschuldungsverhalten der Regierung zwingend erforderlich (Buchanan und Brennan 2000: 104ff.).
In ihrer maßgeblichen Auseinandersetzung mit den Auswirkungen der keynesianischen Politik, *Democracy in Deficit*, plädieren Buchanan und Wagner für eine konstitutionelle Begrenzung der Schuldenaufnahme, da Regierungen auf den kurzfristigen Erfolg zielen und so der Blick für eine langfristig effizient funktio-

nierende Volkswirtschaft aufgegeben wird. Der keynesianische Politikvorschlag des *Deficit Spending* hat den Regierungen nach Buchanan und Wagner einen Vorwand geliefert, das Instrument der Verschuldung für ihre Zwecke einzuspannen. Dadurch wurde die Politik eines ausgeglichenen Haushalts zerstört. Die Vorschläge hätten zwar versprochen, durch Defizite ließe sich Vollbeschäftigung herstellen, was *de facto* jedoch nie geschah. Sie vergleichen die Situation mit einem Alkoholabhängigen, der verspricht, dass die nächste Flasche die letzte ist. Ebenso argumentieren Regierungen, dass sich durch das nun aufgenommene Defizit Vollbeschäftigung herstellen ließe (Buchanan und Wagner 1977).

Zur Verhinderung von Haushaltsdefiziten sehen Buchanan und Wagner die Einrichtung konstitutioneller Normen als unabdingbar an. Diese müssen enge Vorgaben für die Aufstellung von Haushalten machen. Außerdem müssten sie erstens simpel und geradlinig sein, sodass sie durch jedermann verstanden würden. Zweitens müssten sie klare Kriterien für die Einhaltung oder Verletzung der Normen beinhalten. Schließlich müssten die Normen die Werte der Bürger ausdrücken, die in der Folge als sakrosankt gelten müssten (Buchanan und Wagner 1977: 175f.).

Fiskalregeln könnten daher helfen, einen den Demokratien inhärenten Zielkonflikt zu lösen: Wenn Regierungen den kurzfristigen Erfolg der langfristigen Verfolgung von Zielen vorziehen, führt das zu einem Zeitinkonsistenzproblem: Erscheint es einer Regierung am Anfang einer Legislaturperiode möglicherweise noch optimal, sich an langfristigen Zielen zu orientieren, werden diese Ziele bei anstehenden Wahlen schnell aus den Augen verloren. Nur so lassen sich lasches Ausgabengebaren im Aufschwung und die andauernde Anhäufung von Defiziten erklären, wodurch es schrittweise zum Aufbau einer erdrückenden Staatsschuld kommt (Danninger 2002: 9f.).

Eine Analogie zum politischen Verschuldungsverhalten findet sich in der begrenzten Rationalität von Individuen. Diese gehen häufig bestimmten Lastern nach, obwohl sie wissen, dass diese Laster langfristig sehr schädlich sind. Als Hilfestellung gegen diese Laster bietet sich Selbstbindung, *Commitment*, an. Beck geht darauf näher ein:

> „Diese Idee der Selbstbindung [...] ist vielversprechend: Wer mit dem Rauchen, Trinken oder der Völlerei aufhören will, wettet mit Freunden um viel Geld – das macht sein ungesundes Verhalten noch teurer und erhöht die Chance, dass man es tatsächlich schafft. Das Problem dabei ist aber, dass diese Wette auch bindend sein muss; es darf keine Ausflüchte

geben, und es muss von Anfang an feststehen, dass man diese Verpflichtung einhalten muss. Deswegen bringen Kontrakte mit sich selbst [...] wenig, weil man immer noch einen Rückzieher machen kann. Es gehört also [...] eine externe Instanz dazu, mit der man quasi einen Vertrag abschließt, der das ungesunde Verhalten mit Sicherheit teurer macht. Alles, was dann fehlt, ist ein Moment der Stärke, in dem man sich auf diesen Pakt einlässt, um dem Ruf der Sirenen endlich zu widerstehen. Ein Moment der Stärke, der sich langfristig lohnen kann" (Beck 2010).

Wie bei Individuen und ihren Lastern, wissen Politiker, dass die Staatsverschuldung langfristig äußerst problematisch ist. Sie lassen sich aber aufgrund kurzfristig wirkender Anreize, die dem langfristigen Gesamtinteresse der Gesellschaft widersprechen, zum Schuldenmachen verführen. Ein Element der Selbstbindung, wie in Form der Schuldenbremse ist daher notwendig, um dem ein Ende zu setzen. So sieht es auch Kirchhof: „Der Staat muss sich selber ein normatives Korsett anlegen, aus dem er finanziell nicht mehr ausweichen kann" (Kirchhof 2002: 1573).

Problematisch an der konstitutionellen Sichtweise ist, dass begründete Aspekte der keynesianischen Theorie nicht unbedingt optimal eingebunden werden. Konjunkturelle Auf- und Abschwünge würden durch ein striktes Schuldenverbot nicht berücksichtigt. Dabei kommt dem Staat gerade in Rezessionen eine große Bedeutung als Stabilisator zu. Durch eine strikte Nullverschuldungsregel wäre er gezwungen, Ausgaben zu kürzen, sodass auch in der Rezession der Haushaltsausgleich hergestellt ist. Damit versagt sich der Staat seiner Rolle als Stabilisator und verschärft Rezessionen möglicherweise, statt sie zu mildern. Institutionelle Regelungen zur Begrenzung der Staatsschulden sehen sich daher mit einem Zielkonflikt konfrontiert: Einerseits sollte eine möglichst strenge und leicht nachvollziehbare Verschuldungsregel aufgestellt werden, andererseits sollte der Staat genug Handlungsspielraum erhalten, um insbesondere Rezessionen gegenwirken zu können.

Dieser Zielkonflikt wurde bei der Ausgestaltung des Grundgesetzes teilweise erkannt. Nicht umsonst war im Grundgesetz bislang kein striktes Verschuldungsverbot vorhanden. Der Artikel 115 GG sollte die Verschuldung auf Investitionsvorhaben begrenzen, versagte aber in seiner Wirkung. Der Vertrag von Maastricht und der Stabilitäts- und Wachstumspakt, die die Mitgliedsstaaten der Eurozone zu finanzpolitischer Disziplin zwingen sollten, blieben ebenso wirkungslos. Ein kurzer Überblick über diese Rechtsbarrieren zur Verhinderung zu starker Verschuldung soll die Schwachstellen dieser Regeln aufzeigen.

6.2. Das Scheitern bisheriger Verschuldungsregeln

Der zunächst vorgestellte Artikel 115 GG in seiner alten Form stellte eine keynesianische inspirierte konstitutionelle Schranke für die Verschuldung dar, die jedoch bald der politischen Manipulation preisgegeben wurde. Ähnlich erging es dem Stabilitäts- und Wachstumspakt, der 1997 die Verschuldungskriterien des Maastricht-Vertrages für alle EU-Mitgliedsstaaten für verbindlich erklärte. Beide haben in ihrer Wirkung versagt (Wissenschaftlicher Beirat beim Bundesministerium der Finanzen 2007). Die Gründe dafür sollen in diesem Abschnitt dargelegt werden.

6.2.1. Der Artikel 115 Grundgesetz

Artikel 115, Absatz (Abs.) 1, Satz (S.) 2 GG verlangte in seiner früheren Form, dass das Defizit des Bundeshaushaltes die Bruttoinvestitionen nicht übersteigen durften. Falls es die Investitionen überstieg, konnte dies nur durch die „Abwehr einer Störung des gesamtwirtschaftlichen Gleichgewichts" gerechtfertigt werden. Dieser Artikel datierte aus dem Jahr 1969 und war im Zusammenhang mit dem Stabilitäts- und Wachstumsgesetz verabschiedet worden (Gandenberger 1990). In diesen Gesetzen manifestierte sich der Durchbruch der keynesianischen Theorie in den sechziger Jahren als maßgebliche wirtschaftspolitische Leitlinie, die insbesondere vom damaligen Wirtschaftsminister Schiller (SPD) vertreten wurde und in seiner Idee von der „Globalsteuerung" der Wirtschaft zum Ausdruck kam. Befürworter einer keynesianischen Globalsteuerung argumentierten, dass es bei Anwendung einer „modernen" Fiskalpolitik nicht um die Frage ginge, *ob* der Staat Kredit aufnehmen dürfe, sondern *in welcher Höhe* diese ökonomisch angemessen seien (Simmert 1981: 20ff.).
Die Aufnahme von Krediten zur Finanzierung von Investitionen sollte durch die objektbezogene Sicht der Staatsverschuldung gerechtfertigt werden. Demnach tragen sich öffentliche Investitionsvorhaben aufgrund ihrer Rentabilität selber. So tragen öffentliche Investitionen zu höheren Wachstumsraten in der Zukunft

bei.[158] Diese im Prinzip schlüssige Argumentation der „goldenen Regel" der Finanzpolitik wurde jedoch durch den zweiten Halbsatz politökonomisch konterkariert. Die „situationsbezogene Ausnahmeklausel" – „Störung des gesamtwirtschaftlichen Gleichgewichts" –, wonach die Aufnahme von Krediten zur Abwehr einer Störung des gesamtwirtschaftlichen Gleichgewichts zulässig war, hat dafür gesorgt, dass dieser Artikel praktisch außer Kraft gesetzt worden ist (von Weizsäcker 1992). Da es sich hierbei um einen unbestimmten Rechtsbegriff handelt, ergab sich ein großer Interpretationsspielraum, ebenso wie bei der Definition der Investitionen. Die maßgebliche Interpretation blieb dabei der Regierung vorbehalten. Das Bundesverfassungsgericht hatte dies höchstrichterlich gerechtfertigt, indem es in seinem Urteil von 1989 festgestellt hatte, dass dem Haushaltsgesetzgeber die „Einschätzungsprärogative" zukommt. Der Artikel 115 GG konnte deshalb durch die parlamentarische Mehrheit der Regierung außer Kraft gesetzt werden, wenn die Regierung der Meinung war, dass eine Störung des gesamtwirtschaftlichen Gleichgewichts vorlag.[159] In jüngerer Vergangenheit wurden insbesondere unter der Kanzlerschaft Schröders regelmäßig Haushalte aufgestellt, in denen die Defizite die Investitionen überstiegen. Durch die Erklärung, das gesamtwirtschaftliche Gleichgewicht sei gestört – was angesichts der damaligen Arbeitslosenzahlen wenig problematisch war – konnte die konstitutionelle „Hürde" problemlos genommen werden. Der Artikel 115 GG hat sich somit als „Blankoscheck" zur Schuldenaufnahme erwiesen.[160]
Eine zweite Schwäche des Artikels 115 GG war die unklare Definition des Begriffs der Investitionen.[161] Die Auffassung des Staates berücksichtigt weder Abschreibungen noch Privatisierungen, was den Verschuldungsspielraum der Regierung merklich erhöht. Andererseits werden Ausgaben der Bundesländer für

---

158 Müller, Hartwig und Frick (2007: 12ff.) schätzen die Grenzproduktivität öffentlicher Investitionen auf 20%. Sie läge damit deutlich höher als die Grenzproduktivität privater Investitionen.
159 Dass der Regierung die Verantwortung zukommt, den Artikel zu interpretieren, liegt laut von Weizsäcker (1992) daran, dass unter Juristen ein wesentlich positiveres Bild von Politikern vorherrscht als gemeinhin unter Ökonomen.
160 Problematisch dabei war auch die Praxis des Bundesverfassungsgerichts, über Anträge gegen eine übermäßige Kreditaufnahme erst nach Jahren zu entscheiden. Das galt z. B. für die Beschwerde über den Haushalt des Jahres 1981, der 1989 für verfassungsmäßig erklärt wurde, ebenso wie für den Haushalt 2004, der 2007 ebenfalls für verfassungsmäßig erklärt wurde. In beiden Fällen waren die Regierungen zum Zeitpunkt der Verkündung des Urteils nicht mehr im Amt (Lenz und Burgbacher 2009: 2567).
161 Auf dieses Problem hat der Wissenschaftliche Beirat beim Bundesministerium der Finanzen bereits 1980 hingewiesen.

Bildung teilweise als Investitionen in Humankapital gesehen (Wissenschaftlicher Beirat beim Bundesministerium der Finanzen 2007).
Im Ergebnis hat der Artikel 115 GG aufgrund seiner einseitigen Auslegung – Verschuldung in der Rezession ohne Zwang zum Überschuss im Boom – wohl eher dazu geführt, die Staatsverschuldung zu erweitern, statt sie zu begrenzen, weil er Verschuldung prinzipiell zur Finanzierung von Investitionen[162] erlaubte und ein „Hintertürchen" zur Verschuldung öffnete, das im Laufe der Jahre politisch als „Hintertor" missbraucht wurde (Kirchhof 2002: 1573). Daher lässt sich mit Glaser ohne weiteres feststellen, dass Artikel 115 GG [...] „an seinem Anspruch, die Staatsverschuldung zu begrenzen, gescheitert [ist]" (Glaser 2007: 105). Ähnlich muss mittlerweile auch über den Vertrag von Maastricht und den Stabilitäts- und Wachstumspakt geurteilt werden.

6.2.2. Der Vertrag von Maastricht und der Stabilitäts- und Wachstumspakt

Der Vertrag von Maastricht stellt die zweite wesentliche Rechtsbarriere zur Verhinderung einer ungehindert steigenden Staatsverschuldung dar. Der Vertrag von Maastricht wurde 1992 unterzeichnet und löste die Römischen Verträge aus dem Jahr 1957 ab. Er begründete die Europäische Union als übergeordnete Instanz für die Europäischen Gemeinschaften, die gemeinsame Außen- und Sicherheitspolitik und die Zusammenarbeit im Justizwesen und in der Innenpolitik. Die ökonomische Bedeutung lag in der anvisierten Schaffung einer gemeinsamen Währung, des Euro. Um an der Währungsunion teilzunehmen, sollten die vom Vertrag aufgestellten Konvergenzkriterien erfüllt sein. Hierzu gehören:

- eine Inflationsrate, die maximal 1,5% über der durchschnittlichen Inflationsrate der drei preisstabilsten Mitgliedsstaaten des Vorjahres liegt,
- die Einhaltung der Schwankungsbreite des Wechselkursmechanismus II für zwei Jahre,
- ein langfristiger Nominalzinssatz, der maximal 2% über dem der drei preisstabilsten Staaten des Vorjahres liegt und schließlich
- eine dauerhaft tragbare Finanzlage der öffentlichen Hand. Hierzu gehören eine Verschuldungsquote von maximal 60% des BIPs und eine Neuverschuldungsquote von maximal 3%.

162 Dass damit auch die Objektbezogenheit eines Kredits aufgegeben wurde und stattdessen auf eine situationsbezogene Kreditaufnahme gesetzt wurde, darf darüber hinaus nicht vergessen werden!

Die ökonomisch relativ willkürlich gewählten Kriterien sollten garantieren, dass die Volkswirtschaften ausreichend ähnlich für die Aufgabe flexibler Wechselkurse sind und dieselbe geldpolitische Maxime der Preisniveaustabilität verfolgen. So sollten insbesondere hohe Haushaltsdefizite vermieden werden. Zwar ist die Europäische Zentralbank weitestgehend unabhängig von der Politik, doch steht bei Anlegern aufgrund der historischen Erfahrungen immer die Befürchtung im Raum, dass der politische Druck auf die EZB zunehmen könnte, sodass diese einwilligt, die reale Schuldenlast durch Inflationierung zu senken (Heinen 2009: 3).

Durch die Verabschiedung des Stabilitäts- und Wachstumspakts 1997, der die Verschuldungskriterien des Vertrags von Maastricht übernahm, sollte sichergestellt werden, dass die Mitgliedsstaaten auch nach Beitritt zur Währungsunion eine tragfähige Finanzpolitik verfolgen. Zurückzuführen sind die Verschuldungskriterien auf das Modell von Domar. Wenn die Verschuldungsquote dem Quotienten aus dem jährlichen Gesamtdefizit und der nominalen Wachstumsrate (hier wird eine jährliche Inflationsrate von 2% unterstellt, wie es das geldpolitische Ziel der EZB vorgibt) entspricht, ergibt sich bei einem unterstellten nominalen Wachstum von 5% langfristig die (politisch willkürlich gewählte) Verschuldungsquote von 60% bei einer jährlichen Neuverschuldungsquote von 3%.

$$\Delta = \frac{D}{Y} = \frac{D'}{g} = \frac{0{,}03}{0{,}05} = 0{,}6$$

Bereits hier setzt ein erster Kritikpunkt an: Da das nominale Wachstum der Bundesrepublik zwischen 2000 und 2008 bei 2,19% lag, während die Neuverschuldungsquote durchschnittlich bei 2,01% des BIPs lag, würde die Verschuldungsquote langfristig gegen 92% des BIPs streben. Um das Verschuldungskriterium einzuhalten, hätte die Neuverschuldungsquote folglich bei 1,31% liegen müssen (Heinen 2009: 14). Eine jährliche Neuverschuldungsquote von über 1,31% oder gar von 3% ist daher mit einer nachhaltigen Finanzpolitik, die die Konvergenzkriterien respektiert, unvereinbar (Müller et al. 2007: 12).

Die vorgeschriebene Defizitobergrenze von 3% greift, wenn nicht zeitgleich eine Rezession mit einem Negativwachstum von mindestens 2% vorliegt. Wird diese Grenze überschritten, wird ein Verfahren eingeleitet, bei dem EU-

Kommission und der ECOFIN-Rat[163] Empfehlungen bzw. Stellungnahmen abgeben. Letztendlich muss der Europäische Rat über mögliche Sanktionen gegen den Defizitsünder entscheiden. Dass ein Verstoß gegen die Verschuldungskriterien nicht automatisch Sanktionen nach sich zieht, hat sich bitter gerächt. Dadurch wurden die Anreize für die Mitgliedsstaaten, sich an die Rückführung ihrer Defizite zu halten, deutlich verringert (Heinen 2010: 5ff.).

Als problematisch hat sich insbesondere auch die Asymmetrie der Kriterien erwiesen, denn die Neuverschuldungsgrenze von 3% gilt weitestgehend unabhängig von der konjunkturellen Lage. Dadurch wird provoziert, dass sich Mitgliedsstaaten in konjunkturell guten Perioden mit hohen Defiziten verschulden, um dann in Rezessionen gegen die Kriterien des Stabilitäts- und Wachstumspaktes zu verstoßen (Scherf 2007: 45). Es fehlen somit die Anreize für eine Konsolidierung im Aufschwung.

Bereits in den Anfangsjahren der Währungsunion kamen von Hagen und Strauch (2001) zu dem Ergebnis, dass die Haushaltsregeln des Maastricht-Vertrages nur einen schwachen Effekt auf die Haushaltsdisziplin hatten. Nur für die erste Hälfte der neunziger Jahre lässt sich ein „Maastricht-Effekt" nachweisen. Konsolidierungserfolge in der zweiten Hälfte der neunziger Jahre sind nicht auf den politischen Willen zur Haushaltskonsolidierung, sondern die günstigen ökonomischen Umstände zurückzuführen. Auch Busemeyer (2004) findet wenig Hinweise für eine bessere Performanz der EU-Mitgliedsstaaten im Vergleich zu den Nicht-Mitgliedsstaaten. Damit lässt sich festhalten, dass nur der Wunsch, die Maastricht-Kriterien zu erfüllen, um der Währungsunion beitreten zu können, der Antrieb für Ansätze einer Haushaltskonsolidierung war. Weitere Konsolidierungsanstrengungen als nach den Konvergenzkriterien unbedingt nötig, wollte jedoch keine Regierung auf sich nehmen.

Bei mehreren Staaten, die die Konvergenzkriterien nicht erfüllten, wurden die Kriterien politisch „interpretiert" und damit ausgehöhlt. Der Kardinalfehler wurde bereits 1998 begannen, als Belgien[164] und Italien die Aufnahme in die Eurozone gestattet wurde. Beide Staaten hatten Verschuldungsquoten von

---

163 Der ECOFIN-Rat (Rat für Wirtschaft und Finanzen) setzt sich aus den Wirtschafts- und Finanzministern der Mitgliedsstaaten der Europäischen Union zusammen. An den Sitzungen nehmen jedoch nur die Minister derjenigen Länder teil, die Mitglied der Währungsunion sind.

164 Im Gegensatz zu anderen „problematischen" Mitgliedern der Währungsunion konnte Belgien seine Verschuldungsquote bis zur Finanz- und Wirtschaftskrise 2008/2009 tatsächlich kontinuierlich abbauen.

113,7% des BIPs.[165] Um die Aufnahme dennoch zu ermöglichen, wurde die rückläufige Tendenz der Verschuldung als Entscheidungsmerkmal herangezogen, wodurch die Aufnahme ermöglicht wurde (Issing 2008: 11ff.). Nachdem Italien und Belgien aufgenommen worden waren, wurde auch Griechenland, der „Wiege der Demokratie", die Aufnahme nicht verweigert, obwohl bereits zum Zeitpunkt seiner Aufnahme starke Zweifel bezüglich seiner finanzpolitischen Solidität gehegt wurden.[166]

Auch hier war wieder das Zeitinkonsistenzproblem optimaler Pläne (Kydland und Prescott 1977) präsent. Der ursprünglich optimale Plan, möglichst strenge haushaltspolitische Kriterien anzusetzen, um sicherzugehen, dass alle Mitgliedsstaaten derselben geldpolitischen Maxime hoher Preisstabilität anhängen, erwies sich bereits nach kurzer Zeit als politisch hinderlich, da die Währungsunion, so wie sie politisch gewünscht war, niemals zustande gekommen wäre. Der Verstoß gegen die Regeln der Währungsunion war daher von Anfang an integraler Bestandteil der Eurozone. Langfristig sollte sich, wie wir heute angesichts der europäischen Verschuldungskrise sehr genau wissen, diese Missachtung der Konvergenzkriterien als verheerend erweisen.

2003 manifestierte sich die politische Aushöhlung des Stabilitäts- und Wachstumspaktes aufs Neue. Frankreich und die Bundesrepublik hatten in den Jahren zuvor wiederholt gegen das Neuverschuldungskriterium verstoßen: Die Bundesrepublik hatte 2002 und 2003 Neuverschuldungsquoten von 3,7% und 4% vorgewiesen, Frankreich in denselben Jahren Quoten von 3,1% und 4,1%. Dennoch wurde gegen beide Staaten das Defizitverfahren im ECOFIN-Rat ausgesetzt. Im Vorfeld hatte die Bundesrepublik argumentiert, der Pakt sei zu rigide, reformbedürftig und interpretierbar. Eine Sichtweise, die Frankreich und Italien (Neuverschuldungsquoten von 3,1% (2001) und 3,5% (2002)) aufgriffen. Dadurch wurde verhindert, dass die EU-Kommission in einem nächsten Schritt Strafen gegen die Bundesrepublik und Frankreich verhängen konnte. Es wird vorgebracht, dass eine „wechselseitige Stillhaltetaktik" zwischen den Defizitsündern und den übrigen Mitgliedsstaaten das ausschlaggebende Moment für die Nicht-Bestrafung gegeben hat, denn tritt ein Land für Sanktionen ein, muss es befürchten, dass der Bestrafte ebenso für Sanktionen eintritt, wenn der Strafende in dieselbe Lage

165 Datenquelle: Eurostat.

166 Selbst im Jahr vor der Aufnahme (2000) überschritt Griechenland die Defizitgrenze mit einer Neuverschuldungsquote von 3,7% deutlich. Aufgrund der massiven Statistikfälscherei war dies aber nicht die offiziell gemeldete Zahl.

gerät (Heinen 2009: 11). Immerhin gab es bis 2003 insgesamt zwölf Fälle, in denen die Neuverschuldungsgrenze von 3% überschritten wurde.[167] Neben Deutschland und Frankreich haben insbesondere auch Italien und Portugal deutlich gegen das Defizitkriterium verstoßen. Auch Griechenland ist zu nennen. Allerdings werden in der unteren Tabelle die korrekten Zahlen genannt. Zum damaligen Zeitpunkt unterschritt Griechenland dank gefälschter Haushaltszahlen die Defizitschwelle (Moog und Raffelhüschen 2011: 10).

Staat/Jahr	1999	2000	2001	2002	2003
Belgien	-1,4	0,0	0,4	-0,1	-0,1
Deutschland	-1,5	1,3	-2,8	-3,7	-4,0
Irland	2,7	4,7	0,9	-0,4	0,4
Griechenland			-4,5	-4,8	-5,6
Frankreich	-1,8	-1,5	-1,5	-3,1	-4,1
Italien	-1,7	-0,8	-3,1	-2,9	-3,5
Luxemburg	3,4	6	6,1	2,1	0,5
Niederlande	0,4	2,0	-0,2	-2,1	-3,1
Österreich	-2,3	-1,7	0,0	-0,7	-1,5
Portugal	-2,7	-2,9	-4,3	-2,9	-3,0
Finnland	1,6	6,8	5,0	4,0	2,4

Abbildung 19: Haushaltssalden in der Eurozone[168]

Angesichts der derzeitigen tiefgreifenden Verschuldungskrise dürfen die griechischen Defizite als der gravierendste und folgenreichste Verstoß gegen die Verschuldungskriterien gelten. Doch im Gegensatz zu den vorherigen Verstößen zog dieser gravierende, unmittelbare Konsequenzen für die ganze Währungsunion nach sich. Es war zwar lange Zeit allgemein bekannt gewesen, dass die griechische Regierung falsche statistische Angaben gemacht hatte, um die Maastricht-Kriterien zu erfüllen – ein Phänomen, das im Übrigen nicht nur für Griechenland galt (von Hagen und Wolff 2006) –, doch der politische Wunsch, Griechenland den Beitritt zur Euro-Zone zu ermöglichen, hatte dafür gesorgt, dass

167 Datenquelle: Eurostat.
168 Datenquelle: Eurostat.

diese Lügen folgenlos geblieben waren. Auch im Jahr 2004 blieb eine Sanktionierung aus, nachdem die griechische Regierung offen zugegeben hatte, zuvor jahrelang falsche Zahlen gemeldet zu haben. Die Gründe für die Nicht-Bestrafung waren, dass die Regierung neu im Amt war und damit für die Verfehlungen der Vorgänger nicht verantwortlich gemacht werden konnte und dass die Bundesrepublik und Frankreich zuvor eine Bestrafung ihrerseits verhindert hatten. Die in der folgenden Tabelle dargestellten (tatsächlichen) Neuverschuldungsquoten zeigen, dass Griechenland seit Beitritt zur Währungsunion jedes Jahr gegen das Defizitkriterium verstoßen hat.

Jahr	2001	2002	2003	2004	2005	2006	2007	2008	2009	2010
Defizit	-4,5	-4,8	-5,6	-7,5	-5,2	-5,7	-6,4	-9,8	-15,4	-10,5

Abbildung 20: Neuverschuldungsquoten Griechenlands[169]

Im Zuge der Finanz- und Wirtschaftskrise geriet Griechenland dann mit einer Neuverschuldungsquote von 15,4% und einer Verschuldungsquote von 127,1% des BIPs[170] im Jahr 2009 an den Rand eines Staatsbankrotts. Die griechische Regierung musste offen zugegeben, die Kriterien durch falsche statistische Angaben jahrelang unterlaufen zu haben.[171] In der Folge wurden Griechenland (und später auch Irland und Portugal) Hilfskredite gewährt. Einen Teil davon bewilligten die EU und der Internationale Währungsfonds (IWF), für den größeren Teil aber haften die übrigen Mitgliedsstaaten der Währungsunion. Auf diese Weise wurde auch die „*No-Bailout*-Klausel“, die es verbietet, dass die Union oder Mitgliedsstaaten für Verbindlichkeiten der Zentralregierungen haften, *de facto* außer Kraft gesetzt. Diese Klausel hatte ursprünglich dazu dienen sollen, das Risiko des *Moral-Hazard* zu verringern, da sich ein überschuldeter Staat nicht auf die Hilfe der anderen Mitgliedsstaaten verlassen können sollte. Mit den Hilfskrediten für Griechenland, Irland und Portugal ist die Klausel jedoch zur Makulatur geworden (Balzli et al. 2010). Ob aber die Kredite insbesondere für Griechenland dem Land aus der Krise helfen können, ist stark zu bezweifeln. Angesichts eines anhaltenden Negativwachstums und horrenden Defiziten be-

169 Datenquelle: Eurostat.
170 Datenquelle: Eurostat.
171 Kurioserweise wurden zuletzt sogar Rauschgifthandel, Geldwäsche, Zigarettenschmuggel und Prostitution in die Berechnung des BIPs mit einbezogen, um auf diese Weise eine geringere Neuverschuldungsquote zu erreichen. Siehe hierzu Martens (2010).

steht derzeit wenig Hoffnung auf eine nachhaltige Konsolidierung der öffentlichen Haushalte (Siedenbiedel 2011b, Steltzner 2011). Aufgrund der Bürgschaften für griechische Kredite und der anhaltenden Haushaltsprobleme des Landes ist bereits jetzt absehbar, dass hohe Kosten auf den deutschen Staat zukommen werden (Nienhaus 2011). Überflüssig zu erwähnen, dass die Krise sehr wahrscheinlich hätte verhindert werden können, wenn sich die Regierungen der Mitgliedsstaaten der Eurozone von Anfang an an die selbst auferlegten Regeln des Maastricht-Vertrages gehalten hätten.

Die Griechenland-Krise und die weiteren „Problemfälle" Irland, Portugal, Spanien und Italien zeigen, dass eine Reform des Sanktionsmechanismus dringend notwendig ist. Der Maastricht-Vertrag und der Stabilitäts- und Wachstumspakt haben hinsichtlich der langfristigen Tragbarkeit der Staatsverschuldung ihre Wirkung verfehlt, denn die Verschuldungsquote wurde nur in wenigen Fällen effektiv zurückgeführt (Heinen 2010: 6). Stattdessen wurde der Pakt politisch manipuliert und hat so die derzeitige Verschuldungskrise begünstigt.

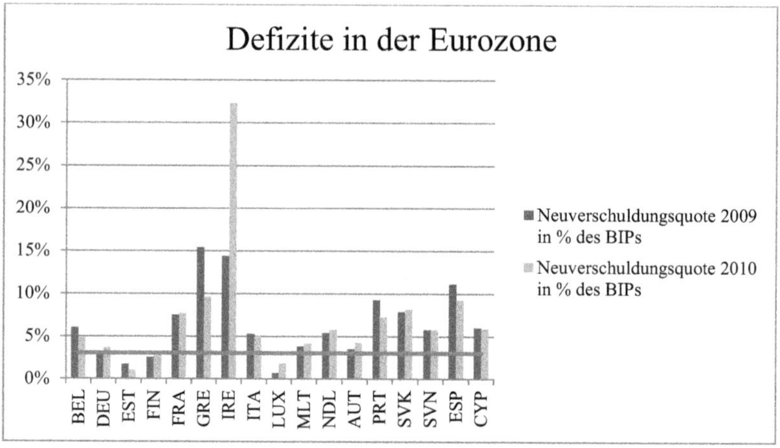

Abbildung 21: Defizite in der Euro-Zone[172]

Es hat sich dabei gezeigt, dass der Pakt bereits versagt, wenn die größten Mitgliedsstaaten simultan wegen unzulässig hoher Defizite sanktioniert werden müssten, da ihr politischer Einfluss dafür sorgt, dass Defizitverfahren nicht weiter verfolgt werden. Ebenso ist es mehr als zweifelhaft, dass der Pakt in Zukunft

172 Datenquelle: Bundesministerium der Finanzen (2011b), eigene Darstellung.

funktioniert, wenn eine große Zahl von Mitgliedsstaaten unzulässig hohe Defizite aufweist. Die Frist, die den zahlreichen Defizit-Sündern im Zuge der Finanz- und Wirtschaftskrise 2009 eingeräumt wurde, um ihre Defizite auf das erlaubte Maß zurückfahren, lässt auch die Lesart zu, dass Defizitverfahren nicht zu einem Erfolg führen, wenn praktisch alle davon betroffen sind. Schließlich zeigt Abbildung 21, dass nur drei Staaten 2009 und 2010 nicht gegen das Defizitkriterium von 3% verstießen: Finnland, Luxemburg und Estland.

Ob am Ende der Krise überhaupt noch eine Währungsunion besteht, ist derzeit offen. Sollte sie weiter bestehen, wird eine Reform, eine Verschärfung des Paktes dringend notwendig sein. Andernfalls droht sich die derzeitige Verschuldungskrise sehr bald zu wiederholen.

Zusammenfassend hat dieses Kapitel gezeigt, dass die der Demokratie innewohnende Tendenz zur Verschuldung verschuldungsbeschränkende (Fiskal-)Regeln notwendig macht. Die bisherigen Barrieren waren in dieser Hinsicht jedoch erfolglos. In beiden Fällen fanden die Regierungen Mittel und Wege, um die Regeln zu umgehen bzw. außer Kraft zu setzen. Ein Wille, sich an die Vorgaben des alten Artikels 115 GG oder die Kriterien des Maastricht-Vertrages zu halten, hat selten existiert.

Gerade weil also Regeln zur Schuldenvermeidung dringend geboten sind, um die dem Politikbetrieb innewohnenende Tendenz zur übermäßigen Verschuldung zu bremsen, muss die Kritik Dulliens (2009) zurückgewiesen werden. Dieser argumentiert, dass man Kredite, die Renditen über dem Sollzins abwerfen, nicht verbieten dürfe. Dabei übersieht er aber, dass Regierungen schon viel zu häufig Kredite aufgenommen haben, um Ausgaben zu finanzieren, die überhaupt keine Rendite abwerfen, also rein konsumtiv sind.[173] Der regelmäßige Verstoß gegen den früheren Artikel 115 GG zeugt hiervon. Der Versuch – ob die Schuldenbremse hierin Erfolg haben könnte, soll später untersucht werden –, Regeln aufzustellen, kann daher mitnichten als „Wahnsinn" bezeichnet werden, sondern ist letztendlich die Konsequenz aus der Erfahrung. Wofür die Schulden aufgenommen wurden und worauf die hohe deutsche Staatsverschuldung in erster Linie konkret zurückzuführen ist, soll im nächsten Kapitel skizziert werden.

173 Außerdem sei noch einmal auf die implizite Verschuldung verwiesen, die in der Buchführung der öffentlichen Hand überhaupt nicht auftaucht.

7. Der deutsche Sozialstaat und die Geschichte der bundesdeutschen Verschuldung

Um herauszufinden, auf welche Maßnahmen die Verschuldung in der Bundesrepublik zurückzuführen ist, ist ein Blick auf die Geschichte der Bundesrepublik notwendig.[174] Die hier skizzierte Geschichte der bundesdeutschen Verschuldung wird zeigen, dass der Ausbau des Sozialstaats mit einer erheblichen Ausweitung der Staatsquote einhergegangen ist und dass ein beträchtlicher Teil der Kosten des Sozialstaats durch Kredite finanziert wurde (Ferguson 2001: 98ff., Kirchhof 2002: 1570). Damit wird auch klar, dass sich die Maßnahmen, die die Wiederwahl der Regierungen sichern sollten, insbesondere im Bereich der Sozialpolitik wiederfinden. Etliche der oben angesprochenen Punkte werden in diesem Kapitel wieder auftauchen.

Abbildung 22: Staats- und der Verschuldungsquote in der Bundesrepublik[175]

174 Einen guten Überblick über die Finanzpolitik der Bundesrepublik bis 1995 bietet der in der Folge häufiger angegebene Ottnad (1996: 25ff.).

175 Datenquelle: Statistisches Bundesamt und Sachverständigenrat, eigene Darstellung. Die senkrechten Balken symbolisieren Regierungswechsel im Bund.

Bereits in den 50er Jahren begann die damalige Regierung Adenauer, den Sozialstaat im Rahmen einer verteilungspolitisch orientierten Finanzpolitik auszubauen und dessen Leistungen auszuweiten. Als wegweisend darf die Rentenreform von 1957 gelten, durch die die Renten an die gesamtwirtschaftliche Entwicklung angepasst werden sollten und – was sich langfristig als besonders gravierend erwiesen hat – das Kapitaldeckungsverfahren aufgegeben und durch das Umlageverfahren ersetzt wurde (Ottnad 1996: 32).
Bis zum Ende der Kanzlerschaft Brandts blieb die Verschuldungsquote mit etwa 20% auf einem moderaten Niveau, doch infolge des umfassenden Ausbaus des Sozialstaats stieg die Staatsquote steil an. Unter der sozial-liberalen Koalition wurde der Kreis der Teilnehmer an der Rentenversicherung vergrößert, die Beschäftigung im öffentlichen Dienst erhöht, der soziale Wohnungsbau ausgeweitet, das Wohngeld erhöht, das Rentenniveau von 60 auf 70% angehoben, eine flexible Altersgrenze für den Ruhestand eingeführt, das Arbeitslosengeld von 62,5 auf 68% des letzten Nettolohnes erhöht und schließlich wurde die Arbeitslosenhilfe von 52,5% auf 58% erhöht (Siebert 2003a: 134ff., Sinn 2004: 321ff.). Diese und andere Maßnahmen dienten dazu, individuelle Lebensrisiken in steigendem Maße abzusichern, wobei die Entwicklung mit dem Ende der sozialliberalen Koalition nicht abgeschlossen war. So zahlte der Staat 1970 preisbereinigt an jeden Einwohner Sozialleistungen in Höhe von 3913 Euro, 2003 zahlte er durchschnittlich 8416 Euro (Hüther und Straubhaar 2009: 156). Der Wettbewerb zwischen den Parteien, bei dem sich die Parteien bei Sozialleistungen gegenseitig überbieten, hat die Kosten des Sozialstaates in die Höhe getrieben (Bökenkamp 2010: 58).
Abbildung 23 macht die Entwicklung deutlich: Ab Anfang der siebziger Jahre stieg die Sozialleistungsquote in der Bundesrepublik von etwa 25% auf etwa 30% an. Nach dem Regierungswechsel 1982 war eine klarer Abwärtstendenz erkennbar, der dazu führte, dass die Sozialleistungsquote 1990 ihren Tiefpunkt erreichte. Anschließend stieg sie wieder deutlich an und liegt seitdem regelmäßig über 30%.

Abbildung 23: Sozialleistungsquote in der Bundesrepublik[176]

Ein beträchtlicher Teil der sozialpolitischen Maßnahmen wurden dabei durch neue Schulden finanziert (Ottnad 1996: 37ff.).[177] Das ganze Ausmaß der finanzpolitischen Konsequenzen kam erst im Laufe der Zeit zum Tragen, da beispielsweise die Erhöhung der Beschäftigung im öffentlichen Dienst die Pensionskassen erst Jahrzehnte später belastete. 1975 lag die Neuverschuldungsquote bei 5,9% und blieb auch bis 1984 bis auf eine Ausnahme konstant bei über 3%.[178] Dies lag zum Teil auch an der steigenden Zinslast der öffentlichen Haushalte, die sich aus der steigenden Staatsverschuldung infolge der hohen Arbeitslosigkeit und den zahlreichen, wenig erfolgreichen Konjunkturprogrammen ergab. Diese steigende Zinslast machte die Staatsverschuldung immer mehr zu einem Selbstläufer (Bökenkamp 2010: 106ff.). Kritisch war darüber hinaus, dass der Wohlfahrtsstaat zu einem Zeitpunkt ausgebaut wurde, als sich die weltwirtschaftlichen Rahmenbedingungen mit der Ölkrise dramatisch wandelten, was auch die Wachstumsraten in Mitleidenschaft zog (Siebert 2003a: 134ff.). Dies führte zu einem „explosiven Verschuldungsprozess“ (Ottnad 1996: 37), zusammengesetzt aus einem stark ausgeweiteten staatlichen Leistungsangebot und nachlassendem Wachstum.

Schmidt versuchte in der Folge zunächst zwar, die Staatsquote unter Kontrolle zu halten, doch die vereinbarten Sozialleistungen mussten weiterhin finanziert

176 Datenquelle: Bundesministerium für Arbeit und Soziales, eigene Darstellung.

177 Insofern ist etwa die von Hickel (1981) geäußerte Kritik, die Missbilligung der Staatsverschuldung beziehe sich in erster Linie auf den Interventionsstaat, berechtigt. Seine darüber hinaus gehenden Schlussfolgerungen sind indes mehr als fragwürdig.

178 Datenquelle: Bundesministerium der Finanzen (2009).

werden. Da die FDP keine Steuererhöhungen zuließ, war der einzige Ausweg eine stärkere Verschuldung. Dies führte dazu, dass es unter der sozial-liberalen Koalition zu einem steilen Anstieg der Staatsverschuldung kam (Bökenkamp 2010: 106ff.). Betrug die Verschuldungsquote 1969 noch gut 20% des BIPs, stieg sie bis 1982 auf über 38%. Der absolute Schuldenstand verfünffachte sich.[179]

Der Ausbau des Sozialstaats muss laut Siebert im Zusammenhang mit dem Kampf um Wählerstimmen durch die Haushaltspolitik gesehen werden: „Die politischen Parteien haben in den letzten dreißig Jahren die Systeme der sozialen Sicherung großzügig ausgebaut und sich damit im Kampf um Wählerstimmen profiliert“ (Siebert 2003a: 137). Die großzügigen Sozialleistungen wurden von den Wählern als scheinbar anstrengungsloser Wohlstand aufgenommen. Da die Haushaltsvolumina jedoch nicht ausreichten, wichen die Regierungen auf Verschuldung aus.[180]

Dass diese Entwicklung unter der Kanzlerschaft Brandts ihren Ausgang nahm, bedarf einer kurzen Erklärung: Brandt war bestrebt, unter dem Motto „Mehr Demokratie wagen“ den deutschen Sozialstaat durch eine Reihe „innerer Reformen“ großzügig auszubauen. Da die sozialdemokratischen Wähler überproportional den unteren Einkommensschichten entstammen, profitieren sie auch überproportional von staatlichen Leistungen. Der Ausbau des Sozialstaats war daher nichts anderes als eine Klientelpolitik, die langfristig den Staatshaushalt belastete. Dass die damit einhergehende Kreditfinanzierung allgemein akzeptiert wurde, hängt wiederum mit dem Durchbruch der keynesianischen Theorie zusammen (Sturm 1993: 39ff.).

Bis in die sechziger Jahre teilte die Mehrheit der Bevölkerung die negative Auffassung der (Neo-)Klassik gegenüber der staatlichen Verschuldung (Rowley 1986). Ein Ausbau des Sozialstaates unter Inkaufnahme bzw. Inanspruchnahme von Verschuldung wäre daher in der Bevölkerung kaum akzeptiert worden. Der Durchbruch des Keynesianismus im ökonomischen *Mainstream* machte die Verschuldung in Friedenszeiten jedoch „hoffähig“, da Keynes sich ja explizit auf

179 Datenquelle: Bundesministerium für Arbeit und Soziales.

180 Hier ließe sich natürlich ebenso gut aus historischer Sicht argumentieren, denn schließlich ging es Bismarck bei der Einrichtung der Sozialversicherungen in erster Linie darum, der aufstrebenden Sozialdemokratie die Arbeiter als Anhänger abspenstig zu machen (Friedman 1990: 97).

das *Deficit Spending* berief.[181] Deshalb wurde die Verschuldung als Instrument in der Öffentlichkeit akzeptiert (Buchanan und Wagner 1977). Insbesondere Schmidt sah Defizite als „wirtschaftspolitische Notwendigkeit“ (Bökenkamp 2010: 35, 119ff.). So musste man sich über die negative Wirkung der Staatsverschuldung keine Sorgen mehr machen, da sie (scheinbar) explizit ökonomisch erwünscht war. Gleichzeitig wurde die Wählerschaft Brandts mit Sozialleistungen an die SPD „gebunden“.[182] Mit dem ursprünglichen Konzept der Globalsteuerung hatten die ausgeweiteten staatlichen Leistungen indes nichts mehr gemein, weshalb der Finanzminister Schiller 1972 auch zurücktrat.
Trotz eines langsam einsetzenden Umdenkens in den siebziger Jahren in Bezug auf die Globalsteuerung und deren begrenzte Möglichkeiten fehlte es in der Folge an politischem Willen zu einer nachhaltigen Haushaltskonsolidierung (Ottnad 1996: 42ff.). Mit dem Regierungswechsel 1982 wurde die Staatsquote gesenkt und auch der Anstieg der Schuldenquote gebremst (Bökenkamp 2010: 232ff., 259f.), doch im Zuge der Wiedervereinigung stieg die Verschuldungsquote wieder. Um die Lebensverhältnisse in Ostdeutschland an das Westniveau heranzuführen, sollten die marode Infrastruktur erneuert und die Wirtschaft gefördert werden. Um eine massenhafte Migration in die alten Bundesländer zu verhindern, waren Transfers in erheblichem Umfang notwendig. Zwischen 1990 und 2009 wurden etwa 1,3 Billionen Euro in die neuen Bundesländer transferiert.[183] Der Großteil der Transfers wurde dabei für Sozialleistungen aufgebraucht (Müller 2005: 33). Dabei war und ist ein beträchtlicher Teil der Transfers nicht durch Einnahmen gedeckt – die „deutsche Vereinigung wurde offenbar auf Pump finanziert“ (Sinn 2004: 324, Ottnad 1996: 27). Sinn bezeichnet in diesem Kontext den Ausbau des Sozialstaates unter Brandt und die Finanzierung der Wiedervereinigung als „Sündenfall“. Selbst wenn man alle Ausgaben für die Wiedervereinigung von dieser politökonomischen Betrachtung lösen würde, müsste man immer noch feststellen, dass sie nur für einen Teil des Schuldenbergs verant-

181 Buchanan und Wagner (1977) machen Keynes für den Zerfall des alten Dogmas eines ausgeglichenen Haushalts verantwortlich. Bateman (2005) argumentiert jedoch, Buchanan und Wagner hätten Keynes nicht ausreichend studiert. Keynes sei deshalb missverstanden worden, da dieser nicht für Defizite geworben habe. Er habe vielmehr für ausgeglichene Haushalte geworben.
182 Der Ausbau des Wohlfahrtsstaates, so wie er erfolgt ist, hatte mit den keynesschen Ideen, trotz gewisser sozialpolitischer Vorstellungen seinerseits aber nicht mehr viel gemein (Braunberger 2009).
183 Datenquelle: Institut für Wirtschaftsforschung Halle.

wortlich ist. Der geschätzte Anteil der Wiedervereinigungskosten am gesamten Schuldenberg reicht von 43% (Busch 2002) bis 60% (Mai 2002).
Der Ausbau des Sozialstaates und die zunehmende Staatsverschuldung sind folglich zwei Seiten derselben Medaille. Beim Regierungswechsel 1969 betrug das Haushaltssaldo noch +0,4%, 1975 -5,9%. Zwischen 1982 und 1989 wurde die jährliche Neuverschuldungsquote von -4,2% auf -1,2% gesenkt, bevor die Wiedervereinigung das Defizit wieder in die Höhe schnellen ließ. Die Entwicklung der Staatsquote zeigte einen ähnlichen Verlauf. Betrug sie im Jahr 1969 39,1% des BIPs, stieg sie bis 1975 auf 48,8%, wobei der Zuwachs in erster Linie auf die sich ausdehnende Tätigkeit der *Parafisci* zurückzuführen ist. Beim Regierungswechsel 1982 lag sie noch immer bei 47,5%. Bis 1989 war sie auf 43,1% abgesenkt worden, um dann im Zuge der Wiedervereinigung im Jahr 1996 auf 49,3% zu steigen. Dass der Anstieg der Staatsquote auch auf den Ausbau des Sozialstaates zurückzuführen ist, zeigt der wachsende Anteil der Sozialversicherungen am BIP. Ihr Anteil lag 1969 bei 13,4% und stieg bis 1982 auf 18,1%. Nach einem leichten Rückgang bis 1989 auf 16,7%, stieg der Anteil bis 1997 auf 21,2%. 2002 erreichte der Anteil sein bisheriges Allzeithoch mit 22%.[184]

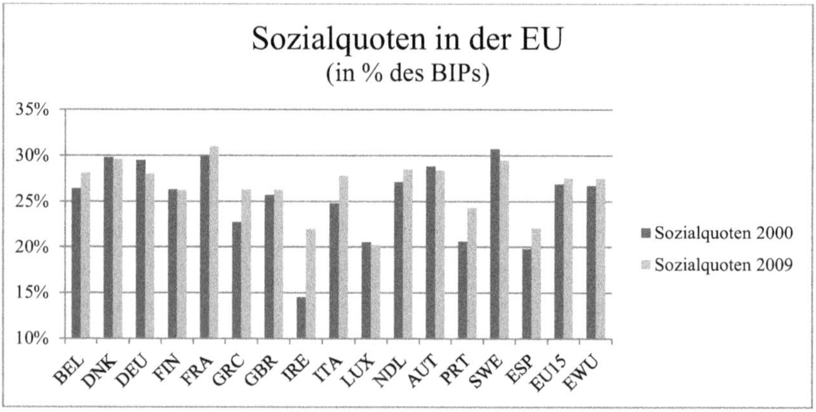

Abbildung 24: Sozialausgabenquoten im internationalen Vergleich[185]

184 Datenquelle: Bundesministerium der Finanzen (2009).
185 Datenquelle: Eurostat, eigene Darstellung.

Auch Sinn befindet, dass „der wahre Grund für die hohen Staatsausgaben in Deutschland […] eindeutig bei den umfangreichen sozialen Leistungen zu finden [ist]“ (Sinn 2004: 330). Im Vergleich der EU-15 lag die Bundesrepublik 2001 bei den Sozialausgaben an dritter Stelle, lediglich überboten von Frankreich und Schweden.[186] Die meisten entwickelten Staaten gaben in etwa ein Viertel ihres BIPs für soziale Zwecke aus. Japan lag bei 22%, die USA bei 24,5%, Großbritannien bei 27%. Die Bundesrepublik mit 30,8% und Frankreich mit 31,2% bildeten die Ausreißer nach oben (Adema und Ladaique 2005). Hierbei handelt es sich keineswegs um ein „Luxusproblem“, denn diese Ausgaben fehlen für „andere, produktive Staatsausgaben: Bildung, Forschung und sonstige Infrastruktur sind chronisch unterfinanziert“ (Müller 2008: 34). Abbildung 24 macht die unterschiedlichen Ausgabenniveaus innerhalb der EU Anfang der 2000er Jahre deutlich. Mittlerweile haben sich die Sozialquoten aber deutlich angenähert, was vor allem auf gestiegene Sozialleistungsquoten in den übrigen Mitgliedsländern zurückzuführen ist.

Die Neuverschuldung in der Bundesrepublik konnte erst durch Sozial- und Arbeitsmarktreformen im Zuge der „Agenda 2010“ wieder gebremst werden. Diese Reformen bedeuteten gleichzeitig den ersten erheblichen Einschnitt bei Leistungsansprüchen an den Sozialstaat seit dessen Ausbau unter Brandt. Die Mehrwertsteuerhöhung um drei Prozentpunkte bremste die Verschuldungsquote weiter. In den Jahren 2007 und 2008 waren die öffentlichen Haushalte zum ersten Mal seit der Wiedervereinigung nahezu ausgeglichen.[187] Die Finanz- und Wirtschaftskrise zerstörte diese leichte Konsolidierungstendenz aber. 2009 lag die Neuverschuldungsquote bei 3%. Da gleichzeitig das BIP um 4,7% einbrach, schnellte die Verschuldungsquote von 66,3% auf 73,4%. 2010 betrug die Neuverschuldungsquote dann sogar 3,7%.[188]

Das Ergebnis des Ausbaus des Sozialstaates war ein verstärktes *Rent-Seeking* in der Bundesrepublik. Eine Lösung der *Rent-Seeking*-Problematik ist ohne große Widerstände zu provozieren nicht vorstellbar. Auch die unten dargestellte Um-

---

186 Sinn (2004) merkt an, dass Deutschland eigentlich an erster Stelle liegt, da etliche Leistungen als verringerte Steuern und nicht als Transfers gerechnet werden, wie beispielsweise das Kindergeld, die Arbeitnehmersparzulage oder die mittlerweile abgeschaffte Eigenheimzulage.

187 Der Verfasser gesteht an dieser Stelle ein Datenproblem. Leider gibt es zur Thematik keine widerspruchsfreien Daten. So wird vom Statistischen Bundesamt beispielsweise für das Jahr 2007 einmal ein Defizit von 0,2% des BIPs ausgewiesen, ein anderes Mal für dasselbe Jahr ein positiver Haushaltssaldo von 3,1 Milliarden Euro.

188 Datenquelle: Bundesministerium der Finanzen (2011b).

frage macht dies deutlich. Angesichts der bereits heute extrem hohen impliziten Verschuldung werden harte Reformschritte im Sozialbereich allerdings unumgänglich sein. Zwar ist sich eine Mehrheit dieser Problematik durchaus bewusst, aber solche Reformen werden mit heftigen Verteilungskämpfen um erreichte Besitzstände verbunden sein (Köcher 2010). Der Ausweg über die Verschuldung wird dauerhaft jedoch nicht mehr gangbar sein, schon allein deshalb nicht, weil die Kapitalmärkte auch dem besten Schuldner nicht ohne Grenzen Kredit geben.[189]

Ob es zu einer grundlegenden Reform des Sozialsektors kommt, bleibt jedoch abzuwarten, da mit dem demographischen Wandel und der Ausbreitung des „Prekariats" die Wähler zahlreicher und damit mächtiger werden, die unmittelbar von staatlichen Sozialleistungen abhängen. Sinn sieht hierin einen „demokratischen Selbstverstärkungseffekt" (Sinn 2004: 333)[190], der dazu führen könnte, dass die Sozialleistungen immer weiter wachsen, da sie von den entsprechenden Wählerschichten (Arbeitslose, Geringverdiener, Rentner, Kranke etc.) politisch erstritten werden können.

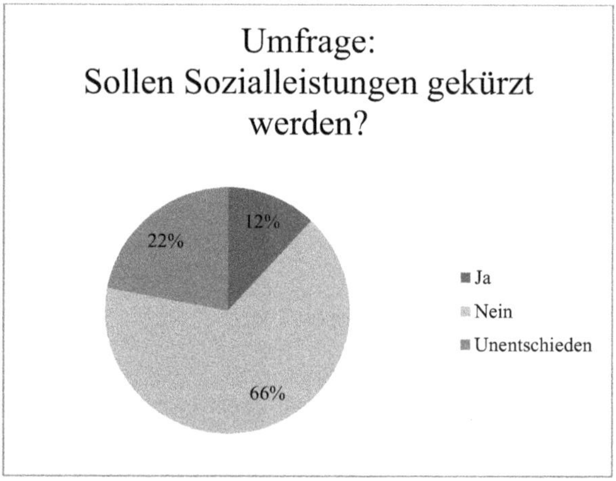

Abbildung 25: Umfrage zu Sozialleistungen[191]

189 Dieser Tage wird beispielsweise vermeldet, dass das deutsche AAA-Rating in Frage gestellt wird (Fabricius 2011).

190 Allein die steigende Zahl von Ruheständlern könnte im Jahr 2023 zu einer Gerontokratie führen, in der die transferempfangenden Ruheständler mittels Wahlen über die Leistungserbringer bestimmen könnten (Sinn und Übelmesser 2000).

191 Datenquelle: Institut für Demoskopie Allensbach, eigene Darstellung.

Gerade was das Renten- und Pensionssystem angeht, wurde der Verteilungskampf um die Last der Konsolidierung eher zugunsten der älteren Generationen entschieden. Die Rente mit 67 (die ja nur die künftigen Rentner trifft, aber nicht die heutigen), die Rentengarantie und die Förderung der privaten Vorsorge belasten die jüngeren Generationen. Die Belastung der älteren Generationen scheint hingegen eher dem Muster der „finanziellen Repression"[192] zu entsprechen: Durch die verlangsamte Steigerung des nominalen Rentenniveaus wird es langfristig real gesenkt, sodass die sinkenden Versorgungsansprüche nicht sofort und plötzlich spürbar werden, sondern erst nach und nach.

Zusammenfassend lässt sich sagen, dass es in der Geschichte der Bundesrepublik bislang zwei wesentliche Faktoren gab, die die Staatsverschuldung in die Höhe getrieben haben. Der erste war der Ausbau des Sozialstaates unter der sozial-liberalen Koalition, der ein hohes Anspruchsniveau begründete. In der Folge wurde er auch nicht mehr auf das ursprüngliche Maß zurückgeführt. Die Angst vor dem Verlust von Wählerstimmen, wie sie durch die oben erläuterten Abnutzungskriege erklärt werden können, hat dazu geführt, dass er in der Folge auch nicht mehr auf das ursprüngliche Maß zurückgeführt wurde. Der zweite Faktor war die Wiedervereinigung, die einen enormen Finanzierungsbedarf nach sich zog und die öffentlichen Haushalte nach aktuellen Angaben noch bis mindestens 2019 belasten wird. Anschließend dürften die Haushalte durch die Sozialversicherungen und die Pensionsversprechungen belastet werden, für die bislang größtenteils keine Rückstellungen gebildet wurden. Laut dem Institut der deutschen Wirtschaft (2007: 12) würde die Staatsverschuldung bei einer unveränderten Finanzpolitik bis 2050 auf 238,6% des BIPs anwachsen, wovon 144,3% auf den Bund entfallen würden.[193]

Es ist offensichtlich, dass der Staat seit vier Jahrzehnten über seine Verhältnisse gelebt hat und ein beträchtlicher Teil der Staatsausgaben über Kredite finanziert wurden. Da diese Entwicklung keineswegs ein deutsches Phänomen ist, haben zahlreiche Staaten Fiskalregeln in ihren Verfassungen und Gesetzen verankert. Wie wirksam diese waren und sind, soll das nächste Kapitel zeigen.

---

192 Wie oben erläutert, kann der Staat das Mittel der finanziellen Repression nutzen, um damit auf weniger auffällige Weise seine Schuldenlast zu senken, etwa indem er die Konditionen zum Kauf staatlicher Schuldtitel gegenüber anderen Anlageformen fördert.

193 Damit bewegt sich die Studie in ähnlichen Größenordnungen zur impliziten Staatsverschuldung wie sie oben aus anderen Arbeiten angegeben wurden.

8. Erfahrungen mit Fiskalregeln in den Vereinigten Staaten von Amerika, der Schweiz und den Niederlanden

Fiskalregeln sehen sich einer besonderen Herausforderung ausgesetzt: Langfristig ist es volkswirtschaftlich besser und gesellschaftlich erwünscht, die Staatsschuld zu begrenzen. Um dies zu erreichen, werden regelmäßig möglichst strikte Regeln eingerichtet, um Politiker am übermäßigen Ausgabengebaren zu hindern. Kurzfristig kann es jedoch notwendig werden, Staatsverschuldung in Kauf zu nehmen, um antizyklische Maßnahmen zu ergreifen oder auch nur, um die automatischen Stabilisatoren wirken zu lassen. Aber auch strenge Fiskalregeln bieten keine ausreichende Gewähr für eine Begrenzung der Verschuldungsneigung. Die existierenden Fiskalregeln in den USA, der Schweiz und den Niederlanden haben das Problem auf sehr unterschiedliche Art angegangen und ebenso unterschiedlich waren auch ihre Erfolge.

8.1. Erfahrungen mit Verschuldungsregeln in den Vereinigten Staaten von Amerika

Haushaltsprobleme wurden in den USA in den 1980er-Jahren deutlich. Insbesondere Reagans massive Rüstungsprogramme und die damaligen Steuersenkungen belasteten die öffentlichen Haushalte. Anfang der 70er Jahre hatte die Staatsschuld absolut noch bei ca. 500 Milliarden Dollar gelegen. Zwischen 1980 und 1984 stieg sie dann von 914,3 Milliarden auf 1,576 Billionen Dollar. Dies entsprach einer Erhöhung der Verschuldungsquote von 34,7% auf 43% (Kampmann 1995: 101). Bis 1993 verdreifachte sich die Staatsschuld absolut auf 4,535 Billionen Dollar, was jährliche Neuverschuldungsquoten zwischen 3,2% und 5,8% des BIPs bedeutete (Wagschal et al. 2006: 103). Allein die Verschuldungsquote des Zentralstaates war von 25,7% (1980) auf 49,3% (1993) gestiegen.[194]

194 Datenquelle: OECD Statistics.

8.1.1. Amerikanische Verschuldungsregeln

Unter dem Eindruck der steigenden Verschuldungsquote kam es in den 80er-Jahren zu ersten Bemühungen, die Staatsverschuldung institutionell zu begrenzen (Folkers 1986: 375). Der in der Folge 1985 verabschiedete *Balanced Budget and Emergency Deficit Control Act* (Gramm-Rudman-Hollings-Gesetz – GRH-Gesetz), der sinkende Obergrenzen für die Höhe des Defizits bis 1991 vorsah, erwies sich jedoch als wirkungslos. Bereits im ersten Jahr konnte die Obergrenze nicht eingehalten werden, sodass 1987 ein zweites Gesetz (GRH II) verabschiedet wurde, das die Defizitvorgaben um drei Jahre verschob. Die GRH-Gesetzgebung sah jedoch zu viele Ausnahmeregelungen vor und es mangelte ihr an politischer Akzeptanz (Kampmann 1995: 122ff.). Es war also nur folgerichtig, dass die Vorgaben niemals eingehalten wurden, weshalb der *Budget Enforcement Act* (BEA) verabschiedet wurde. Dieser sah nun nicht mehr das Absenken des Defizits auf null vor, sondern nur noch auf 83,0 Milliarden Dollar jährlich ab 1995 (Wagschal et al. 2006: 103). Hierzu waren sowohl Maßnahmen zur Ausgabenbegrenzung als auch zur Einnahmenerhöhung vorgesehen. Doch auch dieses Gesetz blieb letztlich wirkungslos. Die Gründe für das Scheitern waren vielfältig. Das GRH-Gesetz konnte durch einfache Mehrheit übergangen werden. Darüber hinaus wurde der automatische Haushaltskürzungsmechanismus, den das Gesetz vorgesehen hatte, durch den *Supreme Court* für nichtig erklärt (Kampmann 1995: 126). Der Kürzungsmechanismus des GRH II-Gesetzes ließ sich dann besonders leicht umgehen: Zunächst war etwa die Hälfte der Haushaltsposten von Kürzungen von vornherein ausgeschlossen. Die zu erwartenden Kürzungen konnten dadurch umgangen werden, dass die Haushaltsposten um die zu erwartende Kürzungssumme höher angesetzt wurden. Auch hier zeigt sich, dass fehlender politischer Wille zu Sparmaßnahmen insbesondere bei entsprechenden institutionellen Spielräumen zu einem Anstieg der Staatsverschuldung führt (Stagnet 2009: 298).

Der 1993 verabschiedete *Omnibus Reconciliation Act* führte zu einem Schrumpfen der Staatsausgaben und einem Anstieg der Steuereinnahmen. Dadurch wurde aber lediglich ein weiterer Anstieg des Defizits verhindert (Wagschal et al. 2006: 107f.). Mit dem *Balanced Budget Act* 1997 wurde die Beseitigung des Defizits bis 2002 erneut gesetzlich festgeschrieben. Im Jahr 2000 konnte tatsächlich ein Überschuss von 1,3% des BIPs erzielt werden. Dieser war aber wohl weniger auf einen neuen Ehrgeiz hinsichtlich der Einhaltung der gesetzli-

chen Regelungen zur Begrenzung der Staatsverschuldung zurückzuführen. Die Erfolge bei der Haushaltskonsolidierung dürften vielmehr insbesondere auf die damals hervorragende weltwirtschaftliche Lage zurückzuführen sein (Wagschal et al. 2006: 108, Angelo et al. 2004: 20f., Nowotny 2002: 257). Die USA selber wiesen in diesem Jahr ein Wirtschaftswachstum von 4,1% auf. Die Verschuldungsquote des Bundes sank von 49% (1995) auf 32,4% (2001).[195]
Die expansive Finanzpolitik der Regierung Bush jun. führte jedoch dazu, dass sich der Überschuss wieder in ein Defizit umkehrte. 2003 betrug es 5,1%, im Haushaltsjahr 2009 gar 8,3% des BIPs. Insgesamt stieg die Verschuldungsquote unter Bush von 32,4% des BIPs in 2001 auf 40,1% in 2008. Unter Obama explodierte die Verschuldungsquote im folgenden Jahr förmlich aufgrund der Finanz- und Wirtschaftskrise und stieg auf 53,1%.[196] 2012 waren die amerikanischen Gebietskörperschaften mit 108,9% des BIPs verschuldet.[197]

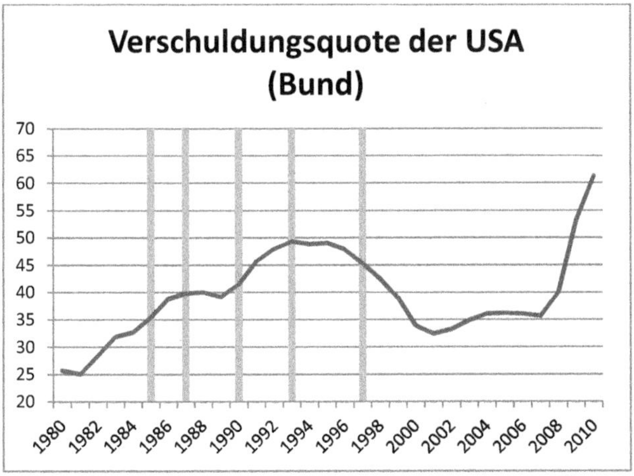

Abbildung 26: Verschuldungsquote der USA[198]

Von den Verschuldungsregeln spielen derzeit nur noch die Haushaltsgesetze eine Rolle, die auf den *Second Liberty Bond Act* zurückgehen. Dessen Ursprung lag im Jahr 1917, als wegen zur Ausgabe von Kriegsanleihen eine Höchstgrenze für die absolute Verschuldung des Bundes festgelegt wurde. Dem Finanzminis-

195 Datenquelle: OECD Statistics.
196 Datenquelle: OECD Statistics.
197 Datenquelle: Bundesministerium der Finanzen (2012).
198 Datenquelle: OECD Statistics, eigene Darstellung.

terium ist es bis heute nicht erlaubt, mehr Schulden aufzunehmen, als die aktuell gültige Höchstgrenze vorgibt. Nur der Kongress kann die Höchstgrenze anheben, was er zuletzt im Februar 2010 getan hat. Die Höchstgrenze liegt nunmehr bei 14,3 Billionen Dollar. Im Mai 2011 wurde auch diese Grenze durchbrochen.
In den amerikanischen Bundesstaaten gelten außer in Vermont ebenfalls Verschuldungsregeln. Alle Bundesstaaten sind verpflichtet, ausgeglichene operative Haushalte vorzulegen. Lediglich zur Finanzierung von Investitionen dürfen Anliehen ausgegeben werden. Entsteht ein Defizit im Haushalt, muss es über Ausgabenkürzungen oder Einnahmenerhöhungen ausgeglichen werden. Da sich diese Regelung aber nur auf den operativen Haushalt bezieht, sind abgabenfinanzierte Zweckgesellschaften und Vermögenshaushalte davon ausgenommen (Diekmann et al. 2012: 5).
Neben dieser gesetzlichen Regelung existieren für die meisten Bundesstaaten Schuldenstandsbegrenzungen, die quantitative Höchstgrenzen angeben (von Hagen 1991), die unterschiedlich ausgestaltet sind und in unterschiedlichem Maße überwacht werden (Kampmann 1995: 101). Die *Tax and Expenditure Limitation Laws* (TEL) wurden zum überwiegenden Teil Ende der 70er Jahre eingeführt. Im Durchschnitt waren die amerikanischen Bundesstaaten 2008 offiziell mit ca. 8% ihres jeweiligen BIPs verschuldet und in keinem Fall mit mehr als 20% (Bohn 2011: 13). Das Verschuldungsniveau auf bundesstaatlicher Ebene fällt somit niedrig aus.
Das berühmte Gegenbeispiel hierzu ist Kalifornien, wo sich seit 2008 eine gravierende Haushaltskrise entwickelt hat. Wie die meisten anderen Bundesstaaten (außer Vermont) muss es einen jährlich ausgeglichenen Haushalt vorlegen. Allerdings müssen die jährlichen Haushalte mit 2/3-Mehrheiten verabschiedet werden. Für Steuererhöhungen wird seit einem Volksbegehren 1978 (*Proposition 13*) ebenfalls eine 2/3-Mehrheit benötigt. Beim selben Volksbegehren wurde auch festgeschrieben, dass die Grundsteuer 1% nicht übersteigen darf, was dafür sorgte, dass der Staat auf erhebliche Steuereinnahmen verzichten muss. Seitdem ist der Staat insbesondere von der Einkommenssteuer abhängig, die aber größtenteils von einer kleinen Minderheit aufgebracht wird und äußerst konjunkturanfällig ist, weil sie zu einem bedeutenden Teil auf Kapitaleinkünfte fällig wird. Gleichzeitig leistet sich Kalifornien üppige Pensionen. Die Folge sind massive Kürzungen im Haushalt, auch bedingt durch hohe gesetzliche Hürden für Nachtragshaushalte. Trotz der regelmäßigen Kürzungen hat Kalifornien es geschafft, auf Grundlage entsprechender gesetzlicher Ermächtigungen den höchsten

Schuldenberg pro Einwohner aller Bundesstaaten anzuhäufen.[199] Seit 2008 erlebt Kalifornien eine fortwährende Haushaltskrise. Regelmäßig müssen öffentliche Einrichtungen geschlossen werden, weil die Mittel zur Bezahlung der Staatsbediensteten fehlen. Als erste Reaktion wurde 2010 die *Proposition 25* angenommen, die die notwendige Mehrheit im Parlament zur Annahme des Haushalts auf eine einfache Mehrheit reduzierte. Die zuvor notwendige 2/3-Mehrheit erschwerte regelmäßig die Annahme der Haushalte angesichts einer starken politischen Polarisierung.
Die Folge der fortgesetzten Haushaltskrise sind steigende Risikoprämien an den Anleihemärkten. Der Hintergrund dieser steigenden Risikoprämien ist, dass anders als in der Bundesrepublik für die Bundesstaaten keine Beistandspflicht des Zentralstaates gilt. Geraten sie in Zahlungsschwierigkeiten, können sie nicht auf Hilfe der Zentralregierung hoffen. Folglich bilden sich die Kapitalmärkte für jeden Bundesstaat ein eigenes Urteil. Bei steigender Verschuldung müssen die Staaten auch mit steigenden Risikoprämien rechnen. Das Ausfallrisiko für Kalifornien wurde 2009 auf dem Niveau eines Schwellenlandes gehandelt. Durch die disziplinierende Wirkung der Kapitalmärkte besteht für die Bundesstaaten *a priori* ein Anreiz zu solider Finanzpolitik. Schuldenstandsbegrenzungen bieten hierbei ein adäquates Mittel zur Erreichung dieses Ziels.

8.1.2. Bewertung der amerikanischen Verschuldungsregeln

Für die gesetzlichen Schuldenschranken des Bundes lässt sich zweifelsfrei festhalten, dass sie allesamt wirkungslos geblieben sind. Die Schuldenstandsbegrenzung, die auf den *Second Liberty Bond Act* zurückgeht, wurde praktisch marginalisiert, da die absoluten Höchstgrenzen der staatlichen Verschuldung regelmäßig durch den Kongress angehoben werden. Die übrigen Gesetze scheiterten an einer Reihe von Unzulänglichkeiten, teilweise aufgrund von Schlupflöchern, teilweise aufgrund unrealistischer Vorgaben. Ein politischer Wille zur nachhaltigen Konsolidierung des Haushaltes hat sich jedoch in keinem der Fälle erkennen lassen.
Zwei wesentliche Ergebnisse lassen sich bezüglich des Verschuldungsverhaltens der Bundesstaaten beobachten. Zum einen zeigt sich, dass strenge Regeln die Verschuldungstendenz stark dämpfen und zum anderen ist zumindest die offizi-

199 So können beispielsweise für Infrastrukturinvestitionen Schulden aufgenommen werden, wenn dies zuvor durch eine Volksabstimmung abgesegnet wurden.

elle Pro-Kopf-Verschuldung in Staaten mit einer Schuldenstandsbegrenzung niedriger als in solchen ohne (Wissenschaftlicher Beirat beim Bundesministerium der Finanzen 2005: 27f.). Sind für Änderungen der Haushaltsregeln 2/3-Mehrheiten notwendig, werden die Wirkungen noch verstärkt. Sind die Haushaltsregeln jedoch sehr strikt, haben Politiker in den Bundesstaaten einen Anreiz, die Verschuldung auf parafiskalische Haushalte auszulagern (von Hagen 1991).

Zwei Umstände erweisen sich für die Verschuldung der Bundesstaaten als vorteilhaft: Erstens gibt es in den USA keine Beistandspflicht des Bundes, die an den Kapitalmärkten nivellierend und damit verschuldungserhöhend wirken würde. Deshalb muss die Bonität jedes Bundesstaates einzeln bewertet werden. Bei steigender Verschuldung müssen die Bundesstaaten daher mit steigenden Zinsen rechnen (Bayoumi et al. 1995). Allerdings ist vor allem für die Bundesstaaten der USA nicht völlig geklärt, ob die Regierungen auch auf steigende Zinsen reagieren (und sich so disziplinieren lassen). Die Angst von einem völligen Abschneiden von den Kapitalmärkten wirkt auf jeden Fall disziplinierend (Kula 2004).[200]

Zweitens bilden Elemente der direkten Demokratie in den Bundesstaaten der USA ein wichtiges Mittel der politischen Mitgestaltung. So können Wähler in die Ausgabenbeschlüsse der Parlamente eingreifen und ggf. die Kreditaufnahme verhindern (Stagnet 2009: 298f.). In Bundesstaaten mit Wählerinitiativen liegt das Ausgabenniveau um etwa 4% niedriger als in rein repräsentativ regierten Staaten. Wie noch gezeigt werden wird, liegt hierin der Schlüssel für ein geringeres Verschuldungsniveau. Folgerichtig liegt der Schuldenstand in Bundesstaaten, in denen für Neuverschuldung die Bevölkerung zu befragen ist, pro Kopf um ein Drittel niedriger (166 Dollar) als in Bundesstaaten ohne Referendum (267 Dollar) (Kiwiet und Szakaly 1996)[201] – ein Ergebnis, das sich im Übrigen für die Schweiz bestätigen lässt (Feld 1997: 306). Darüber hinaus wird das Subsidiaritätsprinzip durch plebiszitäre Elemente (wie Bürgerbegehren) deutlich gestärkt: In diesem Fall fällt das Ausgabenniveau auf lokaler Ebene höher aus, auf staatlicher Ebene dafür niedriger, darüber hinaus fällt das Umverteilungsniveau interessanterweise niedriger aus (Matsusaka 1995). Allerdings genügt der

---

200 Dass für die OECD-Staaten auch gegenteilige Ergebnisse vorliegen, wurde oben bereits dargestellt.

201 Die Erklärung mag teilweise auch darin liegen, dass in Bundesstaaten, in denen ein Initiativrecht bezüglich der Ausgaben existiert, das Ausgabenniveau um 60$ niedriger liegt als in solchen Staaten ohne Initiativrecht (Feld 1997: 305).

Blick auf Kalifornien, um festzustellen, dass direktdemokratische Elemente nicht automatisch zu einer geringen Verschuldung führen. Das Beispiel Kalifornien zeigt vielmehr, dass die Bürger den Staat auch bis zur Bewegungslosigkeit fesseln und Regierungen so in eine Dauerkrise zwingen können.

Ein Erfolg der Verschuldungsregeln lässt sich auch aus einem anderen Grund nicht unbedingt daraus ableiten. Um die Verschuldungsregeln zu umgehen, wurden beispielsweise Spezialregionen gebildet, die staatliche Aufgaben übernehmen und hierzu auch Kredite aufnehmen können. Eine zweite Möglichkeit zum Ausweichen stellt die Ausgliederung von Haushaltspositionen in Nebenhaushalte dar. Von Hagen weist nach, dass insbesondere letzteres ein beliebtes Mittel zur „Flucht aus dem Budget" (Schaltegger 2004: 4) ist (von Hagen 1991).[202] Er folgert hieraus, dass die verschiedenen Haushaltsregeln in erster Linie die Wahl des Instruments zur Kreditaufnahme beeinflussen, weniger jedoch die Höhe der Verschuldung.

Generell steht von Hagen (1991) den amerikanischen Schuldenbegrenzern kritisch gegenüber. Er kann kaum Unterschiede im Verschuldungsverhalten zwischen Staaten mit und ohne Verschuldungsregeln nachweisen. Einzig die garantierten und nicht-garantierten Schulden (solche, die beispielsweise in Zweckgesellschaften aufgelaufen sind) unterscheiden sich. Stattdessen ziehen die Verschuldungsregeln unerwünschte Verteilungseffekte nach sich: So ist etwa die Kapitalausstattung pro Kopf niedriger in Staaten mit Verschuldungsregeln als in solchen ohne.

Eine empirische Untersuchung von Bohn und Inman weist nach, dass die Haushaltsbeschränkungen nur dann erfolgreich sind, wenn der Ausgleich des Haushalts zum Ende des Haushaltsjahres verlangt wird, nicht aber dessen Ausgleich am Jahresbeginn.[203] Darüber hinaus stellen sie fest, dass Haushaltsregeln eher eingehalten werden, wenn sie in der Verfassung festgeschrieben sind, als wenn sie lediglich in Gesetzesform existieren. Bei ersteren ist entweder eine qualifizierte Mehrheit oder ein Referendum zur Ausschaltung notwendig, bei letzteren eine einfache Mehrheit. Auch vom Volk gewählte Richter wirken sich positiv auf die Höhe der Verschuldung aus (Bohn und Inman 1996).

---

202 Zu einem anderen Ergebnis kommen Bohn und Inman (1996). Sie können ein solches Ausweichen auf alternative Verschuldungsinstrumente nicht nachweisen.

203 Der Haushaltsausgleich erfolgt in solchen Fällen durch Ausgabenkürzungen und nicht Einnahmenerhöhungen.

Die Ergebnisse zur Wirksamkeit der Verschuldungsregeln für die USA fallen alles in einem sehr durchwachsen aus. Auf Bundesebene sind sie letztlich wirkungslos geblieben, auf bundesstaatlicher Ebene sind einige positive Ergebnisse festzuhalten. Die Erfahrungen der Schweiz mit der Schuldenbremse fallen demgegenüber deutlich positiver aus.

8.2. Erfahrungen mit der Schweizer Schuldenbremse

Die Betrachtung der Schweizer Schuldenbremse verdient besondere Beachtung, da sie der deutschen als Vorbild gedient hat (Dunsch 2010).[204] Die Besonderheit bei beiden Modellen ist, dass bei der Ausgestaltung darauf geachtet wurde, den Regierungen trotz strenger Verschuldungsregeln in Rezessionen Spielräume zu eröffnen, um antizyklische Maßnahmen zu ermöglichen.

8.2.1. Die Entstehung Schweizer der Schuldenbremse

Obwohl die Schweiz über Jahrzehnte hinweg relativ niedrige Verschuldungsquoten vorwies, wurde 1998 das „Haushaltsziel 2001" angenommen. Es sollte dazu dienen, den Bundeshaushalt bis 2001 auszugleichen. Der Hintergrund ist in der ansteigenden Staatsverschuldung der neunziger Jahre zu sehen. Lag die Staatsverschuldung 1990 noch bei 29,9% des BIPs, stieg sie bis 1998 auf 53,1%. Dieser Anstieg war insbesondere auf das Verschuldungsverhalten des Bundes zurückzuführen, der seine Verschuldungsquote im gleichen Zeitraum von 12% auf 27% mehr als verdoppelte.[205]
Im europäischen Vergleich war die Schweiz damit an den europäischen Durchschnitt herangerückt, der zwischen 50 und 60% des BIPs lag (Danninger 2002: 4). Der Artikel 126 der Bundesverfassung (BV), der formal einen dauerhaften Ausgleich von Einnahmen und Ausgaben forderte, hatte sich als wirkungslos erwiesen (Stagnet 2009: 302).

---

204 Der Wissenschaftliche Beirat beim Bundesministerium der Finanzen (2007) hatte dem Finanzminister bereits 2007 empfohlen, bei der Einrichtung einer neuen Schuldenbremse das Schweizer Vorbild zu berücksichtigen.
205 Datenquelle: Müller et al. (2007: 24).

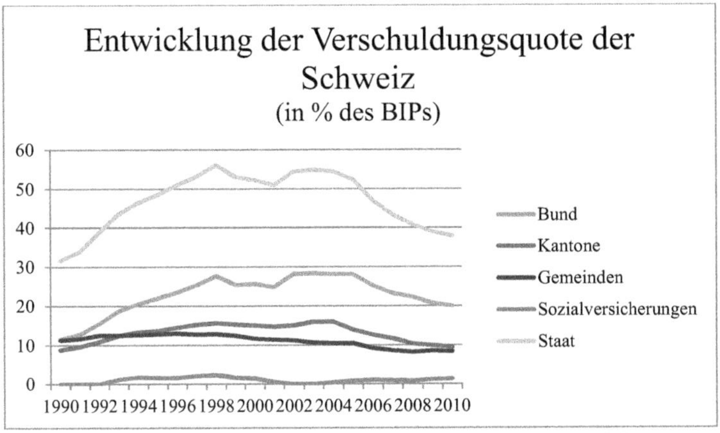

Abbildung 27: Verschuldungsquote der Schweiz[206]

Insbesondere angesichts des zukünftig die öffentlichen Kassen belastenden demographischen Wandels erschien eine Lösung der Schuldenproblematik geboten. Die Wohlfahrtsstaaten europäischer Prägung werden ab 2015 durch die demographische Krise schwer belastet werden. Da ein Haushaltsüberschuss während der Lebensarbeitszeit der Baby-Boomer-Generation politisch nicht durchzusetzen gewesen wäre und es aus makroökonomischer Sicht keine Argumente für eine Überschüsse anhäufende Haushaltspolitik gibt, sprach man sich für eine alternative Schuldenbremse aus (Danninger 2002: 14f., 23).[207] Deren Ziel ist es nicht, den absoluten Schuldenstand abzubauen, sondern nur, die absolute Verschuldung über einen Konjunkturzyklus hinweg konstant zu halten, sodass die Verschuldungsquote bei einem steigenden BIP langfristig sinkt (Stagnet 2009: 302). Gleichzeitig sollte jedoch eine effektive antizyklische Haushaltspolitik möglich sein (Danninger 2002: 15), um den Staat nicht zu einer prozyklischen Finanzpolitik zu zwingen, die die Gefahr verstärkter Rezessionen hervorrufen könnte.

Als Vorläufer wurde das „Haushaltsziel 2001“ verabschiedet, dem 2001 die Schuldenbremse folgte, legitimiert durch zwei Abstimmungen, bei denen über 85% der Wähler und alle Kantone zustimmten (Glaser 2006: 104ff.). Die Schul-

206 Datenquelle: Eidgenössische Finanzverwaltung, eigene Darstellung.

207 Man stellt bei dem Blick auf die implizite Verschuldung der Schweiz schnell fest, dass hier die demographische Krise weit weniger gravierend sein wird, als in den übrigen entwickelten Volkswirtschaften.

denbremse gilt zwar nur für den Bund, die Mehrzahl der Kantone kann jedoch auf ähnliche finanzpolitische Disziplinierungsinstrumente verweisen (Dafflon 1999: 276f., Glaser 2007: 102ff.).[208]

8.2.2. Die Ausgestaltung der Schweizer Schuldenbremse

Durch den Mechanismus der Schuldenbremse soll der Ausgabenverlauf über den Konjunkturzyklus hinweg geglättet werden. Gleichzeitig soll jedoch auch genügend fiskalischer Spielraum für diskretionäre Reaktionen geschaffen werden. Bei schweren Rezessionen oder Katastrophen kann der Ausgabenplafonds durch eine absolute Mehrheit im National- und Ständerat erhöht werden. Darüber hinaus existieren Sonderregelungen für außerordentliche Ausgaben und Vorgaben für die Verwendung außerordentlicher Einnahmen (Stagnet 2009: 302).

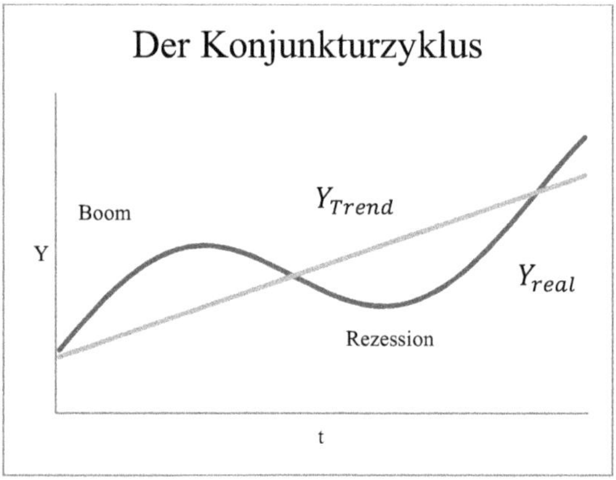

Abbildung 28: Der Konjunkturzyklus[209]

Die Schuldenbremse ist wie ihr Vorläufer als Ausgabenbegrenzer zu verstehen. Eine zentrale Rolle bei der Berechnung der Ausgaben der Folgeperiode spielt der Konjunkturfaktor (k). Dieser stellt die Outputlücke dar. Das Ausgabenmaximum berechnet sich als Produkt der Einnahmen und des Konjunkturfaktors:

208 Für einen Überblick über die verschiedenen Haushaltsregeln siehe Schaltegger (2004: 4ff.).
209 Eigene Darstellung.

$$\bar{G} = T * k$$

Der Konjunkturfaktor wiederum setzt sich zusammen aus dem Verhältnis des geschätzten trendmäßigen BIPs[210] und des voraussichtlichen BIPs im Voranschlagsjahr:

$$k = \frac{Y_{Trend}}{Y_{real}}$$

Im Boom sind die Kapazitäten typischerweise überlastet und der Konjunkturfaktor k < 1, in einer Rezession hingegen sind die Produktionskapazitäten unausgelastet und der Konjunkturfaktor k > 1. Der Konjunkturfaktor erlaubt somit höhere Ausgaben und damit Verschuldung in der Rezession, zwingt im Boom aber zu Überschüssen. In der Normallage ist k = 1 und die Einnahmen und Ausgaben damit ausgeglichen. Über den gesamten Konjunkturzyklus sollen sich Überschüsse und Defizite so ausgleichen.

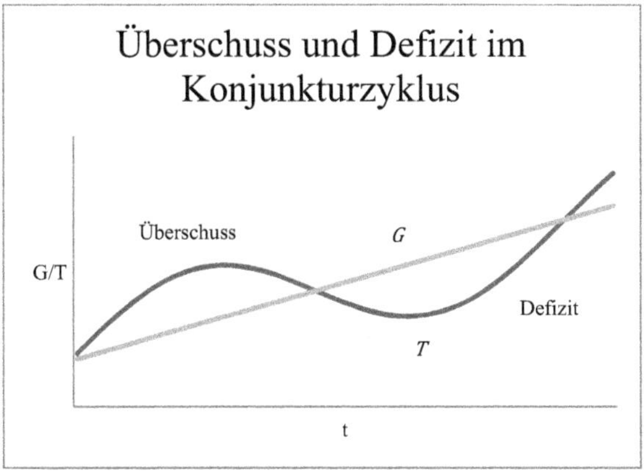

Abbildung 29: Der Haushalt im Konjunkturzyklus[211]

Für die genaue Höhe der maximal möglichen Neuverschuldungsquote kann man eine einfache Gleichung heranziehen:

210 Zur Berechnung des trendmäßigen BIPs wird eine modifizierte Variante des Hodrick-Prescott-Filters (MHP-Filter) verwandt. Für eine Darstellung siehe Bruchez (2003).
211 Eigene Darstellung.

$$\frac{D'}{Y} = \frac{G_Z - T}{Y} = \frac{T}{Y} * (k - 1)$$

In der Schweiz beträgt die Steuerquote des Bundes etwa 10%. Die größte im Zeitraum von 1970 bis 1999 gemessene Outputlücke betrug 5%, womit k = 1,05 war. Damit hätte die Neuverschuldungsquote höchstens 0,5% des BIPs betragen dürfen (Danninger 2002: 18).

Zur Vermeidung von Schätzfehlern bei den Einnahmen und bei der Berechnung des BIPs und zur Sanktionierung von Überschreitungen des Ausgabenplafonds wurde ein Ausgleichskonto außerhalb der Berechnung eingeführt. Darin wird die Differenz zwischen dem ermittelten Ausgabenplafond im Jahr der Haushaltserstellung und dem Ausgabenplafond nach dem Abschluss der Rechnung eingetragen. Sollte der kumulierte Fehlbetrag des Ausgleichskontos 6% der Ausgaben des letzten Rechnungsjahres überschreiten, muss der darüber liegende Fehlbetrag innerhalb von drei Jahren abgebaut werden. Dies erlaubt einen gewissen Haushaltsspielraum. Bei einem Überschuss des Ausgleichskontos ist ein derartiger Mechanismus nicht vorgesehen (Colombier 2004: 12f.). Diese Regelung soll Anreize für asymmetrische Schätzungen der Einnahmen verringern und dadurch vermeiden, dass Defizite auf ein irreguläres Nebenkonto umgebucht werden. So werden *ex post* bei Zielverfehlungen Kompensationen verlangt, gleichzeitig aber auch haushaltspolitische Spielräume eröffnet (Stagnet 2009: 304).

Außerordentliche Ausgaben und Einnahmen unterliegen nicht der Schuldenbremse. Hierdurch wird einerseits zwar gewährleistet, dass die ordentliche Ausgabenerfüllung nicht beeinträchtigt wird. Andererseits kann es dadurch zu einem schleichenden Schuldenanstieg kommen. Die Ergänzungsregel, die ab 2010 wirkt, soll gewährleisten, dass der außerordentliche Haushalt über einen bestimmten Zeitraum ausgeglichen ist. Hierzu gibt das Amortisationskonto den kumulierten Saldo des außerordentlichen Haushalts an. Defizite auf dem Amortisationskonto müssen innerhalb von sechs Jahren[212] durch Kürzung der höchstzulässigen Ausgaben ausgeglichen werden. Die damit einhergehende Flexibilität gewährleistet, dass die Defizite mit Rücksicht auf Konjunktur und Rechtslage

212 Angesichts der Befürchtung, die Ergänzungsregel könne zu restriktiv wirken, wurde eine „Ventilklausel" eingebaut, die es der Bundesversammlung erlaubt, die sechsjährige Frist in besonderen Fällen zu verlängern.

abgebaut werden können. Generell müssen Defizite auf dem Amortisationskonto jedoch nur abgebaut werden, wenn das Ausgleichskonto mindestens ausgeglichen ist. Somit werden Defizite auf dem Amortisationskonto erst dann abgebaut, wenn der ordentliche Haushalt ausgeglichen ist und keine zusätzlichen Sparmaßnahmen wegen Fehlbeträgen auf dem Ausgleichskonto notwendig sind.

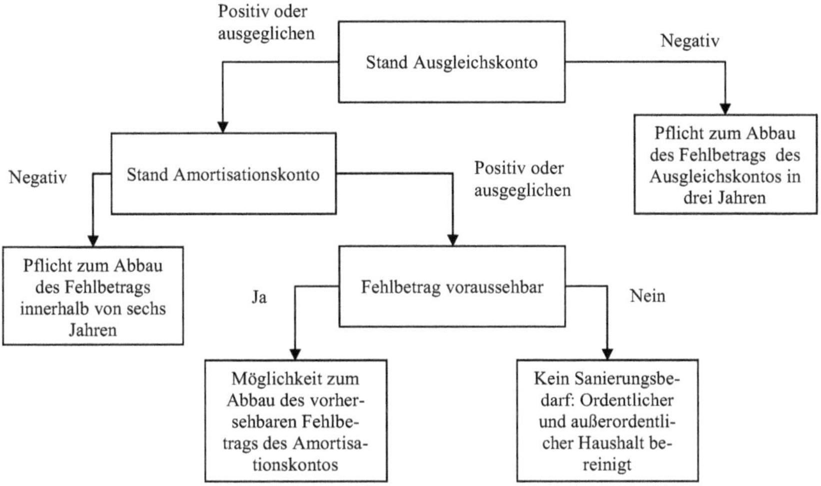

Abbildung 30: Umsetzung der Ergänzungsregel[213]

Schließlich wird die Arbeitslosenversicherung außerhalb des Bundeshaushaltes geführt. Dadurch soll das Funktionieren eines wichtigen automatischen Stabilisators gewährleistet werden. Gleichzeitig sollen Reserven für die Arbeitslosenversicherung aufgebaut werden, um prozyklisch wirkende Beitragserhöhungen oder Ergänzungszuweisungen durch den Bundeshaushalt in Rezessionen zu vermeiden (Danninger 2002: 17).

8.2.3. Wirkung der Schweizer Schuldenbremse

Insbesondere im internationalen Vergleich ist die Schweizer Schuldenbremse mit Sicherheit die komplizierteste. Es wurde nicht nur darauf geachtet, dass die Schuldenbremse politökonomisch möglichst wirksam ist, sondern auch, dass

213 Eigene Darstellung.

dem Staat konjunkturelle Spielräume verbleiben. Schuldenbremsen wie die der Schweiz oder auch die zukünftige deutsche Schuldenbremse fordern keine strikte Nullverschuldung, sondern lassen diskretionäre Spielräume. Dies bietet zugleich Vor- und Nachteile. Wird die antizyklische Fiskalpolitik falsch angewandt, kann sie extrem ineffizient und damit teuer sein. Bei einem fehlenden Willen zur Haushaltskonsolidierung lassen sich leichter Schlupflöcher finden, um die Regelungen der Schuldenbremse zu umgehen.

Der Vorteil einer solchen Regelung ist zum einen, dass es genügend Spielraum gibt, um die automatischen Stabilisatoren wirken zu lassen und dass der Staat diskretionäre Maßnahmen zur Abmilderung der Rezession ergreifen kann. Zum anderen entspricht eine solche Flexibilität der Theorie der Steuerglättung (*Tax Smoothing*), die der Theorie der optimalen Besteuerung entstammt.[214] Hierbei wird davon ausgegangen, dass die gegenwärtigen Einnahmen des Staates dessen Ausgaben[215] entsprechen. Treten nun unvorhergesehene Ereignisse ein, die eine Erhöhung der Ausgaben notwendig machen, lässt der Staat Defizite zu, die durch spätere Überschüsse wieder ausgeglichen werden. Die Haushaltsdefizite und -überschüsse dienen als Puffer. Eine kurzfristige Anpassung der Steuersätze, die überproportional hohe Zusatzlasten (*Excess Burden*) mit sich brächte, kann so vermieden werden (Zimmermann 1999: 164f.), da die Steuersätze im Zeitverlauf konstant bleiben.[216] Dies trägt zur Stabilisierung der Erwartungen der Wirtschaftssubjekte bei. Schwankungen im Ausgabeverhalten des Staates werden durch Defizite und Überschüsse auf der Einnahmenseite ausgeglichen (Barro 1979).

Abbildung 31 zeigt, dass die Defizite mit Einführung der Schuldenbremse wirksam eingedämmt und darüber hinaus in den Jahren seit 2006 deutliche Haushaltsüberschüsse erzielt wurden. In der Folge konnte auch die Verschuldungsquote des Bundes zurückgefahren werden. Lag sie 2003 bei Einführung der Schuldenbremse bei 28,3% des BIPs, sank sie bis 2010 auf 20,0%. Auch die Ge-

214 Es muss angemerkt werden, dass das Modell der Steuerglättung normativ ist und das Verschuldungsverhalten von Staaten nicht erklären kann (Barro 1986, Barro 1987, Roubini und Sachs 1989).

215 Die Ausgaben werden im ursprünglichen Modell von Barro als exogen gegeben angesehen.

216 Hierzu wurde in der älteren Literatur argumentiert, dass eine solche einmalige „schwere Steuerlast, welche durch die sofortige Bardeckung eines großen außergewöhnlichen Aufwands verursacht wird, unter Umständen eine allgemeine Wirtschaftsstörung in dem Maße verursachen [könne], dass [...] deren Erhebung wertvolle Wirtschafts- und damit Steuerquellen vernichtet“ (Weyermann 1927: 524).

samtverschuldungsquote der Schweiz konnte deutlich gesenkt werden. Seit 2003 ist sie von 54,9% auf 37,9% (2010) gesunken. Damit lag sie auf dem tiefsten Stand seit 1991, während der Bund auf das Niveau von 1993 zurückgekehrt ist.[217]

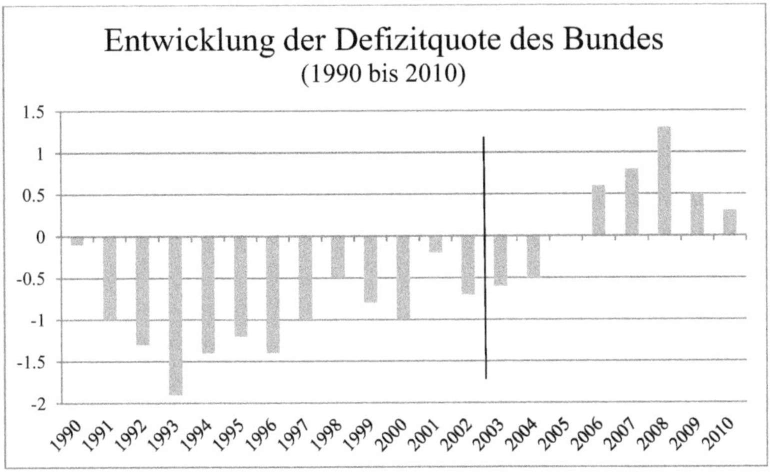

Abbildung 31: Defizite des Schweizer Bundes[218]

8.2.4. Beurteilung der Schweizer Schuldenbremse

Seit der Einführung der Schuldenbremse 2003 hat sich der absolute Schuldenstand stabilisiert und die Verschuldungsquote ist rückläufig. Eine abschließende Beurteilung lässt sich zwar erst nach dem Ende des Konjunkturzykluses treffen. Erste Anzeichen deuten jedoch auf die erhoffte Wirksamkeit der Schuldenbremse hin (Stagnet 2009: 309, Hallerberg 2011).

Kritik wird dennoch geäußert. Da die Schuldenquote auf die Stabilisierung des nominalen Schuldenstandes zielt, nicht aber auf eine Stabilisierung der Verschuldungsquote, wird verschiedentlich geäußert, dass diese Regelung zu restriktiv sei und deshalb Wachstumsmöglichkeiten verschenkt würden.

Ebenso wird kritisiert, dass die Schuldenbremse nicht zwischen konsumtiven und investiven Ausgaben unterscheidet (Groneck und Plachta 2007). Es besteht die Gefahr, dass Ausgaben für die soziale Wohlfahrt Vorzug vor den Ausgaben

217 Datenquelle: Eidgenössische Finanzverwaltung.
218 Datenquelle: Eidgenössische Finanzverwaltung, eigene Darstellung.

für Bildung und Infrastruktur erhalten (Schaltegger und Weder 2010: 20). Dieses Problem ist indes nicht neu und betrifft nicht nur die Schuldenbremse. Die Befürchtung ist, dass bei Haushaltsschwierigkeiten zuerst bei den Investitionen Kürzungen vorgenommen werden, da die Wähler dies, wie erwähnt, meistens nicht direkt spüren.[219] Dadurch würden jedoch langfristig die Wachstumschancen der Volkswirtschaft erheblich sinken. Dieser Kritikpunkt ist zwar durchaus berechtigt, bislang zeigt sich dieses Problem in der Schweiz jedoch erstaunlicherweise nicht: Der Anteil der Investitionen am Bundeshaushalt beträgt relativ konstant etwa 11% des BIPs (Colombier 2004).

Ein weiterer der Schuldenbremse inhärenter Nachteil ist das Problem der Vorhersage der Entwicklung des BIPs und damit der Staatseinnahmen. Die historische Erfahrung zeigt, dass es bei Prognosen eine systematische Tendenz zur Überschätzung der Einnahmen im Abschwung und Unterschätzung im Aufschwung gibt. Dies wird insbesondere dann zum Problem, wenn die Ausgaben im Abschwung einen Fehlbetrag auf dem Ausgleichskonto von über 6% betragen. In diesem Fall muss der Fehlbetrag wie gezeigt innerhalb von drei Jahren abgebaut werden. Folglich müssten Ausgaben gekürzt werden, was einen prozyklischen Effekt haben und den Abschwung noch verstärken könnte (Danninger 2002: 20f.).

Da dem Ausgleichkonto eine Regel zur Verwendung unvorhergesehener Einnahmen bislang abgeht, könnte ein weiteres Problem entstehen. Läuft ein Überschuss auf dem Ausgleichskonto auf, könnte dieser für zusätzliche Ausgaben im Folgejahr verwandt werden. Befindet sich die Volkswirtschaft zu diesem Zeitpunkt aber immer noch im Boom, hätte auch dies einen prozyklischen Effekt. Das Ergebnis könnte eine Überhitzung der Volkswirtschaft sein, die sich in einer höheren Inflationsrate niederschlagen würde. Danninger schlägt vor, diese Gefahr zu vermeiden, indem die Ausgabenregel um die Bedingung erweitert wird, dass aufgelaufene Haushaltsüberschüsse nur in Abschwüngen und Rezessionen abgebaut werden dürften (Danninger 2002: 21f.).

Einige andere Kritikpunkte, die geäußert worden waren (Müller et al. 2007, Stagnet 2009), wie etwa die Unzulänglichkeiten des ursprünglich verwandten Hodrick-Prescott-Filters (Danninger 2002: 24, Stagnet 2009: 305ff.) wurden darüber hinaus aufgegriffen und abgeändert.

219 Regierungen fördern lieber diejenigen Projekte, die für die Wähler direkt spürbar sind, da sie sich hierdurch eine Verbesserung ihrer Wiederwahlchancen erhoffen. Trifft dieses Kalkül zu, liegt auf Seiten der Wähler eine Ausgabenillusion vor (Edling 2001: 97).

Trotz dieser Kritikpunkte überwiegen bei der Beurteilung der Schweizer Schuldenbremse eindeutig die positiven Urteile. Bislang hat sie sich als effektives Instrument erwiesen, um die Schuldenquote zu senken und prozyklische Wirkungen der Haushaltspolitik zu vermeiden (Danninger 2002: 23). Die Einführung der Schuldenbremse hat auch einen starken politischen Willen zur Begrenzung des Ausgabenwachstums und Defizitvermeidung erkennen lassen, sodass sogar die Frage aufkam, ob die Einführung der Schuldenbremse unter diesen Umständen überhaupt notwendig war. Möglicherweise aber hat ihre Einführung das politische Klima, das für ihre Einführung notwendig war, entsprechend gefestigt (Müller et al. 2007: 35ff.).
Auch im Zuge der Finanz- und Wirtschaftskrise bewährte sich die Schuldenbremse hervorragend. Die Schweiz blieb mit einer Verschuldungsquote von 39% des BIPs (2009) weit unter dem ungewichteten Mittel innerhalb der OECD von über 76%. Nur fünf OECD-Staaten (Australien, Luxemburg, Neuseeland, Südkorea und die Slowakei) wiesen niedrigere Verschuldungsquoten aus. Insgesamt konnte die Verschuldungsquote der Schweiz seit dem Inkrafttreten der Schuldenbremse 2003 um 17 Prozentpunkte, oder 20 Milliarden Franken, gesenkt werden, wobei der Abbau von 8,3 Prozentpunkte auf das Konto des Zentralstaats gingen. Vor dem Hintergrund der diskretionären Gegenmaßnahmen erscheinen diese Zahlen umso erstaunlicher: Insgesamt wurden im Zuge der Krise Stabilisierungsmaßnahmen in Höhe von 2,5 Milliarden Franken beschlossen.

8.3. Erfahrungen mit Ausgabenrahmen in den Niederlanden

Die Einführung der niederländischen Fiskalregel der Ausgabenrahmen erfolgte zu einem Zeitpunkt, als der Zentralstaat mit 60,6% des BIPs[220] und die Gebietskörperschaften als Ganzes mit 77% verschuldet waren (1993). Diese Verschuldungsquote war das Ergebnis eines steilen Anstiegs seit Mitte der siebziger Jahre, nachdem die Niederlande zuvor mehr als zwei Jahrzehnte mit einer drastisch sinkenden Verschuldungsquote erlebt hatten: Am Ende des Zweiten Weltkriegs hatte die Verschuldungsquote bei weit über 200% des BIPs gelegen, sie wurde aber bis 1973 auf 42% reduziert.[221] Unerwartete ökonomische Rückschläge und

220 Datenquelle: OECD Statistics.
221 Hier wurden wie bei anderen Staaten im Anschluss an den Zweiten Weltkrieg auch die hohen Wachstumsraten und die damit einhergehende Entschuldung sichtbar.

starke Schwankungen des Gaspreises sorgten für eine chaotische Haushaltspolitik in den achtziger Jahren (Bos 2008). Mit dem Anstieg der Verschuldungsquote wuchs parteiübergreifend die Einsicht, dass die öffentlichen Ausgaben außer Kontrolle gerieten und dass drastische Schritte zur Lösung des Haushaltsproblems unternommen werden mussten.
Daher haben die Niederlande 1994 ebenfalls eine Fiskalregel eingeführt. Allerdings bezieht sich diese nicht auf das jährliche Haushaltssaldo, sondern setzt den mittelfristigen Ausgabenrahmen in den Vordergrund (Angelo et al. 2004: 17).[222] Ausgabengrenzen, die der Regierung jährlich eine bestimmte Obergrenze für die Ausgaben vorgeben, sind im Vergleich zu den häufiger vorgesehenen Verschuldungsregeln selten (Bos 2008: 5). Beispiele hierfür waren der amerikanische *Budget Enforcement Act* von 1990 und der *Balanced Budget Act* von 1997 (Hallerberg: 2011).

8.3.1. Mittelfristige Ausgabenrahmen in den Niederlanden

Die mittelfristigen Ausgabenrahmen ruhen auf drei Säulen: einer vorsichtigen Haushaltsschätzung und Wachstumsprognose des *Centraal Planbureau* (Zentrales Planungsbüro), einer Obergrenze für die Gesamtausgaben über die gesamte Legislaturperiode hinweg und der Festlegung der Gesamtbelastung bei Steuern und Sozialversicherungsbeiträgen.
Bei der Haushaltsschätzung und Wachstumsprognose durch das Zentrale Planungsbüro wird ein Wachstumssicherheitspolster von 0,5% einkalkuliert. Ziel ist es, besser auf Wachstumsabschwünge reagieren zu können. Dadurch wird gleichzeitig ein gegenüber der Planung besseres Haushaltssaldo erreicht. So werden gemäß der „Goldenen Hamster-Regel" (Wagschal et al. 2006: 125) Spielräume für Steuersenkungen, Ausgabenerhöhungen oder für den Abbau von Altschulden geschaffen.
Bei der Obergrenze für die Gesamtausgaben wird ein BIP-Deflator herangezogen, der in realen Werten für die Gesamtausgaben und die drei Bereiche des Zentralstaats, der Sozialversicherungen und des Gesundheitswesens Obergrenzen für die gesamte vierjährige Legislaturperiode festlegt. Modifizierungen des Haushalts können nur einmal im Jahr vorgenommen werden. Innerhalb der festgelegten Bereiche müssen Mehrausgaben durch Minderausgaben an anderer

222 Da die Ausgabenrahmen auf die Kontrolle der Ausgaben abzielen und nicht auf die unmittelbare Kontrolle bzw. Begrenzung der Staatsverschuldung, können sie nur mittelbar zu den Schuldenbremsen gezählt werden.

Stelle ausgeglichen werden. Nur durch Regierungsbeschluss können Ausgleiche zwischen den Bereichen vorgenommen werden. Mehrausgaben sind grundsätzlich unzulässig. Darüber hinaus muss eine Ausgabenreserve gebildet werden, die für unvorhersehbare Ereignisse vorgesehen ist.
Die Festlegung der Gesamtbelastung bei Steuern und Sozialversicherungsbeiträgen dient als fixer Rahmen auf der Einnahmenseite. Darüber hinaus gilt eine strikte Trennung von Ausgaben und Einnahmen, sodass eine Anpassung der Ausgaben bei einer Revision der Einnahmen verhindert wird. Seit 1998 existieren auch Regeln, die vorschreiben, wie mit unerwarteten Mehr- oder Mindereinnahmen zu verfahren ist (Brandner 2003: 26f.):

- Liegt das Defizit unter 0,75% des BIPs, müssen Mehreinnahmen zur Schulden- und Steuerreduktion im Verhältnis von mindestens 1:1 (oder höher zugunsten der Schuldenreduktion) verwendet werden.
- Ist das Defizit größer als 0,75% des BIPs, sind unerwartete Mehreinnahmen zur Schulden- und Steuerreduktion im Verhältnis von 3:1 zu verwenden.
- Bei unerwarteten Mindereinnahmen ist das Defizit bei einer Neuverschuldungsquote von unter 1,75% durch höhere Steuern und eine erhöhte Kreditaufnahme im Verhältnis von 1:1 auszugleichen.
- Ist die Neuverschuldungsquote größer als 1,75%, sind die Mindereinnahmen durch höhere Steuern und ein erhöhtes Defizit im Verhältnis 3:1 auszugleichen.

Wird bei der Neuverschuldungsquote ein Signalwert von 2 bis 2,5% überschritten, müssen zusätzliche Maßnahmen ergriffen werden. Allerdings gelten dann die üblichen Regeln der Ausgabenrahmen nicht mehr. Dies geschah beispielsweise im Jahr 2001, als sich ein Haushaltsüberschuss von 2% des BIPs (2000) in ein Defizit in Höhe von 3,1% umwandelte. In der Folge wurden die Ausgaben begrenzt, sodass das Defizit bereits im folgenden Jahr noch 1,8% und 2005 nur noch 0,3% betrug. Die Einnahmen der Niederlande aus den Gaserlösen werden außerdem zu 40% für einen nationalen Investitionsfonds verwandt, die übrigen 60% dienen der Schuldenrückzahlung, dies sind etwa 0,6% des BIPs (Bos 2008).
Die Kombination aus einer vorsichtigen Schätzung der Wirtschaftsentwicklung und die Deckelung der Ausgaben dienen dazu, die Auswirkungen unvorhergese-

hener Rückschläge zu mindern. Gleichzeitig können die automatischen Stabilisatoren frei wirken. Dank der Ausgabenrahmen konnte die Verschuldungsquote deutlich reduziert werden, ebenso die Staatsquote: Sie wurde von 57% (1993) auf 46% des BIPs (2007) gesenkt (Bos 2008: 19).
Besonders hervorzuheben ist auch, dass die Staatsfinanzen insbesondere seit der Jahrtausendwende im Hinblick auf den drastischen demographischen Wandel ausgerichtet wurden. Man hatte relativ früh erkannt, dass die Haushaltspolitik ohne Reformen langfristig nicht tragbar wäre und dass die Reformschritte umso schmerzhafter und ungerechter sein würden, je später sie unternommen würden. Es wurden daher weit reichende Maßnahmen im Bereich der Buchhaltung und der Planung ergriffen, die dazu dienen sollten, die Nachhaltigkeitslücke zu schließen (Bos 2008: 23f.).

8.3.2. Eine unabhängige Institution als Garant der Konsolidierung

Eine wichtige Rolle bei der Konsolidierung der öffentlichen Haushalte in den Niederlanden spielte das Zentrale Planungsbüro. Es gehört zwar formal zum Wirtschaftsministerium, ist aber nicht in die Arbeits- und Entscheidungsprozesse innerhalb des Ministeriums eingebunden. Im Gegensatz zu anderen, vergleichbaren Institutionen wie dem *Congressional Budget Office* oder etwa dem Sachverständigenrat berät das Zentrale Planungsbüro die Regierung deutlich umfassender und beschränkt sich nicht auf einzelne ökonomische Tätigkeitsfelder wie etwa die Haushaltsanalyse (Caprirolo 2011: 59). So legt es beispielweise nicht nur eine vorsichtige Wachstums- und Haushaltsprognose vor, es evaluiert auch die Wahlkampfprogramme der Parteien. In der Folge können im politischen Diskurs auch keine unrealistischen Forderungen mehr erhoben werden (Wagschal et al. 2006: 125f.). Außerdem evaluiert es die ökonomischen Konsequenzen möglicher Maßnahmen der Regierung. Somit nimmt es zugleich die Rolle eines Schiedsrichters und eines Ratgebers wahr (Bos 2008: 36ff.).
Wyplosz (2002: 9) betont die Notwendigkeit unabhängiger finanzpolitischer Institutionen. Seiner Ansicht nach genügen strenge Regeln nicht, um nachhaltige Staatsfinanzen zu erreichen, da diese zugleich streng und künstlich und daher der Öffentlichkeit nicht vermittelbar sind. Unabhängige Institutionen könnten demgegenüber kurzfristige Flexibilität und langfristig stabile Staatsfinanzen garantieren. Da sie nicht in den Wettbewerb zwischen den Parteien involviert sind, sind unabhängige Institutionen nicht denselben (Fehl-)Anreizen ausgesetzt wie gewählte Politiker.

8.3.3. Bewertung der niederländischen Ausgabenrahmen

Durch die 1994 eingeführte und seither nur leicht modifizierte Regelung der Ausgabenrahmen gelang es, die Verschuldungsquote von 94% (1993) auf 52,7% (2005) zu senken (Wagschal et al. 2006: 119). Die Verschuldung des Zentralstaates fiel im gleichen Zeitraum von 60,6% des BIPs auf 43%. 2007 lag sie gar bei 37,8%.[223] Dieser große Erfolg wurde in der Folge auch als das „holländische Wunder" bezeichnet. Die Finanz- und Wirtschaftskrise ist jedoch auch an den Niederlanden nicht spurlos vorübergegangen. Bis 2010 stieg die Verschuldungsquote der Gebietskörperschaften wieder auf 64,8%.[224]

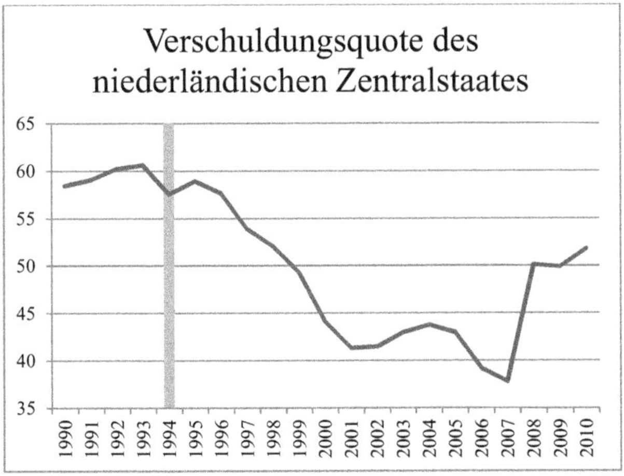

Abbildung 32: Verschuldungsquote der Niederlande[225]

Aufgrund des großen Erfolgs der niederländischen Ausgabenrahmen wurden sie sowohl von der OECD als auch vom IWF zur Nachahmung empfohlen. Anderson und Minarik (2006) schätzen die Ausgabenrahmen gar als vorteilhafter ein als die starren, Defizitgrenzen vorgebenden Verschuldungsregeln. Die meisten der Nachteile, die sie für Verschuldungsregeln anführen, wurden jedoch bei der Ausgestaltung der Schweizer und der deutschen Schuldenbremse vermieden. Die niederländischen Ausgabenrahmen haben damit durchaus einen gewissen Vorbildcharakter gehabt.

223 Datenquelle: OECD Statistics.
224 Datenquelle: Bundesministerium der Finanzen (2011b).
225 Datenquelle: OECD Statistics, eigene Darstellung.

Weiterhin sind bei der Betrachtung der Konsolidierung der niederländischen Haushalte mittels mittelfristiger Ausgabenrahmen insbesondere drei Aspekte hervorzuheben:

Erstens kann die Sanierung eines hoch verschuldeten Landes mit Hilfe einer Fiskalregel funktionieren, wenn es einen parteiübergreifenden Konsens gibt, der die unbedingte Einhaltung der Fiskalregel zum Ziel hat. In der Geschichte der Niederlande ist es seit 1814 ein weitverbreitetes Charakteristikum, dass exzessive Defizite außer in Notzeiten nicht akzeptabel sind (Bos 2008: 3). Zweitens sind die niederländischen Ausgabenrahmen in ausreichendem Maße flexibel ausgestaltet, sodass auch in konjunkturell schlechten Zeiten haushaltspolitischer Handlungsspielraum bleibt, ohne dass darüber hinaus die Haushaltskonsolidierung aus den Augen verloren wird. Drittens – und das dürfte der wichtigste Punkt sein – ist die Rolle einer unabhängigen Institution wie dem Zentralen Planungsbüro zu betonen. Dadurch dass es nicht dem politischen Wettbewerb ausgesetzt ist, ergibt sich keine Gefahr der politischen Manipulation der verantwortlichen Institution. Darüber hinaus garantiert die Überprüfung der Wahlkampfprogramme, dass unrealistische Forderungen, wie sie insbesondere von Oppositionsparteien allenthalben erhoben werden, im politischen Diskurs keine Chance haben.

Der möglicherweise wichtigste Grund für den Erfolg der Ausgabenrahmen war jedoch der Wille der Regierungen, sich tatsächlich an die Ausgabenrahmen zu halten und den Haushalt so nachhaltig zu konsolidieren. An dieser Frage wird sich auch der Erfolg der deutschen Schuldenbremse entscheiden.

9. Die deutsche Schuldenbremse

Die 2009 konstitutionell verankerte Schuldenbremse ist als neuer Anlauf zu verstehen, um die Verschuldungsneigung zu begrenzen und die Verschuldungsquote zurückzuführen. Sie wird gleichzeitig die letzte Möglichkeit darstellen, die Verschuldungsneigung einzugrenzen, bevor der demographische Wandel die öffentlichen Haushalte mit voller Wucht trifft.

9.1. Die Entstehung der Schuldenbremse

Wie oben dargestellt, gab es im Grundgesetz bereits eine Verschuldungsregel in Form des Artikels 115 GG. Dieser Artikel hat seine Wirkung jedoch verfehlt, insbesondere wegen des großen Interpretationsspielraumes und der einfachen Überwindung der festgeschriebenen Regelung.
Im Zuge der Föderalismuskommission II beschäftigten sich Vertreter von Bund und Ländern daher erneut mit der Möglichkeit einer konstitutionellen Verschuldungsregel. Damit sollte der „größte(n) Misserfolg“ des Grundgesetzes korrigiert werden: der „Marsch in den Schuldenstaat“ (Lenz und Burgbacher 2009: 2561). Nach der Beilegung letzter Detailprobleme einigten sich die Vertreter von Union, SPD und FDP am 12. Februar 2009 auf die Verankerung einer Schuldenbremse im Grundgesetz. Von der deutschen Bevölkerung wurde die Einführung überwiegend positiv aufgenommen. Einer repräsentativen Umfrage zufolge begrüßten 62% der Befragten die Einführung einer Schuldenbremse, 31% lehnten sie ab.[226] Kritik kam beispielsweise von einer Gruppe von Professoren unter der Führung von Bofinger und Horn. Sie kritisierten unter anderem, dass zukünftig Investitionen und Bildungsausgaben wegen der Schuldenbremse gesenkt würden (Bofinger und Horn 2009).
Dass eine grundsätzliche Regelung zur drastischen Verringerung der Neuverschuldung notwendig geworden war, haben die weiter oben dargestellten Zahlen gezeigt. An dieser Stelle sei noch einmal hervorgehoben, dass die Bundesrepublik – selber einer der Initiatoren der Maastricht-Kriterien – seit 2002 die maxi-

226 Datenquelle: N24-EMNID-Umfrage: Bundesbürger begrüßen Schuldenbremse aus dem Konjunkturpaket II.

mal erlaubte Verschuldungsquote von 60% des BIPs übertrifft (Eppendorfer und Leib 2008: 1). Darüber hinaus konnte der Bund in sieben und die Länder in 68 Fällen zwischen 1991 und 2005 die Kreditobergrenze des Artikels 115 GG nicht einhalten. In keinem der Fälle konnte glaubhaft nachgewiesen werden, dass tatsächlich eine Störung des gesamtwirtschaftlichen Gleichgewichts für die Kreditaufnahme maßgeblich war (Wissenschaftlicher Beirat beim Bundesministerium der Finanzen 2007). Bei der Ausarbeitung der Schuldenbremse standen daher die Anforderungen des Europäischen Stabilitäts- und Wachstumspaktes in Form der Maastricht-Verschuldungskriterien und eine ausgewogenere Lastenverteilung zwischen den Generationen im Vordergrund (Wissenschaftliche Dienste des Deutschen Bundestages 2009).
Zwar hatte der Zwang zu einer solchen Regelung aufgrund der hervorragenden konjunkturellen Lage zwischen den Jahren 2006 und 2008 und der Mehrwertsteuererhöhung um drei Prozentpunkte etwas nachgelassen. Doch bereits im Januar 2009 kam das Bundesministerium der Finanzen aufgrund der nun auch in der Bundesrepublik spürbaren Folgen der Finanz- und Wirtschaftskrise zu sehr pessimistischen Einschätzungen (Bundesministerium der Finanzen 2009a), wie anhand der Abbildung 33 erkennbar ist. Wie sich zeigen sollte, war aber auch diese pessimistische Projektion noch zu rosig gezeichnet, die Auswirkungen der Finanz- und Wirtschaftskrise wurden nicht nur hinsichtlich ihrer Auswirkungen auf die öffentlichen Haushalte unterschätzt.

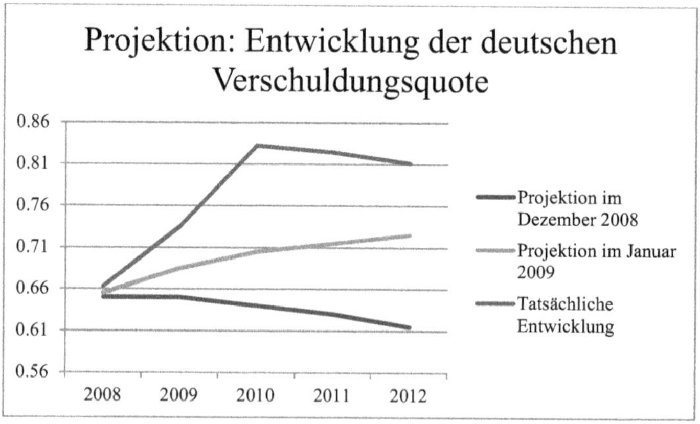

Abbildung 33: Projektion der Verschuldungsquote[227]

227 Datenquelle: Bundesministerium der Finanzen (2009), eigene Darstellung

Zuvor hatte es eine ganze Reihe von Vorschlägen gegeben, wie die Schuldenbremse genau ausgestaltet werden könnte. Die Vorschläge reichten dabei von einer Begrenzung der Neuverschuldungsquote auf 0,75% des BIPs, gefordert von der SPD, bis hin zu einem Verbot der Neuverschuldung, gefordert von Union und FDP. Für keine der vorgeschlagenen Regelungen gab es eine handfeste ökonomische Begründung (Eppendorfer und Leib 2008: 3). Letztlich einigte man sich auf eine Neuverschuldungsgrenze von 0,35% des BIPs für den Bund und ein Neuverschuldungsverbot für die Bundesländer.
Eine wichtige Rolle bei der Verabschiedung der Schuldenbremse spielte die Zusammenarbeit zwischen Union und SPD im Rahmen einer Großen Koalition zwischen 2005 und 2009. Die komfortable 2/3-Mehrheit in Bundestag und Bundesrat machte deren Verankerung im Grundgesetz erst möglich (Eppendorfer und Leib 2008: 6). Im Rahmen einer bislang sonst üblichen Zweier-Koalition wäre das Gefangenendilemma aus politökonomischer Sicht kaum aufzulösen gewesen. Zudem führte die verbesserte Lage der öffentlichen Haushalte zu einem „Moment der Stärke", wie er oben zitiert wurde, in dem man sich auf die Selbstbindung einigte, um die ausufernde Staatsverschuldung endlich zu begrenzen.

9.2. Die Ausgestaltung der Schuldenbremse

Im Rahmen des „Gesetz[es] zur Änderung des Grundgesetzes" (Bundesgesetzblatt 2009) wurden insgesamt sieben Artikel des Grundgesetzes reformiert (Wissenschaftliche Dienste des Deutschen Bundestages 2009).[228] Dabei wurde insbesondere der von Ökonomen viel kritisierte Artikel 115 GG (Wissenschaftlicher Beirat beim Bundesministerium der Finanzen 2007) neu gefasst.
Der Artikel 109 Abs. 3 GG schreibt nunmehr zwar einen strukturell ausgeglichenen Haushalt vor. Dem Bund ist es jedoch laut Artikel 115 Abs. 2 GG nach wie vor erlaubt, sich in geringem Maße zu verschulden: Die Neuverschuldung darf jährlich maximal 0,35% des nominalen BIPs betragen. Der Gesetzgeber hat damit eine Relativierung zugelassen, die sich aus der Notwendigkeit der Einhaltung anderer Verfassungsvorgaben ergibt (Lenz und Burgbacher 2009: 2562).

228 Es handelt sich hierbei um die Artikel 91c und d, 104b, 109, 109a, 115 und 143d.

Den Ländern ist die Schuldenaufnahme hingegen überhaupt nicht mehr gestattet. Der Hintergrund ist in der Problematik des Fehlens einer eigenständigen Konjunkturpolitik zu sehen. Da die Bundesländer keine Steuerautonomie haben und Ausgabensteigerungen im Rahmen einer antizyklischen Fiskalpolitik in Form von „Überschwappeffekten" wirkungslos verpuffen würden (Wissenschaftlicher Beirat beim Bundesministerium der Finanzen 2007), wurde die Aufnahme von Schulden pauschal verboten (Wissenschaftliche Dienste des Deutschen Bundestages 2009).[229] Der Bund ist jedoch in gewissem Maße in der Lage, eine antizyklische Fiskalpolitik zu betreiben. Er darf daher im Abschwung Kredite aufnehmen, die im Aufschwung durch Überschüsse getilgt werden müssen.[230] Hier wird der Mechanismus deutlich, der auch in die Schweizer Schuldenbremse integriert ist.
Ein entsprechendes Konjunkturbereinigungsverfahren soll zu einem langfristigen Ausgleich des konjunkturellen Defizits führen. Dazu sind jährliche Kreditaufnahmen, die den Wert von 0,35% des BIPs übersteigen, auf einem Kontrollkonto festzuhalten. Überschreitet der Negativsaldo auf dem Kontrollkonto 1,5% des BIPs, ist er „konjunkturgerecht" zurückzuführen (Wissenschaftliche Dienste des Deutschen Bundestages 2009). Es darf als sicher gelten, dass die Finanzpolitik des Bundes diesen zugelassenen Spielraum zur Gänze ausnutzen wird (Lenz und Burgbacher 2009: 2564).
Darüber hinaus dürfen sich der Bund und die Bundesländer im Falle von Naturkatastrophen und „außergewöhnlichen Notsituationen" verschulden. In diesem Fall ist jedoch gleichzeitig ein Tilgungsplan vorzulegen. Zu einer solchen Notsituation hätte auch die Finanz- und Wirtschaftskrise der Jahre 2009 und 2010 ge-

229 Die Gründe für das Verbot sind teilweise im kooperativen Föderalismus zu sehen: 2006 hat das Bundesverfassungsgericht in seinem Urteil zur Haushaltsnotlage Berlins bestätigt, dass extrem verschuldete Bundesländer einen Anspruch auf Finanzhilfen des Bundes haben. Bund und Länder befinden sich somit in einer Haftungsgemeinschaft. Könnten die Bundesländer nun weiter Schulden aufnehmen, könnten sie das Risiko einer extremen Haushaltsnotlage in Kauf nehmen und auf Finanzhilfen des Bundes pochen.
Interessanterweise haben die Bundesländer selber auf eine Nullverschuldungsregel gedrängt. Man hatte gehofft, für den Bund dadurch einen Anreiz zur geringeren Verschuldung zu schaffen. Hierin spiegelt sich die geringere Neigung der Landesregierungen zur politökonomisch motivierten Schuldenaufnahme wieder, die oben bereits dargestellt wurde (Lenz und Burgbacher 2009: 2562).
230 Hierfür wurde der Begriff der „Normallage" (im Gegensatz zur Störungslage bspw. des früheren Artikels 115 GG) eingeführt. Diese Normallage kennzeichnet einen Korridor von Wachstumsraten, der für die letzten 15 Jahre zwischen knapp unter 1% und etwas über 2% gelegen hätte (Lens und Burgbacher 2009: 2563).

zählt. Nunmehr verboten ist die Einrichtung von Sondervermögen mit eigener Kreditermächtigung, wie z. B. der Erblastentilgungsfonds oder der Sonderfonds Finanzmarktstabilisierung (Wissenschaftliche Dienste des Deutschen Bundestages 2009). Die alten Kreditermächtigungen für Sondervermögen bleiben jedoch bestehen.

Einmalige Finanztransaktionen, wie z. B. der Erwerb von Bundesvermögen oder auch Privatisierungserlöse, werden bei der Haushaltsberechnung nicht berücksichtigt. Hier ist vielmehr das strukturelle Defizit maßgeblich. Dadurch soll eine Angleichung an die Bestimmungen des europäischen Stabilitätspaktes erreicht werden (Lenz und Burgbacher 2009: 2564).

Laut Artikel 143d Abs. 1 GG sollen bis zum Jahr 2016 für den Bund und bis zum Jahr 2020 für die Länder Sonderregelungen gelten. Bis dahin darf von den Verschuldungsregeln noch abgewichen werden. Abs. 2 sieht darüber hinaus für den Übergang Konsolidierungshilfen des Bundes und der übrigen Bundesländer für die Bundesländer Berlin, Bremen, Saarland, Sachsen-Anhalt und Schleswig-Holstein in Höhe von 800 Millionen Euro jährlich oder 7,2 Milliarden Euro für den Übergangszeitraum von neun Jahren vor (Wissenschaftliche Dienste des Deutschen Bundestages 2009).[231] Ohne diese Konsolidierungshilfen wären die Vorgaben der Schuldenbremse wohl nicht einzuhalten (Lenz und Burgbacher 2009: 2565). Der Bund muss die Neuverschuldung bis 2016 jährlich um 0,2% des BIPs zurückfahren, um die dann geltende Norm einzuhalten.

Schließlich soll mit der Schuldenbremse ein Frühwarnsystem zur zukünftigen Vermeidung von Haushaltsnotlagen eingerichtet werden. Dazu soll ein Stabilitätsrat geschaffen werden, der aus dem Bundesfinanzminister, dem Bundeswirtschaftsminister und den Finanzministern der Länder bestehen soll. Der Stabilitätsrat soll die Haushalte und die Finanzplanungen der Gebietskörperschaften überwachen. Im Falle einer drohenden Haushaltsnotlage soll ein Sanierungsverfahren mit der entsprechenden Gebietskörperschaft vereinbart und dessen Umsetzung kontrolliert werden (Bundesministerium der Finanzen (2009b).

231 Hier wird dem negativen Anreizmechanismus des Länderfinanzausgleichs ein weiteres Element hinzugefügt. Besonders gravierend ist das für Länder, die in den Jahren zuvor große Anstrengungen zur Konsolidierung ihrer Haushalte unternommen haben und nun Konsolidierungshilfen zahlen müssen, anstatt sie zu erhalten (Lenz und Burgbacher 2009: 2565).

9.3. Beurteilung der Schuldenbremse

Die deutsche Schuldenbremse orientiert sich am Schweizer Vorbild. Dabei sind die Regeln der deutschen Schuldenbremse einfacher geraten, lassen aber im Gegenzug gewisse Eventualitäten außer Acht.

Positiv hervorzuheben ist die Tatsache, dass zwar einerseits eine sehr klare und nachvollziehbare Regel geschaffen wurde, andererseits jedoch auch die Möglichkeit der Verschuldung im Abschwung nicht verboten wurde. Die Simplizität der Regel erhöht die Transparenz und damit die Nachvollziehbarkeit. Durch die Möglichkeit der Verschuldung kann die abmildernde Funktion der automatischen Stabilisatoren zum Tragen kommen. Das Versagen absoluter Höchstgrenzen zeigt sich in alarmierender Weise in den USA. Dort muss der Kongress die Höchstgrenzen regelmäßig anheben. Solche Patentrezepte haben sich bei der Begrenzung der Staatsschulden als wirkungslos erwiesen. Die differenzierteren Lösungen der deutschen und der Schweizer Schuldenbremse erscheinen daher erfolgversprechender. Allerdings muss dann wiederum der Zielkonflikt berücksichtigt werden, der oben angesprochen wurde: Je differenzierter Verschuldungsregeln sind, desto wahrscheinlicher wird die missbräuchliche Inanspruchnahme von Krediten, weil der Missbrauch nur schwer nachvollziehbar ist (Scherf 2007: 46). Aber auch bei den strengsten konstitutionellen Regeln lassen sich für Politiker immer wieder Lücken zum Missbrauch des Kredits finden oder schaffen[232] – die Schuldenbremse wird hier keine Ausnahme darstellen.

Die Bandbreite an buchhalterischen Manipulationen ist breit und das Ziel stets das gleiche: die tatsächlichen Ausgaben zu verstecken und den Schuldenstand zu drücken. Die Liste an Beispielen für „kreative Buchführung“ (El-Sharif 2010) könnte endlos ausgedehnt werden. Die Statistik-Manipulationen Griechenlands wurden bereits angesprochen. Doch auch andere Staaten griffen zu Kniffen, um die Vorgaben des Maastricht-Vertrages erfüllen und der Währungsunion beitreten zu können (von Hagen und Wolff 2006, Wissenschaftlicher Beirat beim Bundesministerium der Finanzen 2001: 12). Frankreich übernahm beispielsweise Pensionsverpflichtungen der *France Télécom* gegen eine Zahlung von 37,5 Milliarden *Francs* (etwa 5,72 Milliarden Euro), wodurch die Neuverschuldungsquote um 0,5 Prozentpunkte gedrückt wurde. Italien erhob eine weitge-

232 Die Aushebelung der *No-Bail-Out*-Klausel durch die Finanzhilfen für Griechenland ist ein gutes Beispiel für die Umgehung scheinbar eherner Regeln.

hend rückzahlbare Euro-Steuer, die die Neuverschuldungsquote um 0,6 Prozentpunkte auf die erlaubten 3% drückte (Görgens et al. 2008: 24f.). Die Bundesrepublik selber verkaufte Aktien der Telekom und der Post, um die Neuverschuldung zu reduzieren.

Aber auch Winkelzüge zur Umgehung von Regeln sind hier zu nennen: Ein tagesaktuelles Beispiel dafür lieferten die Koalitionsverhandlungen zwischen Union und FDP im Herbst 2009: Um die versprochenen Steuersenkungen zu realisieren, hätten Haushaltsspielräume geschaffen werden müssen, die es nicht gab, da der Bund sein strukturelles Defizit wegen der Schuldenbremse zurückfahren musste. Um dies zu umgehen, sollten bereits 2009 Kredite für die Folgejahre vorweggenommen werden. Die Kredite sollten in einem Sonderhaushalt bis zum Abruf vorgehalten werden (Schäfers 2009b). Aufgrund der öffentlichen Empörung, die dieser Vorschlag hervorrief, wurde er letztlich nicht realisiert. Ein Beispiel für die Trickserei zur Einhaltung der Schuldenbremse lieferte die Bundesregierung mit dem Haushalt 2011: Damit das strukturelle Defizit niedriger ausfiel, wurde die Überweisung für die Bundesagentur für Arbeit als Darlehen ausgewiesen und nicht als Zuschuss (Schäfers 2010). Ein weiteres Beispiel lieferte zur selben Zeit Finanzminister Schäuble (CDU): Um den Konsolidierungsdruck zu verringern, erklärte er die Prognose des Sommers 2010 für den Abbaupfad für verbindlich. Die tatsächlichen Steuereinnahmen lagen dann aber aufgrund der unerwartet guten Konjunkturerholung deutlich höher (Hildebrand 2010). Der Konsolidierungsdruck wurde dadurch spürbar gesenkt.

Der mächtigste Kontrollmechanismus für die Tätigkeit der Regierung bleibt die demokratische Wahl. Werden die Politiker für ihr Tun nicht bestraft, wenden sie dieselben Winkelzüge immer wieder an. Sie werden vermeintliche Lücken aber ungenutzt lassen, wenn sie durch Stimmenverluste oder Abwahl bestraft werden (Heinemann 1994: 29). Werden sie jedoch nicht durch Abwahl bestraft, weil die Wähler die Umgehung nicht erkennen, nutzen sie solche Lücken sehr wahrscheinlich aus. Die Gefahr, dass die Wähler die Umgehung nicht erkennen, steigt, je komplizierter die Verschuldungsregel ausfällt.

Grundsätzliche Zweifel an der Wirksamkeit von Fiskalregeln hat von Hagen (1991). Er lehnt Schuldenbremsen als ineffektive Instrumente ab. Mit Blick auf die USA stellt er fest, dass sie die Verschuldung kaum bremsen, stattdessen aber unerwünschte Verteilungswirkungen verursachen. Die Politiker würden stattdessen auf erlaubte Verschuldungsinstrumente ausweichen. Deshalb hält er die deutsche Schuldenbremse für eine Schimäre und verweist auf die USA, wo es

beispielsweise in Indiana ein absolutes Schuldenverbot gibt. Dieses wird unterlaufen, indem für einzelne Vorhaben Zweckgesellschaften gegründet werden, die sich verschulden dürfen. Seine Meinung teilen Perotti und Kontopoulos: „*There is nothing to prevent the government of a sovereign country to disregard, in practice, stringent budget rules*“ (Perotti und Kontopoulos 2002: 218).
Blankart zeigt sich gegenüber der Schuldenbremse ebenfalls skeptisch. Für das Versagen des Artikels 115 GG sei in erster Linie der mangelnde Wille der Politiker zu stabilen staatlichen Finanzen verantwortlich. Wenn Politiker solche Normen aber nicht anwenden *wollen*, nützen seiner Ansicht nach auch neue Normen nichts.[233] Es käme vielmehr darauf an, Regeln zu finden, die die Politiker erfüllen wollen und die automatisch wirken (Blankart 2007: 10 ff.).[234]
Positiver sehen Lenz und Burgbacher (2009) die Schuldenbremse. Durch die Schuldenbremse wird das Bewusstsein für kreditfinanzierte staatliche Leistungen geschärft. Die gesetzlichen Regelungen führen dazu, dass die Ausgabenseite bei der Finanzpolitik stärker in den Blickpunkt gerückt werden wird. Auch wenn die Föderalismuskommission II bei vielen anderen Themen die erhofften Resultate verfehlt hat – weil sie größtenteils schlicht von der Tagesordnung gestrichen wurden –, so bietet sich doch ihrer Meinung nach durch die Einrichtung der Schuldenbremse „eine große Chance zu einem generationengerechten Paradigmenwechsel“ (Lenz und Burgbacher 2009: 2567).
Insbesondere im Hinblick auf die Haushaltsprobleme der Bundesländer zweifeln Wagschal et al. (2009: 212), dass die Schuldenbremse eingehalten werden kann. Sie beziehen sich dabei nicht auf fehlenden Willen, sondern auf die „strukturelle Schieflage“ sowie die „sozioökonomischen Belastungen“. In der Tat liegen hier einige schwerwiegende Probleme vor. So müssen beispielsweise die drei Stadtstaaten höhere Kosten für die öffentlich bereitgestellten Güter tragen. Es ist in mancherlei Hinsicht nicht verwunderlich, dass sie trotz des Stadtstaatenprivilegs die Verschuldungsstatistik im Bundesländervergleich anführen.
Durch die Einrichtung der Schuldenbremse lässt sich das Dilemma lösen, dass die Wähler Staatsverschuldung zwar mehrheitlich ablehnen, gleichzeitig Einzelmaßnahmen zum Haushaltsausgleich aber ebenso ablehnen.[235] Stimmten die Wähler direkt über die Schuldenbremse ab, würden sie diese begrüßen. Die Fra-

233 Siehe auch Müller et al. (2007: 39f.).
234 Diese Lehre lässt sich auch aus der Griechenland-Krise ziehen. Obwohl für Griechenland die Maastricht-Kriterien galten, wurden diese systematisch unterlaufen, indem man falsche statistische Daten angab.
235 Dieses Phänomen sieht Heinemann (1994: 24) als Teil der Fiskalillusion.

ge, wie dann der Haushaltsausgleich erreicht würde, wäre separat zu lösen. Aber zumindest stellt sie ein Signal dar, die Kosten der gegenwärtigen Politik nicht mehr weiter auf zukünftige Generationen zu externalisieren. Die Lösung des *intergenerativen* Konflikts rückt in greifbare Nähe, wenn auch um dem Preis, dass die *intragenerativen* Verteilungskämpfe zunehmen werden (von Weizsäcker 1992: 60ff.).

Aus politökonomischer Sicht ist die Schuldenbremse jedenfalls nicht nur gerechtfertigt, sie ist dringend geboten, auch wenn Zweifel an ihrer Wirksamkeit bestehen bleiben. Diese Zweifel beruhen auf der Erkenntnis, dass Regeln zwar wichtige Signalwirkung haben können, aber für Regierungen nicht als sakrosankt gelten. Die Regeln waren ihnen zwar nicht völlig gleichgültig. Aber es hat sich gezeigt, dass bisher noch jede Regel gebrochen wurde, die Regierungen in politischen Notzeiten zu unbequem war. Dies gilt sowohl für die Bundesrepublik als auch beim Blick auf das Ausland. Der Stabilitäts- und Wachstumspakt sollte langfristig die finanzpolitische Stabilität sichern und war bereits vier Jahre nach Beginn der Währungsunion Makulatur, weil sein Initiator, die Bundesrepublik, selber gegen die auferlegten Regeln verstieß und dafür sorgte, dass man es nicht bestrafte. Zudem waren der Bruch der Regeln und ihre politische Interpretation von Anfang an integraler Bestandteil der Eurozone. So wurde im Grunde von Anfang an klargestellt, dass der Pakt bei tiefgreifenden Schwierigkeiten kein echtes Hindernis mehr darstellen würde. Die aktuelle Krise in der Eurozone bestätigt dies: Wurde der Stabilitäts- und Wachstumspakt zu Beginn nur politisch uminterpretiert und wurde durch politische Absprachen eine Bestrafung vermieden, wurde der offene Bruch von Regeln spätestens mit dem Verstoß gegen die *No-Bailout*-Klausel Bestandteil der Währungsunion.

Auch bei der Schuldenbremse kann man ahnen, dass diese nur eingehalten wird, wenn die handelnden Regierungen diese einhalten *wollen*. Wenn die Situation einer schwierigen Haushaltslage eintritt, wird sich zeigen, ob die Regierungen die Beschränkungen, die ihnen die Schuldenbremse auferlegt, akzeptieren oder ob sie sich stattdessen darum bemühen, sie zu umgehen oder auszuhebeln. Dem Erfindungsreichtum wird auch im Zusammenhang mit der Schuldenbremse und deren mögliche Umgehung keine Grenzen gesetzt sein.

Deshalb wird der Erfolg der Schuldenbremse nicht nur von ihrer qualitativen Ausgestaltung abhängen, sondern auch davon, ob Regierungen künftig bereit sein werden, sie einzuhalten oder ob es noch andere Sanktionsmechanismen (wie Wahlen oder das Urteil der Kapitalmärkte) gibt, die exzessives Verschuldungsgebaren verhindern. Doch welche Konsequenzen drohen, wenn sich die Regierungen nicht an die Regelungen der Schuldenbremse halten und welche Strategie zur Haushaltskonsolidierung könnte erfolgreich sein?

9.4. Ausblick für die Schuldenbremse

Angesichts der hohen und weiter stetig steigenden deutschen Staatsverschuldung ist die Staatsverschuldung in der derzeitigen Form mit Sicherheit nicht mehr zu rechtfertigen. Ob die Schuldenbremse die Verschuldungsquote tatsächlich reduzieren wird,[236] kann hier lediglich abgeschätzt werden. Was jedoch ziemlich leicht kalkulierbar ist, sind die Folgen für den Fall, dass sie nicht wirkt.

Berechnungen des Internationalen Währungsfonds (2001: 107) sagen die Höhepunkte der Defizite der Euro-Staaten für die Jahre 2040 bis 2050 voraus, wenn die demographische Krise ihren Höhepunkt erreicht. Die Zahlungsfähigkeit etlicher Volkswirtschaften wird dann ohne finanzpolitische Anpassung massiv gefährdet sein. Die Bonität dieser Staaten wird zunehmend herabgestuft werden, womit die Zinsen für Staatsanleihen steigen werden. Dies würde das Problem der staatlichen Defizite weiter verstärken. Umso wichtiger ist es, dass die Schuldenbremse ihre Wirkung zeitigt und die Bundesrepublik in naher Zukunft die Verschuldung begrenzt. Steigende Zinsen für Kapitalmarktanleihen infolge der Belastungen durch den demographischen Wandel (Wissenschaftlicher Beirat beim Bundesministerium der Finanzen 2001) würden dann ein zusätzliches Problem darstellen, das sich verhindern lässt. Die Schuldenbremse ist daher auch ein Signal an die Kapitalmärkte (Schäfers 2009a).

Sind die Regierungen nicht gewillt, sie einzuhalten, finden sie genügend Möglichkeiten, sie zu umgehen – das zeigt die Erfahrung mit bisherigen Fiskalregeln in der Bundesrepublik und im Ausland. Halten sich die deutschen Regierungen in Zukunft nicht an die Schuldenbremse und geht die steigende deutsche Staatsverschuldung mit einer parallel steigenden Staatsverschuldung bei anderen Mitgliedsstaaten der Eurozone einher, ist es laut Müller (2010) auch denkbar, dass es in der Eurozone im Zuge der Schuldenkrise zu einer Erhöhung der Inflations-

236 Bei einer maximalen Neuverschuldungsquote von 0,35% des BIPs und einem unterstellten nominalen Wachstum von 3% würde sich die Verschuldungsquote langfristig bei etwa 12% stabilisieren. Angesichts dieser sehr geringen Verschuldungsquote sind die Überlegungen eines Münchau, der diese Größenordnung für ein „absurd geringes Niveau“ (Münchau 2009) hält, zumindest teilweise angebracht.

raten kommt. Dieser historisch sehr beliebte Ausweg der Minderung der realen Schuldenlast durch eine „Inflationssteuer“ (Ferguson 2001: 148) könnte auch in der Eurozone zur Option werden. Die Mitgliedsstaaten der Eurozone könnten politischen Druck auf den EZB-Rat ausüben, um so höhere Inflationsraten zuzulassen. Durch eine überraschende Inflationserhöhung könnte das Problem der hohen Staatsverschuldung vorübergehend gelöst werden, vorausgesetzt die Staatsanleihen sind in Euro gezeichnet und größtenteils mit einer langen Laufzeit ausgestattet. Allerdings würde das Problem der hohen Staatsverschuldung durch das Problem der Inflation ersetzt.[237] Langfristig würde das dem Staat jedoch auch nicht helfen: Die Investoren würden sich auf die höheren Inflationsraten einstellen und entsprechend höhere Nominalzinsen verlangen. Die „Weginflationierung“ der Staatsschulden kann daher allenfalls als vorübergehendes und noch dazu schlechtes Hilfsmittel des Staates gesehen werden. Der Staat kann nur in sehr begrenztem Maße als „Inflationsgewinner“ bezeichnet werden (Scherf 2007: 36, Reinhart und Rogoff 2010b), womit Friedman mit einem seiner Zitate Recht behalten würde: „Vor Schulden, die man gemacht hat, auch Staatsschulden kann man nur eine Zeit lang davonlaufen – eingeholt wird man schließlich doch“ (Unterreiner 2006). Diese Feststellung trifft aber in erster Linie auf die Volkswirtschaft und den Staatshaushalt als Ganzes zu, nicht aber auf einzelne Regierungen, die dann, wenn die negativen Konsequenzen ihres Handelns eintreten, regelmäßig schon nicht mehr im Amt sind.

An einer drastischen Konsolidierung der öffentlichen Haushalte führt kein Weg vorbei. Ob das nun über Ausgabenkürzungen oder Einnahmenerhöhungen (oder beides) geschieht, ist eine Frage der politischen Gestaltung. Die Empirie zeigt jedoch, dass Ausgabenkürzungen im Verwaltungs- und Transferbereich nachhaltiger auf den Konsolidierungserfolg hinwirken (Alesina und Perotti 1997, Alesina und Ardagna 2009, Perotti et al. 1997).[238] Steuererhöhungen wirken hingegen nur kurzfristig (Alesina und Ardagna 1998, Alesina und Ardagna 2009, Alesina und Perotti 1995). Die ökonomischen Wirkungsketten, bei denen mit einer Haushaltskonsolidierung über die Ausgabenseite positive Wachstumseffekte einhergehen, wurden bereits im Abschnitt zu den konjunkturpolitischen Aspekten der Staatsverschuldung aufgezeigt. Aus politökonomischer Sicht werden

237 Alesina und Ardagna stellen daher treffenderweise fest: *Inflation „may be a medicine worse than the disease*” (Alesina und Ardagna 2009: 2).

238 Giavazzi und Pagano (1996) führen die größeren Erfolgschancen der Haushaltskonsolidierung durch Ausgabenkürzungen auf die nicht-keynesianischen Effekte zurück.

Haushaltsprobleme nur dann *dauerhaft* gelöst, wenn sie an der Wurzel angegangen werden. Diese Wurzel ist in der Bundesrepublik kein Einnahmen-, sondern ein Ausgabenproblem. Hierzu zählen insbesondere Sozialtransfers in allen Variationen (Perotti et al. 1997). In der Erhöhung von Einnahmen sieht Glaser (2007: 106) nur Symptombekämpfung. Bei geplanten Einnahmenerhöhungen sind die zusätzlichen Mittel bereits ausgegeben, noch bevor sie eingenommen sind. Folglich kann die Konsolidierung der Haushalte auch nicht gelingen. Ähnlich argumentierte Friedman:

> „Ich glaube nicht, dass höhere Staatseinnahmen jemals das Defizit verringern können. Das kann für ein paar Monate der Fall sein […]. Aber Regierungen und Öffentlichkeit haben ein so großes Bedürfnis nach Mehrausgaben, dass jede Steuererhöhung […] aufgefressen wird" (Unterreiner 2006).

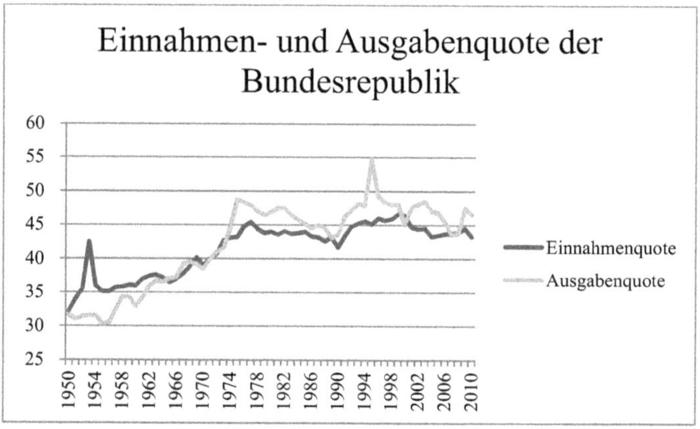

Abbildung 34: Einnahmen- und Ausgabenquote der Bundesrepublik[239]

Abbildung 34 verdeutlicht das Ausgabenproblem der Bundesrepublik: Seit den Brandtschen Sozialreformen sind die Einnahmen- und Ausgabenquote konsequent auseinander gelaufen. Lediglich in fünf Jahren lag die Ausgabenquote seit 1972 unter der Einnahmenquote. Da das Wachstum nicht ausreichte, um die aus der Verschuldung erwachsenden Zinsen zu bedienen, musste die Verschuldungsquote zwangsweise steigen.

239 Datenquelle: Bundesbank (2011), eigene Darstellung.

Ein internationaler Vergleich von von Hagen und Strauch (2001) zeigt, dass eine starke inländische Volkswirtschaft, eine schwache internationale Wirtschaft und ein starker Druck aufgrund einer hohen Verschuldungsquote die Wahrscheinlichkeit für Bemühungen zur Haushaltskonsolidierung erhöhen. Allerdings scheinen diese vor allem dann erfolgreich zu sein, wenn die Bemühungen unter schwachen inländischen und internationalen ökonomischen Bedingungen einsetzen. In diesem Fall tendieren Regierungen auch eher dazu, den Haushalt über die Ausgabenseite zu konsolidieren, was langfristig die größeren Erfolgschancen hat. Für die Anwendung der deutschen Schuldenbremse besteht die Hoffnung, dass die Konsolidierung der Staatsfinanzen tatsächlich schwerpunktmäßig über die Ausgabenseite erfolgt (Müller et al. 2007: 45ff.). Dies ist schlicht deshalb zu erwarten, weil die Länder die Steuersätze nicht autonom festlegen können und somit nur sehr geringe Möglichkeiten zur Steuerung ihrer Einnahmen haben.

Was die Bundesländer angeht, wäre neben der Schuldenbremse eine wirkliche Neuordnung der Bund-Länder-Finanzstrukturen dringend angebracht. Der Länderfinanzausgleich mindert die Anreize für steuerschwache Länder zu sparen und für steuerstarke Länder zu weiteren Anstrengungen. Würde man den Bundesländern darüber hinaus eine Kompetenz für die Steuererhebung geben, könnte man einen wirklichen Steuerwettbewerb schaffen, in dem es je nach Bundesland unterschiedliche Niveaus an Steuern, aber auch an Leistungen des Staates gäbe (Wagschal et al. 2009: 212), so wie es etwa die Schweiz erfolgreich praktiziert (Dafflon 1999: 276ff.). Damit einhergehend könnte sich die Bundesrepublik erneut an der Schweiz orientieren und die Kompetenzen zwischen Bund, Ländern und Gemeinden klar regeln und abgrenzen.[240] Ebenso angebracht wäre, die grundgesetzlich verordnete Länderneuordnung endlich ernst zu nehmen und die Länder neu zu ordnen, insbesondere die drei Stadtstaaten aufzulösen. Dadurch könnten bspw. überflüssige Institutionen aufgelöst und die Politikerdichte verringert werden.

Auch wenn es große Diskussionen über die Schwerpunkte der einzelnen Konsolidierungsmaßnahmen gibt und weiterhin geben wird, gibt es zumindest innerhalb der Bevölkerung eine breite Unterstützung für die Einführung der Schul-

240 Damit wird eine seit langem bestehende Forderung zahlreicher Ökonomen wieder aufgegriffen (Blankart 2007: 10ff., Mikosch und Übelmesser 2007: 325 ff.). Aber auch Juristen stellen diese Forderung regelmäßig (Lenz und Burgbacher 2009: 2567).

denbremse. Ihre Einführung wird als Notwendigkeit erkannt und akzeptiert.[241] Die relativ einfache Ausgestaltung wiederum erhöht die Transparenz,[242] sodass es nun an der Politik ist, den Willen zu Sparanstrengungen zu demonstrieren. Es darf aber angezweifelt werden, dass die Wähler auch die konkreten Maßnahmen zur Konsolidierung der Haushalte gutheißen werden, zumal ein nicht geringer Anteil davon im Bereich der Sozialpolitik liegen dürfte. [243] Als Beispiel kann eine Allensbach-Umfrage des Jahres 2012 dienen: Zwar konnte auch angesichts der Verschuldungskrise im Euroraum ein gesteigertes Bewusstsein für die hohe Staatsverschuldung festgestellt werden, aber hinsichtlich der Sparmöglichkeiten des Staates gab es nur für vier von 16 vorgeschlagenen Einzelmaßnahmen eine Mehrheit. Darunter fanden sich auch noch drei Maßnahmen, die kaum Sparpotenzial bieten und von denen die wenigsten betroffen sind. Für eine Kürzung der Sozialleistungen gab es auch hier keine Mehrheit. Nur ein Drittel plädierte für Kürzungen im Sozialbereich. Die Mehrheit von 43% war hingegen der Ansicht, dass man im Sozialbereich nicht sparen dürfe. Hierin ist auch ein indirekter Beleg für den Vorzug von höheren Staatsschulden vor Sozialkürzungen zu sehen (Petersen 2012).

Halten sich die Regierungen trotz dieser Umfragen an die Vorgaben der Schuldenbremse, könnte die Verschuldungsquote bis 2030 auf 50% des BIPs sinken, ein nominales Wachstum von 3% vorausgesetzt (Bundesministerium der Finanzen 2009b). Dieser Erfolg hängt primär von einem erhöhten Bewusstsein für die finanzpolitischen Probleme einer alternden Gesellschaft, dem Wunsch nach einer gerechten intergenerativen Distribution und nach einem größeren finanzpolitischen Spielraum in der Zukunft ab (Danninger 2002: 13). Werden die Konsolidierungsbemühungen der Regierungen aber nicht akzeptiert, sondern durch Abwahl bestraft, werden die Chancen auf einen Erfolg der Schuldenbremse sinken. Deshalb ist – wie erwähnt – der beste Kontrollmechanismus die demokratische

---

241 Eine Umfrage der Forschungsgruppe Wahlen (18. bis 20. Mai 2010) im Zuge der Diskussionen um Kürzungen im Bundeshaushalt zur Einhaltung der Schuldenbremse offenbarte Folgendes: 87% der Befragten wünschten Ausgabenkürzungen oder Einnahmenerhöhungen, um Defizite abzubauen. Nur 5% plädierten für höhere Schulden. Bei den Ausgabenkürzungen finden sich große Mehrheiten für die Kürzung nicht unmittelbar spürbarer Ausgaben (Verteidigung und Verkehr), während die Kürzung von Gesundheits- und Sozialausgaben rundweg abgelehnt werden.

242 Nach Müller et al. (2007: 38 ff.) beruht der Erfolg der Schweizer Schuldenbremse auf den drei Faktoren Motivation, Transparenz und Akzeptanz.

243 Sowohl Sinn (2004) als auch Ottnad sehen den Schlüssel zur Haushaltskonsolidierung: „Langfristig steht und fällt der Erfolg alles Konsolidierungsbemühungen mit der Reform der sozialen Sicherungssysteme“ (Ottnad 1996: 177).

Wahl. Ob Wähler tatsächlich durch Stimmentzug auf Konsolidierungsbemühungen reagieren oder diese akzeptieren, möglicherweise gar honorieren, wird die empirische Untersuchung im nächsten Kapitel zeigen.

10. Haushaltskonsolidierung und Wahlen

In den vorhergehenden Kapiteln wurden politökonomische Aspekte als treibende Kraft der Staatsverschuldung identifiziert. Das Wiederwahlinteresse der Regierungen spielte dabei eine elementare Rolle. Regierungen haben folglich einen Anreiz, sich zu verschulden, wenn sie dadurch ihre Wiederwahlchancen erhöhen können. Empirische Untersuchungen stützen diese These.

Der umgekehrte Fall wurde hingegen wohl noch nicht oder nur wenig betrachtet: Werden Regierungen durch Abwahl bzw. Stimmenverluste bestraft, wenn sie in ihrer Regierungsperiode den Haushalt konsolidieren? Dies ist die Fragestellung der nun folgenden empirischen Betrachtung.

Interessant wird diese Fragestellung insbesondere vor dem Hintergrund der durch die Schuldenbremse geforderten Konsolidierung der öffentlichen Haushalte in der Bundesrepublik. Da Geld offensichtlich Wähler kauft, ließe sich nach den bisherigen Ausführungen vermuten, dass kein Geld Wähler vergrault. Sprich: Sind die Wähler in den Genuss finanzpolitischer Wohltaten gekommen, mit denen Regierungen ihre Wiederwahl zu sichern versuchten, müssten sie Regierungen, die ihnen diese Wohltaten entzieht, durch Stimmenverluste bestrafen.

10.1. Grundsätzliche Überlegungen

Zur Beantwortung der Frage, ob den Haushalt konsolidierende (vereinfacht: „sparsame“[244]) Regierungen vom Wähler bestraft werden, mussten zunächst vergleichbare Beispiele gefunden werden. Am einfachsten wäre es natürlich gewesen, entsprechende Daten für die Bundesrepublik auszuwerten. Dabei stößt man jedoch schnell auf ein Problem: Zwar liefert die Bundesrepublik Beispiele für Konsolidierungsbemühungen, jedoch nicht in größerem Maße. Adenauer hielt die Verschuldungsquote im Zaum, trotz seines Bekenntnisses zum finanzpolitisch erkauften Wählerstimmengewinn. Erhard und Kiesinger (beide CDU)

244 Natürlich besteht bei der Wahl dieses Begriffs eine semantische und inhaltliche Unschärfe. Schließlich können Regierungen ihre Haushalte auch durch Einnahmenerhöhungen konsolidieren. Bei einer solchen Umsetzung würde man aber kaum von Sparen reden. Ein solcher Ausdruck wäre nur gerechtfertigt, wenn Ausgaben gekürzt würden. Da dauerhaft erfolgreiche Haushaltskonsolidierungen aber vor allem über die Ausgabenseite erfolgt sind, sollte der Begriff einigermaßen angebracht sein.

hielten die Verschuldungsquote ebenfalls niedrig, verloren ihre Ämter aber aus anderen Gründen.[245] Insgesamt weist die Bundesrepublik nur drei kurze Perioden aus, in denen die Verschuldungsquote des Bundes um mindestens drei Prozentpunkte gesenkt werden konnte: 1954 bis 1956 (13% auf 10%), 1968 bis 1970 (11% auf 8%) und 1999 bis 2001 (39% auf 36%). Wegen des sehr überschaubaren Datenmaterials schied die Bundesrepublik daher als Untersuchungsobjekt aus.

Abbildung 35: Deutsche Verschuldungsquote (Bund)[246]

Vergleichbare und ausreichend viele Daten liefert jedoch die OECD. Deren Mitglieder sind sich relativ ähnlich und ihre ökonomischen Daten werden regelmäßig durch die OECD bekannt gegeben. Außerdem erhebt diese auch ein ausreichend lange Historie. In Verbindung mit den offiziellen Wahlergebnissen[247] konnte hieraus ein entsprechendes *Unbalanced Panel* gebildet werden,

245 Erhard wurde als Bundeskanzler abgewählt, weil ihm schlicht die „Hausmacht" innerhalb der CDU fehlte und er somit innerparteilich angesichts erster kleiner Misserfolge ohne Rückendeckung dastand. Kiesinger wurde abgewählt, weil sich SPD und FDP während der Großen Koalition insbesondere außenpolitisch angenähert hatten.

246 Datenquelle: Statistisches Bundesamt und Sachverständigenrat, eigene Berechnungen, eigene Darstellung.

247 Naheliegender wäre es natürlich gewesen, regelmäßig erhobene Popularitätsdaten zu nutzen, wie dies beispielsweise Stalder (1997) getan hat. Bei der Sammlung solcher Daten offenbarten sich aber bald große Schwierigkeiten. Zum einen sind diese nicht für alle OECD-Länder verfügbar und zum anderen sind diese teilweise nur in der Landessprache erhältlich.

auf dessen Grundlage sich das Wählerverhalten gegenüber sparsamen Regierungen untersuchen ließ. Vorteilhaft an dieser Methode ist, dass die Wähler die ökonomischen Faktoren besser berücksichtigen als bei „Sonntagsfragen", da das Wissen um ökonomische Faktoren vor Wahlen ansteigt (Paldam und Nannestad 2000).

Um aussagekräftige Daten zu erhalten, wurden zunächst die OECD-Staaten genauer untersucht. Dabei fiel schnell auf, dass sich etliche darunter befinden, deren Haushalte niemals über einen längeren Zeitraum konsolidiert wurden. Als Grenze für diesen Zeitraum wurde die Dauer einer nationalen Regierungsperiode gewählt. Innerhalb dieses Zeitraums mussten die Zentralstaaten mindestens eine gleichbleibende, besser sinkende Verschuldungsquote aufweisen.

Gemäß der Theorie des *Economic Voting* sollten die Wahlergebnisse in diesen Staaten auf die ökonomischen Variablen reagieren. Waren die Wähler mit der Leistung einer Partei unzufrieden, dürfte ihr Stimmenanteil zurückgehen.[248] Natürlich gibt es eine ganze Reihe von Wählern, die relativ fest an einzelne Parteien gebunden sind und diese relativ unabhängig von der Regierungsleistung wählen (Lazarsfeld et al. 1944, Campbell et al. 1960). Doch ebenso gibt es einen beträchtlichen und wachsenden Anteil von Wechselwählern, der für wechselnde Wahlergebnisse und damit auch die Belohnung oder Bestrafung der amtierenden Regierung sorgt:[249]

> *„If the performance of the incumbent party is 'satisfactory'* [...], *the voter votes to retain the incumbent governing party* [...]*; while if the incumbent government's performance is not 'satisfactory', the voter votes against the incumbent* [...]" (Kramer 1971: 134).

Eine Untersuchung auf Grundlage von Popularitätsdaten hätte sich demnach auf ein sehr kleines *Panel* beschränken müssen.

248 Aufgrund der schieren Masse an Wahlen und auch der Internationalität der Untersuchung ist es natürlich nicht möglich, einzelne Wahlen zu analysieren, um Aussagen darüber zu treffen, ob mit der zwischenzeitlich aus dem Amt ausgeschiedenen Regierung oder der tatsächlichen Regierung abgerechnet wurde, so wie dies beispielsweise Gschwend und Norpoth (2000: 3) tun.

249 Ein Wort zum Wahlerfolg sei an dieser Stelle noch angebracht: Natürlich gibt es etliche Faktoren, die der Regierung bei der Wahlentscheidung zugutekommen und der Opposition schaden. Faktoren, die genau umgekehrt wirken, existieren jedoch genauso. Dieser Tage ist beispielsweise oft die Rede davon, dass Regierungsparteien automatisch Stimmen verlieren („*Cost of Ruling*" (Paldam 1991, Gschwend und Norpoth 2000)), ebenso wird aber vor Wahlen regelmäßig von einem Amtsbonus gesprochen. Ähnlich ließen sich Argumente für Bevorteilung und –nachteiligung der Opposition finden. Da die Aussagen zu widersprüchlich sind und den Rahmen dieser Arbeit sprengen würden, soll es bei der Erwähnung der Problematik an dieser Stelle bleiben.

Neben der Verschuldungsquote wurden als Kontrollvariablen die Arbeitslosenquote, das Wirtschaftswachstum und die Inflationsrate gewählt.[250] Wie oben bereits erläutert, sollte bei diesen Variablen ein Einfluss auf das Wahlergebnis der Regierungsparteien zu erwarten sein.
Was das Ergebnis angeht, sind grundsätzlich zwei Arten von Abhängigkeiten denkbar, die sich in der Abbildung 36 wiederfinden.

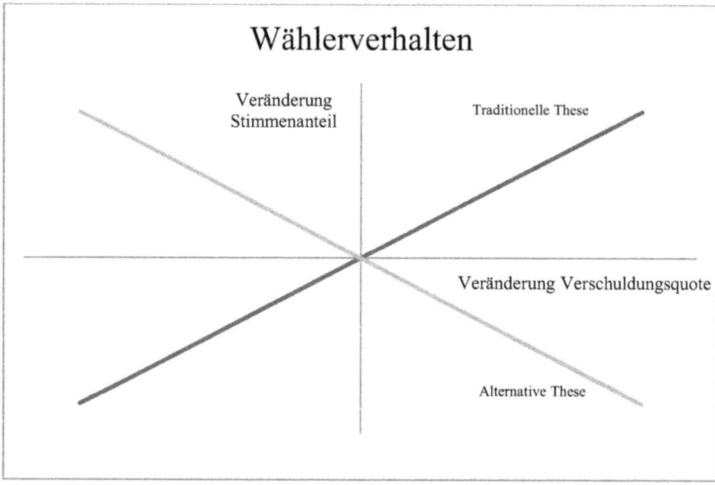

Abbildung 36: Wählerverhalten und Staatsverschuldung[251]

Die steigende Gerade gibt die „traditionelle“ Sichtweise wieder: Die Regierung versucht, durch zusätzliche Ausgaben (und damit steigende Defizite; wir befinden uns rechts der Ordinate) Wähler für sich zu gewinnen. Gelingt ihr dies, müsste sie bei einer steigenden Verschuldungsquote zusätzliche Wählerstimmen für sich gewinnen. Versucht die Regierung hingegen, den Haushalt zu sanieren – und dieser Fall ist der interessantere -, sinkt die Verschuldungsquote (wir befinden uns dann links der Ordinate), die Regierung verschreckt Wähler und muss Stimmenverluste in Kauf nehmen.
Eine alternative Betrachtungsweise wäre, dass die Wähler die Politiker durchschauen und Staatsverschuldung als Übel ansehen. In diesem Fall würden die Wähler Regierungen, die die Verschuldungsquote erhöhen, durch Stimmenver-

250 Damit sind die beiden wichtigsten ökonomischen Faktoren (*The Big Two*) (Paldam und Nannestad 2000a) in die Untersuchung eingebunden.
251 Eigene Darstellung.

luste bestrafen und konsolidierende Regierungen mit Stimmengewinnen belohnen. Anhaltspunkte hierfür finden sich beispielweise bei Ferguson (2001: 221ff. und 394). Dieser kommt zu dem Schluss, dass sich Wähler nicht (mehr) wie „Pawlowsche Hunde" verhalten, wie es nach dem politischen Konjunkturzyklus zu erwarten ist. Dieser ist für ihn – zumindest in den USA und Großbritannien – ein Relikt der Vergangenheit. Welche Sichtweise auf die OECD-Staaten zutrifft, muss die empirische Untersuchung zeigen.

10.2. Die Daten

Für die Untersuchung wurden zweierlei Datenquellen genutzt. Für die Wahlergebnisse wurden die offiziellen Wahlergebnisse der in Frage kommenden OECD-Staaten herangezogen. Dabei schieden Südkorea, Italien und die USA zusätzlich aus der Betrachtung aus. Südkorea schied aus, da der Präsident nur ein Mal für fünf Jahre gewählt werden kann. Dem Wähler ist es folglich nicht möglich, die Regierung durch Stimmenentzug oder Wiederwahl zu beurteilen. Italien schied aufgrund der extrem zerklüfteten und volatilen Parteienlandschaft aus. Die USA schieden aus, weil auch dort der Präsident nur ein Mal wiedergewählt werden kann. Übrig blieben folgende 15 Staaten, die die oben genannten Kriterien des Konsolidierungsverhaltens der Regierung erfüllten: Dänemark, Irland, Schweden, Australien, Neuseeland, Niederlande, Belgien, Portugal, Finnland, Spanien, Kanada, Island, Ungarn, Luxemburg und Polen.

Bei der Analyse der Wahlergebnisse wurden, um vergleichbare Daten zu erhalten, nicht die absoluten Ergebnisse betrachtet, sondern die Differenz des Wahlergebnisses der Regierungsparteien zum letzten Wahlerfolg. Erhielt eine Partei bei der Wahl, bevor sie in die Regierung kam, bspw. 40% der Stimmen und erhielt sie bei der folgenden Wahl 38%, beträgt die Differenz -2 (Prozentpunkte). Der Vorteil dabei ist, dass nicht unbedingt der „Sieger" der Wahl ermittelt werden muss und das absolute Ausgangsniveau der Wählerstimmen keine Rolle spielt (dadurch werden die Daten international auch vergleichbar). Die Differenz zum letzten Wahlergebnis lässt eine Aussage darüber zu, wie zufrieden oder unzufrieden die Wähler mit der Leistung der Partei in der Regierung waren: Wurden die Erwartungen der Wähler erfüllt, sollte die Regierungspartei mit mindestens gleichbleibendem Stimmenanteil belohnt worden sein.

Für die ökonomischen Daten Verschuldungsquote, Arbeitslosenquote, Wirtschaftswachstum und Inflationsrate wurden Daten der OECD genutzt.[252] Da nur eine Datenquelle genutzt wurde, ist gewährleistet, dass die Daten zwischen den Staaten vergleichbar sind. Bei der Verschuldungsquote wurde die Verschuldungsquote des Zentralstaates betrachtet, bei der Arbeitslosenquote die harmonisierte Arbeitslosenquote, beim Wirtschaftswachstum die Wachstumsraten und bei der Inflationsrate das Wachstum des Preisindexes der Konsumentenpreise.
Ähnlich wie beim Wahlergebnis wurde bei den ökonomischen Variablen als unabhängigen Variablen verfahren. Grundsätzlich sollte es zwei Untersuchungen geben: eine mittelfristige und eine kurzfristige Betrachtung. Die mittelfristige Betrachtung sollte die gesamte Regierungsperiode umfassen. In diesem Fall würde das Wahlergebnis als Abrechnung der Wähler mit der Leistung der Regierung in den vorangegangenen Jahren interpretiert.[253] Bei der kurzfristigen Analyse wurde nur das Wahljahr betrachtet.
Bei der Staatsverschuldung wurde die Differenz der Verschuldungsquote zwischen dem Regierungsantritt und dem Wahljahr betrachtet und die Differenz durch die Zahl der Jahre seit Regierungsantritt geteilt. Auf diese Weise konnte berücksichtigt werden, wenn eine Regierung nicht am Anfang, sondern während der Regierungsperiode ins Amt gekommen ist, etwa aufgrund eines Wechsels der Koalitionspartner. Wenn eine Regierung beispielsweise zum Zeitpunkt X ins Amt gekommen ist, sich zum Zeitpunkt X + 2 der Wiederwahl gestellt hat und die Verschuldungsquote in dieser Zeit von 30% auf 36% gestiegen ist, beträgt die Differenz 3 (Prozentpunkte). Bei der Arbeitslosenquote wurde einmal die Veränderung seit Regierungsantritt in Prozentpunkten ermittelt und außerdem auch das durchschnittliche absolute Niveau[254]. Bei der Inflationsrate wurde das geometrische Mittel über die Regierungsperiode hinweg berechnet.
Für die Betrachtung der Regierungsperiode ergaben sich 99 Beobachtungen, d. h. Regierungsperioden, für die alle notwendigen Daten vorhanden sind. Aus der Untersuchung der Wahljahre resultierten 106 Beobachtungen, da die Zeiträume

252 Datenquelle: OECD Statistics.
253 Die Vorstellung des *Prospective Voting* wird damit an dieser Stelle verworfen. Aufgrund der oben skizzierten Unsicherheit, mit der sich der Wähler konfrontiert sieht, scheint dies vertretbar.
254 Bei der Arbeitslosenquote auch die absoluten Zahlen heranzuziehen, erschien vertretbar, da die sich die Arbeitslosenquoten auch im internationalen Rahmen in vergleichbaren Größenordnungen bewegen, während die Verschuldungsquote extreme Unterschiede aufweist.

kürzer sind und somit noch zusätzliche Beobachtungen gewonnen werden konnten. Diese Beobachtungen wurden im Folgenden untersucht.

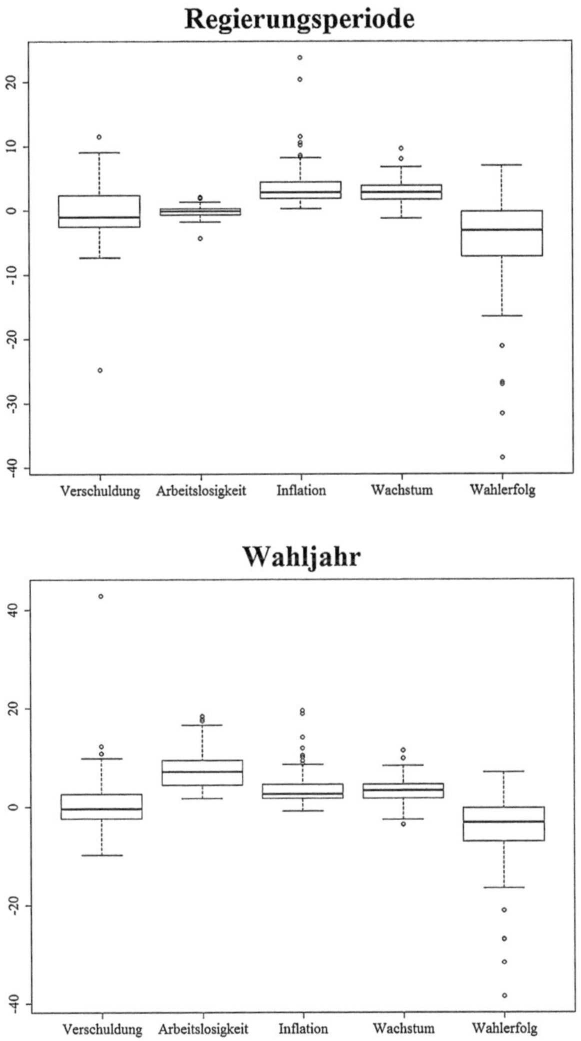

Abbildung 37: *Boxplots* zu den verwendeten Daten[255]

255 Eigene Darstellung. Angegeben sind die Veränderung der Verschuldungsquote, der Arbeitslosenquote (im Wahljahr der absoluten Höhe), des Preisniveaus, des BIPs und der Wah-

10.3. Die Methode

Grundlage der Untersuchung war eine Regressionsanalyse.[256] Es wurde angenommen, dass die geschätzte abhängige Variable „Wahlerfolg“ von den unabhängigen Variablen Verschuldungsquote, Arbeitslosenquote, Inflationsrate und Wirtschaftswachstum abhängt.

$$\hat{Y}_{Wahl} = f\,[X_{Schuld}, X_{Arbeit}, X_{Preis}, X_{Wachstum}\,]$$

Auf dieser Grundlage lässt sich die Regressionsgleichung für eine lineare Regression folgendermaßen schreiben:

$$Y = \hat{Y} + \varepsilon$$

$$\hat{Y}_{Wahl} = \beta_0 + \beta_1 X_{Schuld} + \beta_3 X_{Arbeit} + \beta_2 X_{Preis} + \beta_3 X_{Wachstum}$$

Hierbei stellt der geschätzte Regressand $\hat{Y}_{Wahl}$ die abhängige (endogene) Variable Wahlerfolg, die unabhängigen Variablen X_n stellen die Regressoren und β_n stellt die Regressionskoeffizienten dar, wobei β_0 als Regressionskonstante dient. Die Regressionskoeffizienten messen den Einfluss der Variablen auf den Regressanden. Die einzelnen Variablen sind dabei wie besprochen X_{Schuld} als Verschuldungsquote, X_{Arbeit} als Arbeitslosenquote, X_{Preis} als Inflationsrate und $X_{Wachstum}$ als Wachstumsrate. ε stellt für die einzelnen Beobachtungen als Residualgröße den „unerklärten Rest“ dar, durch den verdeutlicht wird, dass die abhängige Variable durch die unabhängigen Variablen nicht vollständig beschrieben werden kann (Stier 1999: 237f.). Es ist sehr wahrscheinlich, dass eine Differenz existiert zwischen den Werten der zu schätzenden Regressionsfunktion und den tatsächlich festgestellten Wahlerfolgswerten. Dieser Zufallsvariable kommt einige Bedeutung zu, da es, wie beschrieben, noch eine Vielzahl weiterer Faktoren gibt, die Wahlausgänge mitentscheiden: Kriege, Skandale, öffentliche Si-

---

lerfolges der Regierungsparteien; oben für die gesamte Regierungsperiode, unten für das Wahljahr.

256 An dieser Stelle wird auf die abstrakte Erklärung und Herleitung verzichtet und stattdessen werden direkt die zu ermittelnden Variablen benutzt. Dem interessierten Leser seien an dieser Stelle die erwähnten Lehrbücher empfohlen.

cherheit, das Charisma der Politiker usw. Daher kann es auch keine Gerade geben, die alle Punkte tangiert.

Die Größe der Regressionskoeffizienten ist unbekannt und muss geschätzt werden.[257] Zur Bestimmung der Regressionskoeffizienten wurde ein lineares Regressionsmodell gewählt. Ein Blick auf die Lage der Punkte in einem Koordinatensystem, in dem die Änderung der Verschuldungsquote auf der Abszisse und die Veränderung des Stimmenanteils der Regierungspartei(en) auf der Ordinate abgetragen sind, legte diesen Ansatz nahe.

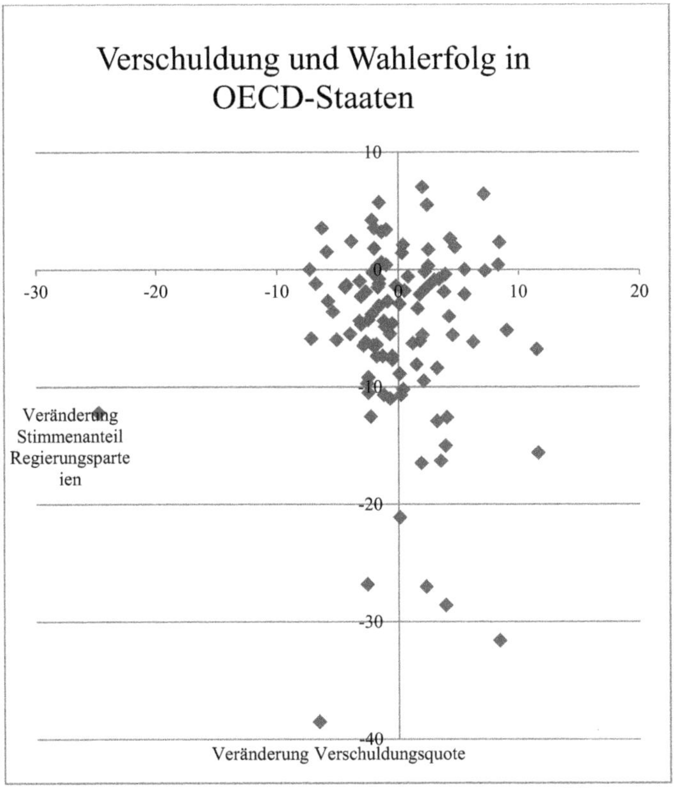

Abbildung 38: Verschuldung und Wahlerfolg[258]

---

257 Angemerkt werden sollte, dass deren Größe nichts über die Stärke des Einflusses der Variablen aussagt (Stier 1999: 238, Backhaus et al. 2006: 51ff.). Für einen belastbaren Vergleich müssten die Variablen in der gleichen Einheit gemessen werden (Backhaus et al. 2006: 62).

258 Datenquelle: Offizielle Wahlergebnisse aus 15 OECD-Staaten, OECD Statistics.

Zur Bestimmung der Regressionsfunktion wurde die Methode der kleinsten Quadrate verwandt. Da diese Lösung mit einem erheblichen Rechenaufwand verbunden ist, wurde ein Statistikprogramm, in diesem Fall R, verwandt.[259]

10.4. Die Schätzung

Die Schätzung wurde in R mit Hilfe des Pakets „plm" durchgeführt. Damit lassen sich auch *Fixed Effects*, fixe Effekte, verwenden. Diese sind notwendig, um die Individualität jedes Landes zu berücksichtigen. Der Vorteil der fixen Effekte besteht darin, dass die unbeobachteten Individualeffekte mit den enthaltenen Einflussfaktoren korreliert sein dürfen (Rottmann und Auer o. A.). Die Konstante der Regressionsgleichung fällt bei fixen Effekten unterschiedlich aus, die Steigungen der Variablen über die verschiedenen Staaten hinweg sind aber konstant. Somit findet nur eine Niveauverschiebung statt. Zusätzlich wurde ein fixer Effekt für den Wahlzeitpunkt verwandt. Das Wahlverhalten in Abhängigkeit der ökonomischen Gegebenheiten ist somit zeitvariant (Gujarati 2003: 642).
Neben den fixen Effekten wurden auch *Random-Effects*, zufällige Effekte, und *Time Fixed Effects*, Zeiteffekte, berücksichtigt. Auch eine *Panel*-Schätzung und eine Schätzung mit robusten Schätzern wurden durchgeführt. Die Ergebnisse unterschieden sich jedoch in keinem der Fälle bezüglich der vier erklärenden Hauptvariablen.
Als Nullhypothese H0 wurde für jede Variable angenommen, dass sie keinen Einfluss auf das Wahlergebnis hat.
Folgende Ergebnisse wurden für die Betrachtung der gesamten Regierungsperioden ermittelt:

```
Oneway (individual) effect Within Model

Call:
plm(formula = Wahlerfolg ~ Verschuldungsquote + Arbeitslosenquote +
   Preisniveau + Wachstum, data = DatenRegper, model = "within",
   index = c("Laendercode", "Wahljahr"))
```

259 Eine Verwendung des Programms Stata hat zu denselben Ergebnissen geführt.

```
Unbalanced Panel: n=16, T=3-9, N=99

Residuals :
  Min. 1st Qu.  Median 3rd Qu.   Max.
-19.700 -2.730  0.466  3.820 11.900

Coefficients :
                  Estimate Std. Error t-value Pr(>|t|)
Verschuldungsquote 0.369001  0.164783  2.2393  0.02795 *
Arbeitslosenquote -2.741723  1.167968 -2.3474  0.02141 *
Preisniveau       -0.093171  0.213717 -0.4360  0.66406
Wachstum           0.604986  0.617022  0.9805  0.32984
---
Signif. codes: 0 '***' 0.001 '**' 0.01 '*' 0.05 '.' 0.1 ' ' 1

Total Sum of Squares:   3748.8
Residual Sum of Squares: 2902.7
R-Squared      : 0.22571
     Adj. R-Squared : 0.18011
F-statistic: 5.75735 on 4 and 79 DF, p-value: 0.00040545
```

Zwei der unabhängigen Variablen zeigen sich hier signifikant auf dem 95%-Niveau: Die Verschuldungsquote und die Arbeitslosenquote (bzw. ihre Veränderungen seit Regierungsantritt). Die Verschuldungsquote weist einen p-Wert von 0,028 auf, die Arbeitslosenquote von 0,021, ausgehend von t-Werten von 2,24 und -2,35. Sie liegen damit beide im 95%-Konfidenzintervall. Die Nullhypothesen müssen für beide Variablen abgelehnt werden. Die Vermutung liegt damit nahe, dass beide Variablen einen Einfluss auf das Wahlergebnis haben. Die Verschuldungsquote ist positiv mit dem Wahlergebnis korreliert, die Arbeitslosenquote negativ. Ein Anstieg der Verschuldungsquote um einen Prozentpunkt würde demnach zu einem Stimmengewinn von 0,37 Prozentpunkten für die Regierungsparteien, ein Anstieg der Arbeitslosenquote um einen Prozentpunkt zu einem Stimmenverlust von 2,74 Prozentpunkten führen.
Keine Signifikanz weisen hingegen das Preisniveau und das Wirtschaftswachstum auf. Mit p-Werten von 0,664 und 0,330 verfehlen sie die Signifikanzniveaus klar, auch wenn beide Variablen die erwartbare Vorzeichen aufweisen würden.

Die Nullhypothese, dass sie keinen Einfluss auf das Wahlergebnis der Regierungsparteien haben, kann somit nicht abgelehnt werden.
Das Bestimmtheitsmaß (Backhaus et al. 2006: 64ff.), der R^2-Wert, zeigt mit einem Wert von 0,23, dass die erklärte Streuung einen relativ geringen Anteil der Gesamtstreuung einnimmt. Zur Überprüfung der Regressionsfunktion und deren Güte gibt R den F-Wert an. Dieser beträgt 5,76. Je näher der F-Wert bei null liegt, desto wahrscheinlicher ist die Gültigkeit der Nullhypothese. Überschreitet er jedoch einen bestimmten Schwellenwert, ist es unwahrscheinlich, dass die Nullhypothese richtig ist (Backhaus et al. 2006: 76ff.). Bei vier Variablen und 120 Beobachtungen (also 21 mehr als in dieser Untersuchung) gibt die F-Tabelle einen Wert von 2,89 an. Der F-Wert liegt mit 5,76 deutlich über diesem Wert. Da der p-Wert der F-Statistik 0,0004 beträgt, liegt es nahe, die Nullhypothese zu verwerfen. Die unabhängigen Variablen tragen ausreichend zur Erklärung der abhängigen Variable Wahlerfolg bei.
Für die kurzfristige Analyse wurde die Variable der Arbeitslosenquote modifiziert. Es wurde nun nicht mehr die Veränderung der Quote seit Regierungsantritt betrachtet, sondern das absolute Niveau der Quote.
Die Analyse des Wahljahres ergab folgende Ergebnisse:

```
Oneway (individual) effect Within Model

Call:
plm(formula = Wahlerfolg ~ Verschuldungsquote + ArbeitslosenquoteAbs +
   Preisniveau + Wachstum, data = DatenWahljahr, model = "within",
   index = c("Laendercode", "Wahljahr"))

Unbalanced Panel: n=16, T=3-10, N=106

Residuals :
   Min. 1st Qu.  Median 3rd Qu.    Max.
-20.500  -3.110   0.109   4.220  11.100

Coefficients :
                     Estimate Std. Error t-value Pr(>|t|)
Verschuldungsquote    0.39566    0.14397  2.7482 0.007300 **
ArbeitslosenquoteAbs -0.89247    0.27411 -3.2559 0.001618 **
```

Preisniveau -0.16911 0.22319 -0.7577 0.450711
Wachstum 0.34190 0.31473 1.0863 0.280375

Signif. codes: 0 ‘***’ 0.001 ‘**’ 0.01 ‘*’ 0.05 ‘.’ 0.1 ‘ ’ 1

Total Sum of Squares: 4112.8
Residual Sum of Squares: 3514.4
R-Squared : 0.1455
Adj. R-Squared : 0.11805
F-statistic: 3.66086 on 4 and 86 DF, p-value: 0.008402

Die Ergebnisse ähneln denen der Analyse der Regierungsperiode, weisen aber Akzentverschiebungen auf. Die Verschuldungs- und die Arbeitslosenquote weisen aufgrund der t-Werte von 2,75 und -3,26 eine erhöhte Signifikanz auf. Beide liegen nun im 99%-Konfidenzintervall. Damit liegt es auch hier nahe, die Nullhypothesen, dass beide keinen Einfluss auf das Wahlergebnis haben, zu verwerfen. Ein Anstieg der Verschuldungsquote um einen Prozentpunkt lässt einen Stimmengewinn von 0,40 Prozentpunkten, ein Anstieg der Arbeitslosenquote um einen Prozentpunkt einen Stimmenverlust von 0,89 Prozentpunkten erwarten. Wiederum keine Signifikanz erzielen das Preisniveau und das Wirtschaftswachstum, auch wenn sich die p-Werte deutlich verbessert haben und auch hier erwartbare Vorzeichen angegeben werden. Dennoch müssen für diese Variablen die Nullhypothesen beibehalten werden.
Der R^2-Wert ist niedriger als bei der mittelfristigen Analyse. Der Anteil der nicht-erklärten Streuung ist noch einmal gestiegen. Der F-Wert von 3,66 übersteigt aber klar den kritischen Wert der F-Tabelle von 2,89 (120 Beobachtungen, 4 Freiheitsgrade). Der p-Wert beträgt 0,008. Damit ist es sehr unwahrscheinlich, dass die Nullhypothese richtig ist und die Variablen keinen Einfluss auf das Wahlergebnis haben. Die Nullhypothese kann damit verworfen werden.

10.5. Interpretation des Ergebnisses

Die Ergebnisse der Regressionsanalyse sind eindeutig. Hinsichtlich der anfangs unterstellten Fragestellung, ob sparsame Regierungen vom Wähler bestraft oder belohnt werden, deuten die Ergebnisse der Untersuchung darauf hin, dass spar-

same Regierungen vom Wähler für ihren Konsolidierungswillen nicht belohnt, sondern bestraft werden.
Die unabhängigen Variablen Preisniveau und Wachstum haben keinen signifikanten, systematischen Einfluss auf die Wahlergebnisse gezeigt. Argumentativ ließe sich dies folgendermaßen erklären:
Da die Wähler Erwartungen über die zukünftige Höhe der Inflationsrate bilden, können sie kaum mehr durch hohe Inflationsraten überrascht werden. Die Regierungen könnten zum Instrument der Überraschungsinflation greifen, um – den vermeintlichen Zusammenhang der Phillipskurve ausnutzen wollend – positive Effekte für die Realwirtschaft zu generieren, etwa eine sinkende Arbeitslosenquote (Kydland und Prescott 1977). Eine durchschnittliche Inflationsrate von 3,8% zeigt aber, dass die Inflationsraten in relativ niedrigen Bereichen liegen. Hohe Inflationsraten finden sich nur in seltenen Fällen und auch dann bewegen sie sich im historisch gesehen niedrigen Rahmen. Ausreißer nach oben sind z. B. Ungarn in den 90er Jahren und Portugal in den 80er Jahren, ansonsten bewegten sich die Inflationsraten größtenteils im einstelligen Bereich. Das niedrige Niveau und die geringe Streuung haben auch die dargestellten *Boxplots* gezeigt. Die Quartilsabstände und die Länge der *Whisker* sind für beide Betrachtungen gering. Das zeigt gleichzeitig, dass die Regierungen von der Vorstellung weitestgehend Abstand genommen haben, dass sie positive realwirtschaftliche Effekte durch höhere Inflationsraten erwirken könnten.[260] Wenn die Wähler die Inflationsraten durch ihre Erwartungen richtig antizipieren und ihre Lohnforderungen entsprechend anpassen, gibt es keinen Grund, zu entsprechenden Politikmaßnahmen zu greifen.
Dass die Wachstumsraten keinen unmittelbaren Effekt auf das Wahlergebnis haben, liegt möglicherweise daran, dass die positiven Effekte des Wirtschaftswachstums, wie Lohnerhöhungen oder ein Absinken der Arbeitslosigkeit, größtenteils nachlaufend sind. Schafft die Volkswirtschaft den Ausstieg aus der Rezession, wird der erhöhte Arbeitsbedarf zunächst durch Produktivitätszuwächse und Auslastung der vorhandenen Kapazitäten gedeckt.[261] Folglich wird zunächst

260 An dieser Stelle muss natürlich der ehemalige Bundeskanzler Schmidt zitiert werden, der diesem Trugschluss aufgesessen war, als er 1972 rundherum behauptet hatte, fünf Prozent Inflation seien ihm lieber als fünf Prozent Arbeitslosigkeit.
261 Für die Bundesrepublik lag das Produktivitätswachstum zwischen 2001 und 2006 bei 1,4% (Erber und Fritsche 2008).

auch keine Arbeitslosigkeit abgebaut.[262] Die positiven Effekte des Wachstums werden erst später spürbar. Dass die beiden Variablen Inflation und Wachstum keinen signifikanten Einfluss auf die Wahlerfolge der Regierungsparteien haben, lässt sich folglich plausibel erklären und ist keineswegs überraschend.

Einen signifikanten positiven Zusammenhang findet man jedoch bei der Variable Arbeitslosigkeit. Je höher diese ausfällt, desto stärker verlieren die Regierungsparteien an Stimmen. Auch dieses Ergebnis ist keineswegs überraschend, es deckt sich mit den Ergebnissen bisheriger Untersuchungen. Die Regierungsparteien werden gemäß der Hypothese des *Economic Voting* für die Lage am Arbeitsmarkt verantwortlich gemacht. Steigt die Arbeitslosigkeit, wird die Regierung durch Stimmentzug bestraft. Dabei ist es plausibel anzunehmen, dass dies nicht nur auf diejenigen Personen zutrifft, die tatsächlich arbeitslos geworden sind, sondern auch auf diejenigen, die befürchten, bald arbeitslos zu werden. Generell wird kaum ein Wahlkampf geführt, ohne dass das Thema Arbeitsplätze und Arbeitslosigkeit in den Mittelpunkt gerückt wird. Auch in der jüngsten deutschen Vergangenheit ließen sich dafür unzählige Beispiele finden.

Am interessantesten ist jedoch der Einfluss der Variable Verschuldungsquote auf den Wahlerfolg der Regierungsparteien. Mit einer steigenden Verschuldungsquote steigen die Stimmenanteile der Regierungsparteien. Dabei erweist sich die kurzfristige Veränderung der Verschuldungsquote im Wahljahr als noch signifikanter als die mittelfristige Veränderung über die Regierungsperiode hinweg. Das Ergebnis legt den Schluss nahe: Je stärker sich die Regierung im Wahljahr verschuldet, desto höher sind ihre Chancen, wiedergewählt zu werden.[263]

Ob der Zusammenhang direkter Natur ist, lässt sich daraus nicht ableiten. Plausibel wäre es anzunehmen, dass der Mechanismus indirekt wirkt, schließlich ziehen die wenigsten Wähler unmittelbaren Nutzen aus der Staatsverschuldung, etwa indem sie Staatsanleihen kaufen und von den Zinsen oder den Umvertei-

---

262 Für die Bundesrepublik lag diese Beschäftigungsschwelle zwischen 1990 und 2000 in etwa bei einem Realwachstum von 2% (Schirwitz 2005: 36). Durch die Reformen der „Agenda 2010" ist diese jedoch deutlich in Richtung 1% gesunken.

263 Aus dem Rahmen fallen hierbei die Niederlande, Ungarn und Polen wegen extrem hoher Stimmenverluste für die Regierungsparteien. Die niederländischen Regierungsparteien verloren 1994 21,1 und 2002 26,8 Prozentpunkte an Stimmenanteilen. Die ungarischen Regierungsparteien verloren 1994 und 1998 deutlich im zweistelligen Bereich (1994: -15,6 Prozentpunkte, 1998: -12,2 Prozentpunkte). Die bei weitem außergewöhnlichsten Wahlergebnisse weist aber Polen auf: Dort verloren die Regierungsparteien 2001 38,5, 2005 31,6 und 2007 10,5 Prozentpunkte.

lungswirkungen der Staatsverschuldung profitieren. In weit höherem Maße profitieren Wähler aber von den Wohltaten, die die Regierungen mittels einer erhöhten Schuldenaufnahme ermöglichen. Dies gilt auch bei einmal aufgelaufenen Defiziten. Würde eine Regierung den Haushalt konsolidieren und das aufgelaufene Defizit reduzieren, müsste sie wahrscheinlich mit Stimmenverlusten rechnen. Dies legen die Testergebnisse nahe.

Damit ist die Frage geklärt, in welche Richtung der Wirkungszusammenhang zwischen Verschuldung und Wahlerfolg verläuft: Die traditionelle These des sparsame Regierungen bestrafenden Wählers hat für die Gruppe von OECD-Staaten, die seit 1980 längere Perioden der Haushaltskonsolidierung aufweisen, weiterhin Gültigkeit. Je mehr sich eine Regierung verschuldet, desto höher ihre Wiederwahlchancen. Umgekehrt gilt: Konsolidiert eine Regierung den Haushalt, muss sie mit Stimmenentzug rechnen. Sie wird durch die Wähler bestraft.

Woran dies liegt, lässt sich leicht ausmalen. Sparsame Regierungen müssen staatliche Leistungen zurücknehmen, einschränken oder aber für höhere Einnahmen mittels Steuererhöhungen sorgen. Die Wähler, die die Last der Konsolidierung tragen müssen, werden also entweder durch Kürzungen von staatlichen Leistungen oder durch höhere Steuern getroffen. Bei der folgenden Wahl wird dies mit Stimmentzug bestraft, ganz wie es Downs, Alesina und Drazen in ihren Modellen postuliert hatten. Insofern fügen sich die Ergebnisse auch in die oben dargestellten Modellrahmen, womit auch ein weiterer, indirekter Beleg für die Gültigkeit der vorgestellten Hypothesen geliefert wird.

Die Konsequenzen der Testergebnisse für das Schicksal der deutschen Schuldenbremse sollen im folgenden Abschnitt dargestellt werden. Es sollte aber bereits jetzt klar sein, dass die Erfolgschancen der Schuldenbremse vor dem Hintergrund der dargestellten Testergebnisse nicht gestiegen sind.

10.6. Konsequenzen

Das Ergebnis der Regressionsanalyse zeigt: Wenn Regierungen in den betrachteten Staaten ihre Haushalte konsolidiert haben, hat dies zu Stimmenverlusten geführt. Die Wähler haben folglich bei ihrer Wahlentscheidung in erster Linie die Einschränkung staatlicher Leistungen oder Steuererhöhungen berücksichtigt. Weniger berücksichtigt wurde der sich langfristig aus der Konsolidierung erge-

bende Haushaltsspielraum, ebenso wenig die sinkende Belastung zukünftiger Generationen.
Diese Ergebnisse werfen ein schlechtes Licht auf die Erfolgschancen der Schuldenbremse. Wenn Regierungen bestraft werden, weil sie die Haushalte konsolidieren, verringert das ihren Willen zu Sparanstrengungen. Werden Regierungen für ihr Tun bestraft, steigen die Chancen, dass Regierungen dem aus dem Weg gehen und ihre Energie auf Mittel und Wege verwenden, um die Schuldenbremse zu umgehen. Nur dies gewährleistet, dass sie keine Wählerschicht durch Leistungskürzungen oder Steuererhöhungen verprellen müssen, was diese durch Stimmenentzug für die Regierungsparteien quittieren würden.
Umso mehr verwundert in diesem Lichte der Erfolg der niederländischen Ausgabenrahmen und der Schweizer Schuldenbremse.[264] Der Misserfolg der amerikanischen Verschuldungsregeln auf Bundesebene erstaunt indes weniger. Wenn Wähler Konsolidierungsbemühungen nicht honorieren, braucht man kaum von den Regierungen zu erwarten, dass sie sich langfristig zum Wohl des Gemeinwesens opfern, indem sie Stimmenverluste für ihre Finanzpolitik in Kauf nehmen. Diese Feststellung in Kombination mit den dargestellten Ergebnissen haben die Prognosen über die Wirksamkeit der Schuldenbremse weiter eingetrübt.

264 Natürlich müsste untersucht werden, ob sich die dortigen Wähler ebenso verhalten haben, wie es diese Untersuchung erwarten ließe, aber die Zahl der Beobachtungen für die Niederlande ist mit acht schlicht zu klein, um belastbare Rückschlüsse daraus zu ziehen. Selbst wenn Daten für die Schweiz verfügbar wären, würde hier ähnliches gelten. Hinzu käme, dass sowohl die Schweizer Schuldenbremse als auch die niederländischen Ausgabenrahmen noch nicht lange genug in Kraft sind, um mit den verfügbaren Daten valide Aussagen zu treffen.

11. Zusammenfassung

Das Ziel dieser Arbeit war, die Motive für Staatsverschuldung, mögliche Rechtfertigungsgründe, den Sinn und die Wirksamkeit von Fiskalregeln im Allgemeinen und der deutschen Schuldenbremse im Besonderen zu untersuchen. Hierzu wurden zunächst einige grundlegende Tatbestände zur deutschen Staatsverschuldung präsentiert. Besonders hervorzuheben sind hier die psychologischen Grenzen der Staatsverschuldung und die implizite Staatsverschuldung. Die implizite Staatsverschuldung zeigt, dass das kameralistische Rechnungswesen der öffentlichen Hand nicht geeignet ist, das ganze Ausmaß der Staatsverschuldung zu verdeutlichen. Diese implizite Verschuldung ist um ein Mehrfaches größer, als es die veröffentlichten Zahlen suggerieren. Die ermittelte psychologische Grenze der Staatsverschuldung erklärt eine Verschuldungsquote von über 90% des BIPs für kritisch. Ab diesem Wert sinken die Wachstumsraten deutlich, wodurch die Konsolidierung der Haushalte zusätzlich erschwert wird. Zwar handelt es sich nicht um eine „harte" Grenze, aber die Rolle der Kapitalmärkte muss unbedingt beachtet werden. Bei steigenden Verschuldungsquoten sollte zu erwarten sein, dass steigende Renditen die Regierungen disziplinieren. Allerdings hat dieser Disziplinierungsmechanismus durchaus seine Tücken. Reagieren die Staaten nicht darauf, läuft die Sanktionierung ins Leere und die Empirie lässt durchaus Zweifel daran aufkommen, dass sich Regierungen auf veränderte Finanzierungsbedingungen reagieren. Es lässt sich wohl auch nicht leugnen, dass die Kapitalmärkte bei privaten *und* öffentlichen Schuldnern lange Zeit zu schuldenaffin waren und daher bedrohliche Entwicklungen nicht berücksichtigt haben.

Die Gründe für Staatsverschuldung wurden in den folgenden Kapiteln präsentiert. Zunächst wurde auf Grundlage des Modells der optimalen Haushaltsgröße von Downs gezeigt, dass es für Regierungen Anreize gibt, das Instrument der Verschuldung strategisch zu nutzen, da sie durch zusätzliche Ausgaben, denen keine entsprechende Besteuerung gegenübersteht, zusätzliche Wählerstimmen gewinnen und so ihre Wiederwahlchancen verbessern können. Sie externalisieren die Kosten ihrer Regierungstätigkeit auf künftige Generationen zu Zwecken des Machterhalts. Die Wähler wiederum bestrafen diese Manöver nicht, weil sie der Fiskalillusion unterliegen oder die Verschuldung aus rationalen Gründen begrüßen. Um die Wähler für sich zu gewinnen, können Regierungen versucht sein, unmittelbar vor den Wahlen zusätzliche kreditfinanzierte Ausgaben zu bewilligen und so einen politischen Konjunkturzyklus opportunistischer Art auszulösen oder über die Regierungsperiode hinweg zusätzliche kreditfinanzierte Ausgaben für ihre Parteigänger zu bewilligen. Für die Bundesrepublik lassen sich beide Verhaltensmuster empirisch nachweisen, wobei sich der ideologisch begründete Konjunkturzyklus klar gegen den opportunistischen durchsetzt.

Institutionelle Faktoren tragen zusätzlich zur Verschuldung bei. Hierzu gehören zunächst einmal Abnutzungskriege. Bei diesen handelt es sich um Verteilungskämpfe um die Last des Abbaus von Defiziten. Diese Verteilungskämpfe verhindern, dass einmal aufgelaufene Defizite reduziert werden, weil keine Gruppe die Last der Konsolidierung tragen will. Abnutzungskriege lassen sich innerhalb der Bevölkerung, innerhalb des Parlaments, innerhalb der Regierung und auch zwischen Regierung und Parlament feststellen. Insbesondere das Verhältniswahlrecht spielt dabei eine verschuldungsbegünstigende Rolle. Es erhöht die Fragmentierung und Polarisierung des Parlaments und die Wahrscheinlichkeit, dass Koalitionsregierungen gebildet werden müssen. In diesen haben Koalitionäre ein Veto-Recht, mit dem sie verhindern können, dass ihre Wähler durch defizitreduzierende Maßnahmen getroffen werden. Auch kurze Regierungsdauern erhöhen die Verschuldung. Weitere Faktoren wie die Zahl der Abgeordneten oder die Stärke der Finanzminister und der Finanzbürokratie spielen für die Höhe der Staatsverschuldung ebenfalls eine Rolle. Das Haushaltskalkül von Downs ist in Verbindung mit Abnutzungskriegen eine Möglichkeit, hohe Staatsquoten zu erklären.

Rechtfertigen lässt sich die deutsche Staatsverschuldung eindeutig nicht mehr. Die distributive und die konjunkturpolitische Sichtweise der Staatsverschuldung bieten zwar gewisse Anhaltspunkte für eine mögliche Rechtfertigung. Aber das Maß der rechtfertigbaren Verschuldung wurde in der Bundesrepublik bereits vor langer Zeit überschritten. Bei der konjunkturpolitischen Betrachtung wurde aber auch deutlich, dass dem Staat im Falle einer Rezession eine wichtige Rolle zukommt, da mit Hilfe der automatischen Stabilisatoren konjunkturelle Einbrüche abgemildert werden können. Ein gewisses Maß an Flexibilität hinsichtlich der Möglichkeit der Verschuldung ist damit unerlässlich.

Dennoch sollte es aufgrund der der Politik innewohnenden Neigung zur Verschuldung strenge Regeln geben, die der Verschuldungstendenz Einhalt gebieten, weil sie Leitlinie für politisches Handelns und Signal an Bevölkerung und

Kapitalmärkte sein können. Insbesondere das keynesianische Gedankengut hatte in den vergangenen Jahren eine gefährliche Rechtfertigung für Staatsverschuldung geliefert, die in den meisten Fällen nicht in dem Sinne angewandt wurde, wie sich das Keynes vorgestellt hätte. Regeln zur Selbstbindung sind daher dringend angebracht. Die bisherigen Regelungen haben in dieser Hinsicht aber gänzlich versagt. Der frühere Artikel 115 GG war keynesianisch beeinflusst und konnte zu leicht umgangen werden. Der Vertrag von Maastricht sollte mit seinen Konvergenzkriterien eine stabile gemeinsame Währung gewährleisten. Allerdings gehörte der Regelverstoß von Beginn an zur Währungsunion. Die derzeitige Verschuldungskrise mehrerer Euro-Staaten ist angesichts des hartnäckig wiederholten Regelverstoßes keine Überraschung: Bis zum Ausbruch der Finanz- und Wirtschaftskrise 2009 lassen sich für die Mitgliedsstaaten insgesamt 32 (!) Fälle feststellen, bei denen gegen das Defizitkriterium verstoßen wurde[265] – vom Überschreiten der maximal erlaubten Verschuldungsquote von 60% des BIPs ganz zu schweigen. Welch gravierende Konsequenzen es haben kann, wenn politische Erwägungen ökonomischen Notwendigkeiten vorgezogen werden, zeigt die derzeitige Verschuldungskrise in der Eurozone. Eine weitere wichtige Erkenntnis dieser fortgesetzten Regelbrüche ist, dass auch die besten Regeln nichts helfen, wenn sich Politiker und Regierungen nicht an Regeln halten wollen. Wenn Regeln für Regierungen zu unbequem waren und der politische Wille zur Einhaltung der Regeln gefehlt hat, haben sie bisher noch immer Möglichkeiten gefunden, diese auf die eine oder andere Weise zu umgehen.
Ein Blick auf die bundesrepublikanische Geschichte bestätigt die dargelegten Befunde zum Wählerstimmengewinn durch Kreditaufnahme. Der Ausbau des Sozialstaates und der Einstieg in die Staatsverschuldung waren zwei Seiten derselben Medaille. An der Nutzung des Sozialstaats als Instrument zur Erhöhung der Wiederwahlchancen hat sich bis heute wenig geändert.
Da diese Erkenntnisse international keineswegs einmalig sind, haben die meisten Staaten Fiskalregeln, die die Verschuldung begrenzen sollen, festgeschrieben. Die Erfahrungen mit solchen Fiskalregeln in den USA, der Schweiz und den Niederlanden liefern allerdings gemischte Ergebnisse. In den USA sind die verschiedenen Verschuldungsregeln auf Bundesebene allesamt wirkungslos geblieben. Auf bundesstaatlicher Ebene gibt es hingegen durchaus Erfolg vorzuweisen. Allerdings sind auch hier Ausweichmöglichkeiten geblieben. Bislang

265 Datenquelle: Eurostat.

erfolgreich war die Schuldenbremse in der Schweiz. Trotz einer noch vertretbaren Höhe der Staatsverschuldung hat sich die Schweizer Politik der Schuldenbremse unterworfen. Der Mechanismus der Schuldenbremse sorgt dafür, dass dem Staat Spielräume für die Konjunkturpolitik bleiben, während die Verschuldungsquote langfristig sinkt. Essentielle Kritikpunkte an der Schuldenbremse gibt es kaum. Ebenfalls erfolgreich waren die niederländischen Ausgabenrahmen. Hier nimmt die unabhängige Institution des Zentralen Planungsbüros einen wichtigen Platz ein. Ebenso wichtig war jedoch, ähnlich wie in der Schweiz, ein parteienübergreifender Konsens zur Reduzierung der Verschuldungslast. Dieser Konsens hat den Willen zur Konsolidierung gestärkt.
Was die Ausgestaltung der deutschen Schuldenbremse, die sich an die Schweizer Schuldenbremse anlehnt, angeht, gibt es nur wenig Kritik auszusetzen. Wie bei der Schweizer Schuldenbremse wurde versucht, den Konjunkturverlauf zu berücksichtigen. Sollten sich die Regierungen nicht an die Schuldenbremse halten, werden die Auswirkungen angesichts der bereits jetzt hohen expliziten Verschuldung dramatisch sein. Der Wille der Regierungen, sich an die Regelungen der Schuldenbremse zu halten, wird entscheidend sein. Bereits vor Inkrafttreten (!) der Schuldenbremse haben Politiker ausreichend Phantasie besessen, Möglichkeiten zu finden, diese zu umgehen. Ob die Regierungen den Willen zur Konsolidierung tatsächlich ausbilden, wird dabei in hohem Maße vom Wählerverhalten abhängen. Akzeptieren die Wähler die Notwendigkeit zur Konsolidierung und passen ihr Wahlverhalten dementsprechend an, steigt die Wahrscheinlichkeit, dass sich die Regierungen an die Schuldenbremse halten. Werden sie aber für ihre Sparbemühungen bestraft, steigt umgekehrt die Wahrscheinlichkeit, dass sich die Regierungen nicht daran halten, weil der Wille zum Machterhalt alles überlagert.
Wie sich Wähler verhalten, sollte im abschließenden Kapitel empirisch untersucht werden. Hierzu wurden Staaten der OECD, die ihre Haushalte über einen längeren Zeitraum konsolidiert haben, zum Vergleich herangezogen. Der Abgleich mit den Wahlergebnissen hat jedoch ernüchternde Resultate zutage gebracht: Bei steigenden Verschuldungsquoten wurden Regierungen belohnt, bei sinkenden bestraft. Die Maßnahmen zur Reduzierung der Verschuldungsquote wurden von den Wählern folglich nicht gutgeheißen und dementsprechend haben sie die Maßnahmen der Regierungen mit Stimmenentzug quittiert.
Diese Erkenntnis verschlechtert die Chancen auf die Wirksamkeit der Schuldenbremse merklich. Schließlich ist der mächtigste Kontrollmechanismus für das

Verhalten der Regierung die demokratische Wahl. Fällt dieser Mechanismus aus, bleiben nur noch die Kapitelmärkte als disziplinierendes Instrument oder Normen. Die Kapitalmärkte haben sich aber in den vergangenen Jahrzehnten zu schuldenaffin gezeigt und auch bei steigenden Renditen ist nicht gesichert, dass Regierungen ihr Verhalten anpassen und die Verschuldung bremsen. Auf Normen als zweiten verbliebenen Sanktionsmechanismus sollte man wiederum nicht uneingeschränkt bauen. Schließlich haben Regierungen es bisher geschafft, noch jede Verschuldungsregel zu umgehen oder zu brechen (letzteres ist angesichts der multiplen Rechtsbrüche im Laufe der europäischen Verschuldungskrise ein wichtiges Stichwort). Dann bleibt als Hoffnung auf den Erfolg der Schuldenbremse nur noch das einsichtige Verhalten der Regierungen, als eine intrinsische Motivation zur Selbstdisziplin und Konsolidierung. Ob dies im Falle der Schuldenbremse eintreten wird, bleibt abzuwarten. Angesichts der sich abzeichnenden Katastrophe in Form des demographischen Wandels oder auch der Kosten aus den Euro-Rettungsprogrammen sind berechtigte Zweifel angebracht.
Im gesamtgesellschaftlichen Interesse bleibt zu hoffen, dass sich die Schuldenbremse trotz dieser negativen Prognose bewährt und sich die Regierungen an ihre Vorgaben halten. Die drohenden Konsequenzen, sollte dies nicht der Fall sein, können kaum unterschätzt werden.

Anhang: Mathematische Ableitung der Tragbarkeit der Staatsverschuldung

Jährliche Veränderung der Staatsschulden:

$$\frac{\delta D}{\delta t} = G - T + i * D \;|:Y$$

$$\Rightarrow \;\frac{\left[\frac{\delta D}{\delta t}\right]}{Y} = \frac{G-T}{Y} + \frac{i*D}{Y}$$

$$\frac{\widehat{D}}{Y} = d_{primär} + i * \Delta$$

Jährliche Veränderung der Verschuldungsquote:

$$\frac{\delta\left[\frac{D}{Y}\right]}{\delta t} = \frac{\widehat{D} * Y - D * \widehat{Y}}{Y^2} = \frac{\widehat{D}}{Y} - \frac{D}{Y} * \frac{\widehat{Y}}{Y}$$

$$= d_{primär} + i * \Delta - \Delta * g$$

$$= d_{primär} + \Delta(i - g)$$

Für i > g steigt die Verschuldungsquote immer weiter, auch wenn kein Primärdefizit vorhanden ist. In diesem Fall muss jedes Jahr ein Primärüberschuss erwirtschaftet werden, wenn ein permanenter Anstieg der Verschuldungsquote vermieden werden soll.

Als langfristig tragbar (*sustainable*) gilt eine konstante Verschuldungsquote.

$$\frac{\delta\left[\frac{D}{Y}\right]}{\delta t} = 0$$

$$\Rightarrow \; -d_{primär} = \Delta(i - g) \;|* Y$$

$$\Rightarrow \; (T - G) = (i - g) * D$$

Würde der Nominalzins unter der Wachstumsrate liegen, könnte ein Primärdefizit auf ewig bestehen, da es aus dem Wachstum finanziert werden könnte.

Obige Formel wird wieder aufgegriffen:

$$-d_{primär} = \Delta(i - g)$$

$$= i * \Delta - g * \Delta$$

Durch Umformung ergibt sich:

$$\Delta = \frac{d_{primär} + i * \Delta}{g} = \frac{D'}{g}$$

Die Schuldenquote ergibt sich somit aus dem Quotienten aus dem laufenden Gesamtdefizit und der Wachstumsrate.

Für die Zinslastquote und eine langfristig stabile Gesamtdefizitquote gilt langfristig folgender Zusammenhang:

$$d_{primär} + i * \Delta = g * \Delta$$

$$\frac{D'_{primär}}{Y} + i * \frac{D}{Y} = g * \frac{D}{Y} \quad |* Y$$

$$\Rightarrow \quad (G - T) + i * D = D' = g * D \quad |* i$$

$$\Rightarrow \quad i * D' = i * g * D \quad |: g |: D'$$

$$\Rightarrow \quad \frac{i}{g} = \frac{i * D}{D'} \quad \Big|: \frac{Y}{Y}$$

$$\Rightarrow \quad \frac{i}{g} = \frac{\frac{i * D}{Y}}{\frac{D'}{Y}} = \frac{z}{d}$$

Langfristig entspricht damit der Quotient aus Zinslastquote und Gesamtdefizitquote dem Quotienten aus Zinssatz und Wachstumsrate. Ist i > g, muss ein Teil der Zinsen aus dem laufenden Haushalt finanziert werden. Durch Verschuldung wird der langfristige Spielraum kleiner.

Literaturverzeichnis

Adema, Willem und Ladaique, Maxime (2005): Net Social Expenditure, 2005 Edition. More comprehensive measures of social support. OECD Social, Employment and Migration Working Papers, Nr. 29.

Afonso, António und Rault, Christophe (2010): What do we really know about Fiscal Sustainability in the EU? Erschienen in: Review of World Economics 4/145, S. 731-755, Januar 2010.

Alesina, Alberto und Ardagna, Silvia (1998): Tales of Fiscal Adjustment. Erschienen in: Economic Policy 27, S. 489-546.

Alesina, Alberto und Ardagna, Silvia (2009): Large Changes in Fiscal Policy: Taxes versus Spending. NBER Working Paper No. 15438, Oktober 2009.

Alesina, Alberto und Drazen, Allan (1991): Why Are Stabilizations Delayed? A Political-Economic Model. Erschienen in: American Economic Review, Vol. 81, S. 1170-1188.

Alesina, Alberto (1987): Macroeconomic Policy in a Two-Party System as a Repeated Game. Erschienen in: Quarterly Journal of Economics 102, S. 651-678.

Alesina, Alberto und Perotti, Roberto (1995): Fiscal Expansions and Adjustments in OECD Countries. Erschienen in: Economic Policy 21, S. 207-248, 1995.

Alesina, Alberto und Perotti, Roberto (1997): Fiscal Adjustment in OECD Countries: Composition and Macroeconomic Effects. IMF Staff Papers 44, S. 210-248.

Alesina, Alberto und Tabellini, Guido (1990): A Positive Theory of Fiscal Deficits and Government Debt. Erschienen in: A Review of Economic Studies 57, S. 403-414.

Alvarez, R. Michael und Nagler, Jonathan (2000): A New Approach for Modeling Strategic Voting in Multiparty Elections. Erschienen in: American Political Science Review 94, S. 131-149.

Alvarez, R. Michael, Nagler, Jonathan und Willette, Jennifer R. (2000): Measuring the Relative Impact of Issues and the Economy in Democratic Elections. Erschienen in: Electoral Studies 19, S. 237-253.

Andel, Norbert (1990): Finanzwissenschaft. Tübingen.

Anderson, Barry und Minarik, Joseph J. (2006): Design Choices for Fiscal Policy Rules. Erschienen in: OECD Journal on Budgeting 5, No. 4, S. 159-208.

Angelo, Silvia, Marterbauer, Markus, Mozart, Irene, Rossmann, Bruno, Schratzenstaller, Margit und Templ, Norbert (2004): Ein alternativer Stabilitäts- und Wachstumspakt. Vorschläge für ein neues fiskalpolitisches Regime. Erschienen in: Materialien zu Wirtschaft und Gesellschaft, Wien 2004.

Arnim, Hans-Herbert von (2009): Volksparteien ohne Volk. München.

Aschinger, Gerhard: Probleme der Staatsverschuldung (1985). Erschienen in: Jahrbücher für Nationalökonomie und Statistik, Band 200/6, S. 582-601.

Auerbach, Alan, Gokhale, Jagadeesh und Kotlikoff, Laurence (1991): Generational Accounts: A Meaningful Alternative to Deficit Accounting. Erschienen in: Bradford, D. (Hrsg.): Tax Policy and the Economy, S. 55-110, Cambridge.

Axelrod, Robert (1988): Die Evolution der Kooperation. München.

Backhaus, Klaus, Erichson, Bernd, Plinke, Wulff und Weiber, Rolf (2006): Multivariate Analysemethoden. Berlin und Heidelberg.

Balassone, Fabrizio und Franco, Daniele (2000): Assessing Fiscal Sustainability: A Review of Methods with a View to EMU. Erschienen in: Banqua d'Italia (Hrsg.): Fiscal Sustainability – essays presented at the Bank of Italy workshop, S. 21-60, Perugia.

Balzli, Beat, Jung, Alexander, Pauly, Christoph, Reiermann, Christian, Reuter, Wolfang, Sauga, Michael und Schlamp, Hans-Jürgen (2010): Kultur des Tricksens. Erschienen in: Der Spiegel 10/2010.

Barro, Robert (1979): On the Determination of Public Debt. Erschienen in: The Journal of Political Economy, Vol. 85, No. 5, S. 940-971.

Barro, Robert (1986): U.S. Deficits since World War I. Erschienen in: Scandinavian Journal of Economics 88, No. 1, S. 193-222, 1986.

Barro, Robert (1987): Macroeconomics. New York.

Barro, Robert (1989): The Ricardian Approach to Budget Deficits. Erschienen in: Journal of Economic Perspectives, 3 (2), S. 37-54.

Bateman, Bradley W. (2005): Scholarship in Deficit: Buchanan and Wagner on John Maynard Keynes. Erschienen in: History of Political Economy 37.

Bauer, Werner T. (2007): Wahlsysteme in den Mitgliedsstaaten der Europäischen Union. Veröffentlicht durch Österreichische Gesellschaft für Politikberatung und Politikentwicklung. Im Internet verfügbar unter: http://www.politikberatung.or.at/wwwa/documents/wahlsysteme.pdf. Zugriff am 13. Juni 2010.

Bayoumi, Tami, Goldstein, Morris und Woglom, Geoffrey: Do Credit Markets Discipline Sovereign Borrowers? Evidence from U.S. States. Erschienen in: Journal of Money, Credit and Banking 27, No. 4, S. 1046-1059, 1995.

Beck, Hanno: Der Ruf der Sirenen. Erschienen in: Frankfurter Allgemeine Sonntagszeitung, 07. November 2010.

Belke, Ansgar (1996): Politische Konjunkturzyklen in Theorie und Empirie. Tübingen.

Belke, Ansgar (1997): Tests politischer Konjunkturzyklen vom Partisan-Typ: Problematik und empirische Evidenz im Vergleich Deutschlands und der Vereinigten Staaten. RWI-Mitteilungen, Jahrgang 47, S. 181-214.

Berger, Helge (1997): Konjunkturpolitik im Wirtschaftswunder. Tübingen.

Biedenkopf, Kurt und Miegel, Meinhard (1979): Die programmierte Krise – Alternativen zur staatlichen Schuldenpolitik. Stuttgart.

Blais, André, Turgeon, Mathieu, Gidengil, Elisabeth, Nevitte, Neil und Nadeau, Richard (2004): Which Matters Most? Comparing the Impact of issues and the Economy in American, British, and Canadian Elections. Erschienen in: British Journal of Political Science 34, S. 555-563.

Blanchard, Olivier, Chouraqui, Jean-Claude, Hagemann, Robert P. und Sartor, Nicola (1990): The Sustainability of Fiscal Policy: New Answers to an Old Question. Erschienen in: OECD Economic Studies No. 15, S. 7-36, 1990.

Blankart, Charles B. (2007): Wer soll für die Schulden von Bund und Ländern verantwortlich sein? Erschienen in: Kommission von Bundestag und Bundesrat zur Modernisierung der Bund-Länder-Finanzbeziehungen. Aufrufbar unter:

http://www.budrich-journals.de/index.php/gwp/article/view/1390. Zugriff am 06. April 2010.

Blankart, Charles B. (2008): Öffentliche Finanzen in der Demokratie. München.

Bliss, Christopher und Nalebluff, Barry (1984): Dragon-Slaying and Ballroom Dancing: The Private Supply of a Public Good. Erschienen in: Journal of Public Economics 25, S. 1-12.

Bofinger, Peter und Horn, Gustav (2009): Die Schuldenbremse gefährdet die gesamtwirtschaftliche Stabilität und die Zukunft unserer Kinder. Aufruf gegen die Schuldenbremse. Veröffentlicht u. a. unter: http://www.boeckler.de/pdf/imk_appell_schuldenbremse.pdf. Zugriff am 23. September 2010.

Bofinger, Peter und Sinn, Hans-Werner (2006): „Sparen!" – „Nein, bloß nicht!" Interview. Erschienen in: Die Zeit, 20. Januar 2006.

Bohn, Henning und Inman, Robert P. (1996): Balanced-Budget Rules and Public Deficits: Evidence from the U.S. States. Erschienen in: Carnegie-Rochester Conference Series on Public Policy 45, S. 13-76.

Bohn, Henning (2011): The Economic Consequences of Rising U.S. Government Debt: Privileges at Risk. CESifo Working Paper No. 3079. Juli 2011.

Bökenkamp, Gerard (2010): Das Ende des Wirtschaftswunders. Stuttgart.

Bombach, Gottfried (1989): Von der nationalen und internationalen Verschuldungsproblematik. Erschienen in: Bombach, Gottfried, Gahlen, Bernhard und Ott, Alfred E. (Hrsg.): Die nationale und internationale Schuldenproblematik, Tübingen 1989.

Borchardt, Knut (1979): Zwangslagen und Handlungsspielräume in der großen Wirtschaftskrise der frühen dreißiger Jahre. Erschienen in: Jahrbuch der Bayerischen Akademie der Wissenschaften, S. 85-132.

Borger, Klaus (2009): Fiskalpolitik dämpft Rezession. Herausgegeben durch: KfW-Bankengruppe, Frankfurt am Main.

Bos, Frits (2003): The Dutch Fiscal Framework: History, Current Practice and the Role of the Central Planning Bureau. Erschienen in: OECD Journal on Budgeting 8, No. 1, 2008.

Brandner, Peter (2003): Budgetpolitik der Niederlande, Finnlands und Schwedens – Lehren für nachhaltige Konsolidierungen? Studie im Auftrag des Staatsschuldenausschusses.

Braunberger, Gerald (2009): Keynes – Der Mann für gewisse Stunden. Erschienen in: Frankfurter Allgemeine Sonntagszeitung, 16. August 2009.

Braunberger, Gerald (2011): Heute leiden, morgen genießen. Erschienen in: Frankfurter Allgemeine Sonntagszeitung, 18. Januar 2011.

Bräuninger, Michael, Koller, Cornelia, Langer, Michael, Pflüger, Wolfgang und Quitzau, Jörn (2009): Staatsverschuldung. Veröffentlicht durch: Berenberg Bank Nr. 8, Juni 2009.

Brown-Collier, Elba und Collier, Bruce (1995): What Keynes really said about deficit-spending. Erschienen in: Journal of Post-Keynesian Economics Vol. 17, No. 3, Frühjahr 1995.

Bruchez, Pierre-Alain (2003): A Modification of the HP Filter Aiming at Reducing the End-Point Bias. Veröffentlicht durch: Eidgenössische Finanzverwaltung, Working Paper ÖT/2003/3, Bern.

Buchanan, James M. und Brennan, Geoffrey (2000): The Reason of Rules. Indianapolis.

Buchanan, James M. (1958): Public Principles of Public Debt. Homewood.

Buchanan, James M. und Wagner, Robert E. (1977): Democracy in Deficit. New York.

Buchanan, James M. und Wagner, Robert E. (1978): Dialogues Concerning Fiscal Religion. Erschienen in: Journal of Monetary Economics, Heft 4.

Bundesgesetzblatt (2009): Gesetz zur Änderung des Grundgesetzes. Teil I, Nr. 48.

Bundesministerium der Finanzen (2009): Monatsbericht März 2009.

Bundesministerium der Finanzen (2010): Monatsbericht Mai 2010.

Bundesministerium der Finanzen (2011a): Monatsbericht Januar 2011.

Bundesministerium der Finanzen (2011b): Monatsbericht Februar 2011.

Bundesministerium der Finanzen (2011c): Monatsbericht April 2011.

Bundesministerium der Finanzen (2011d): Monatsbericht November 2011.

Bundesministerium der Finanzen (2012): Monatsbericht September 2012.

Bundesministerium der Finanzen (2009a): Staatsschuld steigt. Im Internet veröffentlicht am 03. Februar 2009. Verfügbar unter: http://www.bundesfinanzministerium.de/nn_53848/sid_1B918B734B4895930C214F5CE5BC33B0/DE/Wirtschaft__und__Verwaltung/Finanz__und__Wirtschaftspolitik/Bundeshaushalt/Staatsverschuldung.html?__nnn=true. Zugriff am 29. Juni 2010.

Bundesministerium der Finanzen (2009b): Historische Entscheidung – Schuldenbremse kommt. Veröffentlicht am 13. Februar 2009. Verfügbar unter: http://www.bundesfinanzministerium.de/DE/Wirtschaft__und__Verwaltung/Finanz__und__Wirtschaftspolitik/Wirtschaftspolitik/008__Schuldenbremse.html. Zugriff am 04. Juli 2010.

Bundesrechnungshof (1991): Bemerkungen des Bundesrechnungshofes zur Haushalts- und Wirtschaftsführung. Erschienen in: Bundesrat, Drucksache 520/91.

Busch, Ulrich (2002): Am Tropf. Die ostdeutsche Transfergesellschaft. Berlin 2002.

Busemeyer, Marius R. (2004): Der Einfluss der europäischen Wirtschafts- und Währungsunion auf die fiskalpolitische Performanz der Mitgliedsstaaten. Veröffentlicht unter: http://poloek-dvpw.mpifg.de/e_documents/publikationen/Busemeyer%20-%20Einfluss%20der%20EWWU%20auf%20Fiskalpolitik.pdf. Zugriff am 17. November 2010

Campbell, Angus, Converse, Philip E., Miller, Warren E. und Stokes, Donald E. (1960): The American Voter. New York.

Caprirolo, Gonzalo C. (2011): Slovenia: Enhancing the Fiscal Framework in Delivering Fiscal Stability. IMAD Working Paper 4/2011.

Colombier, Carsten (2004): Eine Neubewertung der Schuldenbremse. Eidgenössische Finanzverwaltung Working Paper No. 2, Januar 2004.

Congressional Budget Office (2005): Analyzing the Economic and Budgetary Effects of a 10 Percent Cut in Income Tax Rates, 01. Dezember 2005.

Corsetti, Giancarlo und Müller, Gernot (2011): Sovereign Risk, Macroeconomic Instability. Veröffentlicht unter:

http://www.voxeu.org/article/sovereign-risk-macroeconomic-instability. Zugriff am 06. September 2012.

Cukierman, Alex und Meltzer, Allan H. (1989): A Political Theory of Government Debt and Deficits in a Neo-Ricardian Framework. Erschienen in: American Economic Review 79, No. 4, S. 713-732, September 1989.

Cwik, Tobias und Wieland, Volker (2010): Keynesian Government Spending Multipliers and Spillovers in the Euro Area. CEPR Discussion Paper 7389, 2009. Ebenso: Working Paper 1267, November 2010.

Dafflon, Bernard (1999): Fiscal federalism in Switzerland: a survey of constitutional issues, budget responsibility and equalization. Erschienen in: Fossati, Amedeo und Panella, Giorgio (Hrsg.): Fiscal Federalism in the European Union, New York.

Danninger, Stefan (2002): A New Rule: The Swiss Debt Brake. IMF Working Paper 02/18.

Deutsche Bundesbank (2010): Monatsbericht Mai 2010.

Deutsche Bundesbank (2011): Monatsbericht Februar 2011.

Diekmann, Berend, Menzel, Christoph und Thomae, Tobias (2012): Konvergenzen und Divergenzen im Währungsraum USA im Vergleich zur Eurozone. Erschienen in: Wirtschaftsdienst 92, Vol. 1.

Diekmann, Kai (2007): Der große Selbstbetrug, München.

Dolls, Mathias, Fuest, Clemens und Peichl, Andreas (2009): Automatic Stabilizers and Economic Crisis: US vs. Europe. Discussion Paper des Forschungsinstituts zur Zukunft der Arbeit 4310, Juli 2009.

Domar, Evsey D. (1944): The Burden of Debt and the National Income. Erschienen in: American Economic Review 34, S. 798-827.

Downs, Anthony (1968): Ökonomische Theorie der Demokratie. Tübingen.

Downs, Anthony (1974): Eine Ökonomische Theorie des politischen Handelns in der Demokratie. Erschienen in: Widmaier, Hans Peter (Hrsg.): Politische Ökonomie des Wohlfahrtsstaates, Frankfurt.

Dullien, Sebastian (2009): Wieso die Schuldenbremse Wahnsinn ist. Erschienen in: Der Spiegel, 09. Februar 2009.

Dunsch, Jürgen (2010): Schweizer Schuldenbremse im Härtetest. Erschienen in: Frankfurter Allgemeine Zeitung, 30. März 2010.

Duwendag, Dieter (1983): Staatsverschuldung – Notwendigkeit und Gefahren. Baden-Baden.

Edin, Per-Anders und Ohlsson, Henry (1991): Political Determinants of Budget Deficits: coalition Effects versus Minority Effects. Erschienen in: European Economic Review 35, S. 1597-1603.

Edling, Herbert (2001): Der Staat in der Wirtschaft. München.

El-Sharif, Yasmin (2010): Wie die Regierungsrechner tricksen und täuschen. Erschienen in: Der Spiegel, 04. Mai 2010.

Eppendorfer, Carsten und Leib, Karolina (2008): Germany: revisiting the budget rule. Erschienen in: ECFIN Country Focus 5, Issue 12, 28. November 2008.

Erber, Georg und Fritsche, Ulrich (2008): Produktivitätswachstum in Deutschland: Kein nachhaltiger Aufschwung in Sicht. Erschienen in: Wochenbericht des DIW Berlin 36, S. 512-520, 2008.

Fabricius, Michael (2011): Deutschland verliert Vertrauen. Erschienen auf: Welt online, 20. Januar 2011. Verfügbar unter: http://www.welt.de/print/die_welt/politik/article12254831/Deutschland-verliert-Vertrauen.html. Zugriff am 03. Juni 2011.

Fagan, Gabriel, Henry, Jérôme und Mestre, Ricardo (2005): An Area-Wide Model for the Euro Area. Erschienen in: Economic Modelling 22, S. 39–59.

Fahrmeir, Andreas (2010): Revolutionen und Reformen – Europa 1789-1850. München.

Feld, Lars P. (1997): Ordnungsethische Erkenntnisse und Politikverhalten. Erschienen in: Auferheide, Detlef und Dobrowski, Martin: Wirtschaftsethik und Moralökonomik, S. 299-310, Berlin.

Felderer, Bernhard und Homburg, Stefan (2005): Makroökonomik und neue Makroökonomik. Berlin.

Ferguson, Niall (2001): Politik ohne Macht. Stuttgart und München.

Ferguson, Niall (2009): Der Aufstieg des Geldes. Berlin.

Ferguson, Niall (2010): Today's Keynesians Have Learnt Nothing. Veröffentlicht am 08. Oktober 2010. Verfügbar unter:

http://www.niallferguson.com/site/FERG/Templates/ArticleItem.aspx?pageid=233. Zugriff am 15. Mai 2011.

Folkers, Cay (1986): Das Dilemma des Defizits. Erschienen in: Finanzarchiv, Bd. 44, S. 365-403.

Franzese, Robert J. jr. (2002): Macroeconomic Policies of Developed Democracies. Cambridge.

Freie und Hansestadt Hamburg (2006): Hamburg zieht Bilanz – Geschäftsbericht zur Eröffnungsbilanz auf den 1. Januar 2006.

Frey, Bruno und Benz, Matthias (2002): Ökonomie und Psychologie: Ein Überblick. Erschienen in: Frey, Dieter und Rosenstiel, Lutz von: Enzyklopädie der Wirtschaftspsychologie, Göttingen.

Friedman, Benjamin M. (1978): Crowding out or Crowding in? Economic Consequences of Financing Government Deficits. Erschienen in: Brookings Papers on Economic Activity, 1, S. 593-641.

Friedman, Milton (1953): The Effects of a Full-Employment Policy on Economic Stability: A Formal Analysis. Erschienen in: Friedman, Milton: Essays in Positive Economics, S. 117-132, Chicago 1953.

Friedman, Rose und Friedman, Milton (1990): Free to Choose. Orlando.

Friedman, Milton (2005): „Alle sollten Margaret Thatcher und Ronald Reagan nacheifern." Interview. Erschienen in: Welt am Sonntag, 02. Dezember 2005.

Gandenberger, Otto (1983): Thesen zur Staatsverschuldung. Erschienen in: Hansmeyer, Karl-Heinrich (Hrsg.): Staatsfinanzierung im Wandel, S. 843-865, Berlin.

Gandenberger, Otto (1990): Verfassungsgrenzen der Staatsverschuldung: Eine Auseinandersetzung mit dem Urteil des Bundesverfassungsgerichts vom 18. April 1989. Erschienen in: Finanzarchiv, N.F., Vol. 48, S. 28-51.

Gärtner, Manfred (1989): Makroökonomik bei endogenem Regierungsverhalten. Vom politischen Konjunkturzyklus zur zeitlichen Inkonsistenz optimaler Pläne. Erschienen in: Wirtschaftswissenschaftliches Studium, S. 602-608.

Gaul, Claus-Martin (2008): Konjunkturprogramme in der Bundesrepublik Deutschland: Einordnung und Bewertung der Globalsteuerung von 1967 bis

1982. Info-Brief des wissenschaftlichen Dienstes des Deutschen Bundestages, 2008.

Giavazzi, Francesco und Pagano, Marco (1990): Can Severe Fiscal Contractions be Expansionary? Tales of Two Small European Countries. Erschienen in: Blanchart, Olivier J. und Fischer, Stanley (Hrsg.): NBER Macroeconomic Annual 1990, S. 75-116.

Giavazzi, Francesco und Pagano, Marco (1996): Non-Keynesian Effects of Fiscal Policy Changes: International Evidence and Swedish Experience. Erschienen in: Swedish Economic Policy Review 31, S. 67-103.

Glaser, Andreas (2006): Nachhaltige Entwicklung und Demokratie. Tübingen.

Glaser, Andreas (2007): Begrenzung der Staatsverschuldung durch die Verfassung: ein Vergleich deutscher und schweizerischer Regelungen. Erschienen in: Die öffentliche Verwaltung, H. 3, S. 98-106, 2007.

Görgens, Egon, Ruckriegel, Karlheinz und Seitz, Franz (2008): Europäische Geldpolitik, Stuttgart 2008.

Gramlich, Edward M. (1969): Recent Experience with the FRB-MIT-Model. New York 1969.

Grilli, Vittorio, Masciandro, Donato und Tabellini, Guido (1991): Political and Monetary institutions and public Financial Policies in the Industrial Countries. Erschienen in: Economic Policy, Vol. 13, S. 342-392.

Groneck, Max und Plachta, Robert (2007): Simulation der Schuldenbremse und der Schuldenschranke für die deutschen Bundesländer. FiFo-CPE Discussion Paper, No. 07-7.

Gschwend, Thomas und Norpoth, Helmut (2000): Soll und Haben: Die deutsche Wählerschaft rechnet mit den Parteien ab. Erschienen in: Klein, Markus, Jagodzinski, Wolfgang, Mochmann, Ekkehard und Ohr, Dieter (Hrsg.): 50 Jahre empirische Wahlforschung in Deutschland. Entwicklung, Befunde, Perspektiven, Daten. Wiesbaden.

Gujarati, Damodar N. (2003): Basic Econometrics. New York.

Haan, Jakob de und Sturm, Jan-Egbert (1997): Political and Economic Determinants of OECD Budget Deficits and Government Expenditures: A Reinvestigation. Erschienen in: European Journal of Political Economy 13, S. 739-750.

Hagen, Jürgen von (1991): A Note on the Empirical Effectiveness of Formal Fiscal Restraints. Erschienen in: Journal of Public Economics 44, S. 199-210, 1991.

Hagen, Jürgen von (1992): Budgeting Procedures and Fiscal Performance in the European Communities. Discussion Paper No. 91, Indiana University.

Hagen, Jürgen von und Strauch, Rolf R. (2001): Fiscal Consolidation: Quality, Economic Conditions, and Success. Erschienen in: Public Choice 109, S. 327-346.

Hagen, Jürgen von (2003): Fiscal Discipline and Growth in Euroland – Experiences with the Stability and Growth Pact. Working Paper des Zentrums für Europäische Integrationsforschung, B06/2003.

Hagen, Jürgen von und Wolff, Guntram B. (2006): What Do Deficits Tell Us about Debt? Empirical Evidence on Creative Accounting with Fiscal Rules in the EU. Erschienen in: Journal of Banking and Finance 30, S. 3259-3279.

Hagen, Jürgen von (2009): „Diese Wahl kostet mindestens 85 Milliarden Euro." Interview. Erschienen in der Frankfurter Allgemeinen Sonntagszeitung: 26. Juli 2009.

Hahm, Sung Deuk, Kamlet, Mark S. und Mowery, David C. (1996): The Political Economy of Deficit Spending in Nine Industrialized Parliamentary Democracies. Erschienen in: Comparative Political Studies, Vol. 29 No. 1, S. 52-77, Februar 1996.

Hallerberg, Mark, Strauch, Rolf und Hagen, Jürgen von (2001): Forms of Governance and the Design of Fiscal Rules in the EU Countries 1998-2000, Bonn.

Hallerberg, Mark (2011): Wirksame Abwehr gegen Schulden. Erschienen in: Frankfurter Allgemeine Zeitung, 6. Februar 2011.

Hank, Rainer (2010): Staatsschulden sind gar nicht so übel. Erschienen in: Frankfurter Allgemeine Sonntagszeitung, 19. Dezember 2010.

Haniotis, Toni (1999): Kosten und Nutzen der Staatsverschuldung – Grundlagenpapier zur Schuldenbremse. Veröffentlicht durch: Eidgenössische Finanzverwaltung, 07. Mai 1999.

Hausner, Karl H. und Simon, Silvia (2009): Deutsche Schuldenregel als Alleskönner? Working Paper für die Herbsttagung des Arbeitskreises Politische Ökonomie und der Keynes-Gesellschaft. Karlsruhe, Oktober 2009.

Heinemann, F. und Winschel, V. (2001): Public Deficits and Borrowing Costs: The Missing Half of Market Discipline. ZEW Discussion Paper No. 01-16.

Heinen, Nicolaus (2009): Schuldenspirale oder Exit-Strategie – Was kann der Stabilitäts- und Wachstumspakt leisten? Veröffentlicht durch Deutsche Bank Research, 30. September 2009.

Heinen, Nicolaus (2010): Schuldenbremsen für Euroland – Mit nationalen Schuldenregeln den Stabilitätspakt stärken. Veröffentlicht durch Deutsche Bank Research, 19. Mai 2010.

Heinemann, Friedrich (1994): Staatsverschuldung – Ursachen und Begrenzung. Köln 1994.

Hessisches Ministerium der Finanzen (2009): Eröffnungsbilanz und Geschäftsbericht zur Eröffnungsbilanz auf den Stichtag 1.1.2009.

Hibbs, Douglas A. (1977): Political Parties and Macroeconomic Policy. Erschienen in: American Political Science Review 71, S. 1467-1487.

Hibbs, Douglas A. (1986): Political Parties and Macroeconomic Policies and Outcomes in the United States. Erschienen in: American Economic Review, Vol. 76, S. 66-70.

Hibbs, Douglas A. (1987): The American Political Economy: Macroeconomics and Electoral Politics. Cambridge und London.

Hibbs, Douglas A. (1994): The Partisan Model of Macroeconomic Cycle: More Theory and Evidence for the United States. Erschienen in: Economics and Politics 6, S. 1-23.

Hickel, Rudolf (1981): Zum Ideologiegehalt der Staatsverschuldungsdebatte. Erschienen in: Simmert, Diethard B. und Wagner, Kurt-Dieter (Hrsg.): Staatsverschuldung kontrovers, S. 137-171, Köln.

Hildebrand, Jan (2010): Opposition wirft Schäuble Tricks beim Sparen vor. Erschienen in: Die Welt, 21. November 2010.

Hoff, Benjamin-Immanuel (2007): Staatsverschuldung. Berlin.

Hüther, Michael und Straubhaar, Thomas (2009): Die gefühlte Ungerechtigkeit – Warum wir Ungleichheit aushalten müssen, wenn wir Freiheit wollen. Berlin.

Institut der deutschen Wirtschaft Köln (Hrsg.) (2007): Staatsverschuldung: Wege aus der Schuldenfalle. Köln.

Internationaler Währungsfonds (2001): World Economic Outlook Spring 2001. Washington.

Issing Ottmar (2008): Der Euro. München.

Issing Ottmar (2010): Zu viel Geld ist gefährlich. Erschienen in: Die Zeit, 04. März 2010.

Kahn, Richard (1931): The Relation of Home Investment and Unemployment. Erschienen in: Economic Journal 41, S. 173-198, Juni 1931.

Kalecki, Michael (1976): Politische Aspekte der Vollbeschäftigung. Erschienen in: Kalecki, Michael (Hrsg.): Werkauswahl. Rezession und Prosperität im Kapitalismus, Neuwied.

Kampmann, Brigitte (1995): Staatsverschuldung – Begrenzungskonzepte in der Kritik, Baden-Baden.

Keynes, John-Maynard (2006): Allgemeine Theorie der Beschäftigung, des Zinses und des Geldes. Berlin.

Kirchhof, Ferdinand (2002): Der notwendige Ausstieg aus der Staatsverschuldung. Erschienen in: Deutsches Verwaltungsblatt 117, 23/24, S. 1569-1578.

Kirsch, Guy (2004): Neue politische Ökonomie. Stuttgart.

Kiwiet, D. Roderick und Szakaly, Kristin (1996): Constitutional Limitations on Borrowing: An Analysis of State Bonded Indebtedness. Erschienen in: Journal of Law, Economics and Organization 12, S. 62-97.

Köcher, Renate (2010): Minenfeld Sozialpolitik. Erschienen in: Frankfurter Allgemeine Zeitung, 22. Dezember 2010.

Konrad, Kai A. und Zschäpitz, Holger (2010): Schulden ohne Sühne? München.

Kontopoulos, Yianos und Perotti, Roberto (1999): Government Fragmentation and Fiscal Policy Outcomes: Evidence from OECD Countries. Erschienen in: Poterba, James M. und von Hagen, Jürgen von (Hrsg.): Fiscal institutions and fiscal performance, S. 81-102, Chicago.

Kramer, Gerald (1971): Short-Term Fluctuations in U.S. Voting Behavior, 1896-1964. Erschienen in: American Political Science Review 65, S. 131-143.

Kronenberger, Stefan und Wille, Eberhard (1984): Zielkonflikte im Kontext der Staatsverschuldung. Einige Anmerkungen mit empirischem Bezug. Erschienen in: Siebert, Horst (Hrsg.): Intertemporale Allokation, S. 607-647, Frankfurt am Main 1984.

Kula, Maria Cornachione (2004): Credit Market Discipline: Theory and Evidence. Erschienen in: International Advances in Economic Research, Vol. 10, Nr. 1, S. 58-71.

Kumar, Manmohan S. und Woo, Jaejoon (2010): Public Debt and Growth. IMF Working Paper 10/174, Juli 2010.

Kydland, Finn E. und Prescott, Edward C. (1977): Rules Rather than Discretion: The Inconsistency of optimal Plans. Erschienen in: Journal of Political Economy, Vol. 85.

Laxton, Douglas und Pesenti, Paolo (2003): Monetary Rules for Small, Open, Emerging Economies. Erschienen in: Journal of Monetary Economics, 50, S. 1109–1146.

Lazarsfeld, Paul F., Berelson, Bernad und Gaudet, Hazel (1944): The People's Choice. New York.

Leibfritz, Willi (1994): Die Industrieländer in der Schuldenfalle? Erschienen in: Wirtschaftsdienst, Heft 10, S. 522-526.

Lehment, Harmen (1984): The Macroeconomic Implications of Public-sector Deficits. Erschienen in: Emerson, Michael (Hrsg.): Europe's Stagflation, S. 150-173, Oxford.

Lehment, Harmen (1985): Crowding-out in der Bundesrepublik: Wechselkurseffekte, Zinseffekt und empirischer Befund. Erschienen in: Außenwirtschaft, 40. Jahrgang, Heft I/II, S. 53-70.

Lenz, Christopher und Burgbacher, Ernst (2009): Die neue Schuldenbremse im Grundgesetz. Erschienen in: Neue Juristische Wochenschrift 35, S. 2561-2564, 20. August 2009.

Lerner, Abba P. (1948): The Burden of the National Debt. Erschienen in: Metzler, Lloyd A., Hansen, Alvin (Hrsg.): Income, Employment and Public Policy. Essays in Honor of Alvin H. Hansen, New York.

Lessmann, Sabine (1987): Budgetary Politics and Elections: An Investigation of Public Expenditures in West Germany. Berlin und New York.

Lewis-Beck, Michael S. und Paldam, Martin (2000): Economic Voting: an introduction. Erschienen in: Electoral Studies 19, S. 113-121.

Littmann, Konrad (1975): Definition und Entwicklung der Staatsquote. Göttingen.

Mai, Karl (2002): Zur Höhe der deutschen Staatsverschuldung infolge der deutschen Vereinigung. Halle.

Martens, Michael (2010): Im Tal der Zahlen und der Tränen. Erschienen in: Frankfurter Allgemeine Sonntagszeitung, 20. Juni 2010.

Matsusaka, John G. (1995): Fiscal Effects of the Voter Initiative. Erschienen in: Journal of Political Economy 103, No. 3, S. 587-623.

Mellows-Facer, Adam (2005): General Election 2005, House of Commons Library Research Paper 05/33, 17. Mai 2005.

Mikosch, Heiner und Übelmesser, Silke (2007): Staatsverschuldungsunterschiede im internationalen Vergleich und Schlussfolgerungen für Deutschland. Erschienen in: Perspektiven der Wirtschaftspolitik 8(4), S. 309-334, 2007.

Mommsen, Hans (2003): Aufstieg und Untergang der Republik von Weimar. München.

Moog, Stefan und Raffelhüschen, Bernd (2011): Tatsächliche Staatsverschuldung in Europa im Vergleich. Stiftung Marktwirtschaft Nr. 115, Dezember 2011.

Mueller, Dennis C. (1983): The Political Economy of Growth. New Haven.

Müller, Christian, Hartwig, Jochen und Frick, Andres (2007): Eine Schuldenbremse für den deutschen Bundeshaushalt. Zürich.

Müller, Henrik (2008): Die sieben Knappheiten. Frankfurt am Main.

Müller, Henrik (2010): Sprengsatz Inflation. Frankfurt am Main.

Müller, Uwe (2005): Supergau Deutsche Einheit. Berlin.

Münchau, Wolfgang (2009): Schulden müssen sich lohnen. Erschienen in: Financial Times Deutschland, 01. Juli 2009.

Musgrave, Richard A. (1958): Theorie der öffentlichen Schuld. Erschienen in: Gerloff, Wilhelm und Neumark, Fritz (Hrsg.): Handbuch der Finanzwissenschaft. Band 3, S. 68-137, Tübingen.

Musgrave, Richard A. (1959): The Theory of Public Finance. A Study in Public Economy. New York.

Nienhaus. Lisa (2011): Was kosten uns die Griechen? Erschienen in: Frankfurter Allgemeine Sonntagszeitung, 22. Mai 2011.

Niskanen, William A. (1971): Bureaucracy and Representative Government. Chicago und New York.

Niskanen, William A. (1978): Deficits, Government Spending, and Inflation. Erschienen in: Journal of Monetary Economics, Heft 4.

Nordhaus, William D. (1975): The Political Business Cycle. Erschienen in: Review of Economic Studies, S. 169-190.

Norpoth, Helmut (1996): Presidents and the Prospective Voter. Erschienen in: Journal of Politics 58, S. 776-792.

Nowotny, Ewald (2002): Gründe und Grenzen öffentlicher Verschuldung. Erschienen in: Chaloupek, Günther, Gruger, Alois, Nowotny, Ewald und Schwödiauer, Gerhard: Ökonomie in Theorie und Praxis, S. 245-266, Berlin und Heidelberg.

Ott, Friederike (2009): EU gibt Deutschland Defizit-Frist bis 2013. Erschienen in: Der Spiegel, 11. November 2009.

Ottnad, Adrian (1996): Wohlstand auf Pump – Ursachen und Folgen wachsender Staatsverschuldung in Deutschland. Frankfurt am Main.

Ottnad, Adrian (2004): Ende des Sparkurses? Veröffentlicht durch: Institut für Wirtschaft und Gesellschaft (IWG), Bonn.

Pagano, Marco (2010): Fiscal Crisis, Contagion, and the Future of Euro. Veröffentlicht am 15. Mai 2010. Verfügbar unter: http://www.voxeu.org/article/understanding-eurozone-crisis. Zugriff am 21. September 2010.

Paldam, Martin (1991): How Robust Is The Vote Function? A Study of Seventeen Nations over Four Decades. Erschienen in: Norpoth, Helmut, Lewis-Beck, Michael S. und Lafay, Jean-Dominique (Hrsg.): Economics and Politics. The Calculus of Support, S. 9-31, Ann Arbor.

Paldam, Martin und Nannestad, Peter (2000a): What do Voters know about the Economy? A study of Danish Data 1990-1993. Erschienen in: Electoral Studies 19, S. 363-391, 2000.

Paldam, Martin und Nannestad, Peter (2000b): Into Pandora's Box of Economic Evaluations: a Study of the Danish Macro VP-function (1986-1997). Erschienen in: Electoral Studies 19, S. 123-140.

Panizza, Ugo und Presbitero, Andrea F. (2012): Public Debt and Economic Growth: Is there a Causal Effect? MoFiR Working Paper No. 65, April 2012.

Peacock, Allan T. und Wiseman, Jack (1961): The Growth of Public Expenditure in the United Kingdom. Princeton.

Perotti, Roberto (1999): Fiscal Policy in Good Times and in Bad. Erschienen in: Quarterly Journal of Economics 4, S. 1399-1436.

Perotti, Roberto und Kontopoulos, Yianos (2002): Fragmented Fiscal Policy. Erschienen in: Journal of Public Economics 86, S. 191-222.

Perotti, Roberto, Hagen, Jürgen von und Strauch, Rolf (1997): Sustainability of Public Finances. CEPR Discussion Paper Series Number 1781, November 1997.

Persson, Torsten und Svenson, Lars E.O. (1989): Why a Stubborn Conservative Would Run a Deficit: Policy with Time-Inconsistent Preferences. Erschienen in: Quarterly Journal of Economics 104, S. 325-346.

Peter, Waltraut (2010): Gefährdete Balance. Anlage zur Pressemitteilung Nr. 6/2010 des Instituts der deutschen Wirtschaft Köln, 27. Januar 2010.

Petersdorff, Winand von (2010): Ein Staatsbankrott ist halb so schlimm. Erschienen in: Frankfurter Allgemeine Sonntagszeitung, 14. März 2010.

Petersen, Thomas (2012): Was bedeutet „sparen"? Erschienen in: Frankfurter Allgemeine Zeitung, 17. Juli 2012.

Plickert, Philip (2010): Keynes und die Turbo-Keynesianer. Erschienen in: Frankfurter Allgemeine Sonntagszeitung, 27. Juni 2010.

Plötscher, Michael, Seidel, Tobias und Westermann, Frank (2004): Fiskalpolitik in Deutschland: Eine empirische Analyse am Beispiel des Vorziehens der Steuerreform. www.lrz-muenchen.de, CESifo (Universität München und ifo Institut).

Pommerehne, Werner W. und Schneider, Friedrich (1978): Fiscal Illusion, Political Institutions and Local Public Spending. Erschienen in: Kyklos 31, S. 381-408.

Potrafke, Niklas (2009): Konvergenz in der deutschen Finanz- und Sozialpolitik? Münster.

Prollius, Michael von (2009): Die Pervertierung der Marktwirtschaft. München.

Raffelhüschen, Bernd (2001): Eine Generationenbilanz der deutschen Wirtschafts- und Sozialpolitik. Erschienen in: Lambsdorff, Otto Graf: Grundsätze liberaler Sozialpolitik. S. 241-260, Frankfurt am Main.

Raffelhüschen, Bernd, Hagist, Christian, Moog, Stefan und Vatter, Johannes (2009): Die deutsche Generationenbilanz im internationalen Vergleich. Stiftung Marktwirtschaft Nr. 107, Januar 2009.

Ratto, Marco, Roeger, Werner und in't Veld, Jan (2009): Quest III: An Estimated Open-economy DSGE Model of the Euro Area with Fiscal and Monetary Policy. Erschienen in: Economic Modelling, 26, S. 222–233.

Reinhart, Carmen und Rogoff, Kenneth (2010a): Growth in a Time of Debt. NBER Working Paper No. w15639, Januar 2010.

Reinhart, Carmen und Rogoff, Kenneth (2010b): Dieses Mal ist alles anders – Acht Jahrhunderte Finanzkrisen. München.

Reinhart, Carmen und Sbrancia, Belen (2011): The Liquidation of Government Debt. NBER Working Paper 16893.

Ricardo, David (1962): The principles of political economy and taxation. Erschienen in: Sraffa (Hrsg.): The works and correspondence of David Ricardo, Vol. I, Cambridge.

Rittenbruch, Klaus (1993): Makroökonomie. München.

Roberts, Paul Craig (1978): Idealism in Public Choice Theory. Erschienen in: Journal of Monetary Economics, H.4, S. 603-615.

Rogoff, Kenneth und Sibert, Anne (1988): Elections and Macroeconomic Policy Cycles. Erschienen in: Review of Economic Studies 15, S. 1-16.

Rogoff, Kenneth (2009): „Keynes wirkt – aber nur im Extremfall“ Interview. Erschienen in: Frankfurter Allgemeine Sonntagszeitung, 16. August 2009.

Rothschild, Kurt W. (2002): Zurück zum ABC – Eine Einführung für die intelligente Frau zu Defizit und Staatsschulden. Erschienen in: Chaloupek, Günther K., Guger, Alois, Nowotny, Ewald und Schwödiauer, Gerald (Hrsg.): Ökonomie in Theorie und Praxis. S. 297-308, Berlin und Heidelberg.

Rottmann, Horst und Auer, Benjamin R. (o.A.): Paneldaten und Paneldatenmodelle. Auf Gablers Wirtschaftslexikon. Online verfügbar unter: http://wirtschaftslexikon.gabler.de/Definition/paneldaten-und-paneldatenmodelle.html

Zugriff am 10. Mai 2011.

Rowley, Charles K. (1986): Classical Political Economy and the debt Issue. Erschienen in: Buchanan, James, Rowley, Charles K. und Tollison, Robert D. (Hrsg.): Deficits. S. 49-74, Oxford.

Roubini, Nouriel und Sachs, Jeffrey (1989): Political and Economic Determinants of Budget Deficits in the Industrial Democracies. Erschienen in: European Economic Review, Vol. 33, S. 903-933.

Sachverständigenrat zur Begutachtung der gesamtwirtschaftlichen Entwicklung (2009): Die Zukunft nicht aufs Spiel setzen. Jahresgutachten 2009/2010, 13. November 2009.

Schäfers, Manfred (2009a): Tief in der Schuld. Erschienen in: Blickpunkt Bundestag, August 2009.

Schäfers, Manfred (2009b): Schwarz-Geld. Erschienen in: Frankfurter Allgemeine Zeitung, 22. Oktober 2009.

Schäfers, Manfred (2010): Defizit-Trickserei. Erschienen in: Frankfurter Allgemeine Zeitung, 05. Juli 2010.

Schaltegger, Christoph A. (2004): Wie viel Staatsschulden kann sich die Schweiz leisten? Herausgegeben von: Eidgenössische Steuerverwaltung, Bern 2004.

Schaltegger, Christoph A. und Weder, Martin (2010): Herausforderungen der Finanzpolitik. Erschienen in: Baltenspeger, Ernst, Niepelt, Dirk und Zürcher, Boris (Hrsg.): Wirtschaftspolitik nach der Krise. S. 9-26. Bern.

Scherf, Wolfgang (1996): Politische Ursachen und Möglichkeiten einer konstitutionellen Begrenzung der staatlichen Neuverschuldung. Erschienen in: Staatswissenschaften und Staatspraxis, Heft 3, S. 365 – 386, 1996.

Scherf, Wolfgang (2002): Konjunkturgerechte Schuldengrenzen für den Stabilitätspakt. Erschienen in: ifo-Schnelldienst 22/2002, S. 4-7.

Scherf, Wolfgang (2007): Öffentliche Verschuldung. Finanzwissenschaftliche Arbeitspapiere, Arbeitspapier Nr. 80, 2007.

Schirwitz, Beate (2005): Wirtschaftswachstum und Beschäftigung. Erschienen in: ifo Dresden berichtet 3, S. 34-37, 2005.

Schlesinger, Helmut, Weber, Manfred und Ziebarth, Gerhard (1993): Staatsverschuldung – ohne Ende? Darmstadt 1993.

Schmidt, Manfred G. (1982): Wohlfahrtsstaatliche Politik unter bürgerlichen und sozialdemokratischen Regierungen: ein internationaler Vergleich. Frankfurt am Main und New York.

Schneider, Christina J. (2007): Politischer Opportunismus und Haushaltsdefizite in den westdeutschen Bundesländern. Erschienen in: Politische Vierteljahresschrift, 48.Jg., Heft 2, S. 221-242.

Schumpeter, Joseph A. (1929): Grenzen der Lohnpolitik. Erschienen in: Der deutsche Volkswirt 3, Nr. 26, S. 847-851.

Schumpeter, Joseph A. (1932): Weltkrise und Finanzpolitik. Erschienen in: Der deutsche Volkswirt 6, Nr. 23, S. 739-742.

Schumpeter, Joseph A. (1993): Kapitalismus, Sozialismus und Demokratie. Tübingen und Basel.

Shepsie, Kenneth A. und Weingast, Barry R. (1981): Political Preferences for the Pork Barrel: A Generalization. Erschienen in: American Journal of Political Science, Vol. 25, S. 96-111, 1981.

Seidl, Christian (1984): Keynes, Marx und Schumpeter. Erschienen in: Bös, Dieter und Stolper, Hans-Dieter (Hrsg.): Schumpeter oder Keynes? – Zur Wirtschaftspolitik der neunziger Jahre. S. 97-117, Berlin.

Siebert, Horst (2003a): Der Kobra-Effekt – Wie man Irrwege in der Wirtschaftspolitik vermeidet. München.

Siebert, Horst (2003b): Einführung in die Volkswirtschaftslehre. Stuttgart.

Siebke, Jürgen und Thieme, Hans Jörg (2003): Einkommen, Beschäftigung, Preisniveau. Erschienen in: Vahlens Kompendium der Wirtschaftstheorie und Wirtschaftspolitik, S. 95-188, München.

Siedenbiedel, Christian (2010): Der große Streit ums Sparen. Erschienen in: Frankfurter Allgemeine Sonntagszeitung, 27. Juni 2010.

Siedenbiedel, Christian (2011a): Wie griechisch ist Amerika? Erschienen in: Frankfurter Allgemeine Zeitung, 24. April 2011.

Siedenbiedel, Christian (2011b): Die große Not der Griechen. Erschienen in: Frankfurter Allgemeine Sonntagszeitung, 08. Mai 2011.

Simmert, Diethart B. (1981): Probleme der Staatsverschuldung. Erschienen in: Simmert, Diethart B. und Wagner, Baldur: Die Schulden der öffentlichen Hand, Leer.

Sinn, Hans-Werner (1983): Pro und contra Crowding-Out. Zur Stichhaltigkeit dreier populärer Argumente. Erschienen in: Kredit und Kapital 16, S. 488-512, 1983.

Sinn, Hans-Werner (2004): Ist Deutschland noch zu retten? Berlin 2004.

Sinn, Hans-Werner und Übelmesser, Silke (2000): Wann kippt Deutschland um? Erschienen in: ifo-Schnelldienst, 28-29, S. 20-25, 2000.

Soh, Byung Hee (1994): National Elections and Policy Induced Business Cycles: A Historical Perspective on the Literature. Erschienen in: Seoul Journal of Economics 7, S. 53-75, 1994.

Spencer, Roger und Yohe, William (1970): The "Crowding Out" of Private Expenditures by Fiscal Policy Actions. Erschienen in: Federal Reserve Bank of St.Louis, Oktober 1970.

Stalder, Inge (1997): Staatsverschuldung in der Demokratie – Eine politökonomische Analyse. Frankfurt am Main.

Stagnet, Markus (2009): Konzepte zur Begrenzung und Konsolidierung der Staatsverschuldung durch mittelfristige Ausgabenrahmen und Schuldenbremsen. Erschienen in: Zeitschrift für Ausbildung, Fortbildung und Verwaltungspraxis. – 48, H.8, S. 295-310.

Steltzner, Holger (2011): Scheitern in Hellas. Erschienen in: Frankfurter Allgemeine Zeitung, 03. Juni 2011.

Stier, Winfried (1999): Empirische Forschungsmethoden. Berlin und Heidelberg 1999.

Stiglitz, Joseph (2002): Die Schatten der Globalisierung. Berlin.

Sturm, Roland (1993): Staatsverschuldung. Opladen.

Stützel, Wolfgang (1978): Ober- und Untergrenzen der öffentlichen Verschuldung. Erschienen in: Kredit und Kapital, 11.Jahrgang, Heft 4, S. 429-449.

Tabellini, Guido und Alesina, Alberto (1990): Voting on the Budget Deficit. Erschienen in: American Economic Review 80, S. 37-49, 1990.

Taylor, John B. (1993): Macroeconomic Policy in a World Economy: From Econometric Design to Practical Operation. New York und London.

Taylor, John B. (2000): Reassessing Discretionary Fiscal Policy. Erschienen in: Journal of Economic Perspectives 14, No. 3, S. 21-36.

Ternieden, Hendrik (2011): Amerika ist abgebrannt. Erschienen auf Spiegel online, 07. Januar 2011. Verfügbar unter: http://www.spiegel.de/wirtschaft/soziales/0,1518,738268,00.html. Zugriff am 03. Juni 2011.

Unterreiner, Viktoria (2006): Amerikas Freiheitskämpfer. Erschienen in: Die Welt, 19. November 2006.

Volkerink, Bjørn und Haan, Jakob de (2000): Fragmented Government Effects on Fiscal Policy: New Evidence. Groningen.

Volkery, Carsten (2011): Wie man einen riesigen Schuldenberg abbaut. Erschienen auf Spiegel online am 17. Mai 2011. Verfügbar unter: http://www.spiegel.de/wirtschaft/soziales/sparmeister-belgien-wie-man-einen-riesigen-schuldenberg-abbaut-a-762230.html. Zugriff am 23. Mai 2011.

Wagner, Adolf (1893): Grundlegung der politischen Ökonomie. Leipzig.

Wagner, Robert E. (1976): Revenue Structure, Fiscal Illusion, and Budgetary Choice. Erschienen in: Public Choice 24, S. 127-130, 1976.

Wagner, Robert E. (1983): Public Finance, Revenues and Expenditures in a Democratic Society. Boston und Toronto.

Wagner, Robert E. und Tollison, Robert D. (1982): Balanced Budgets, Fiscal Responisbility, and the Constitution. Washington D.C.

Wagschal, Uwe (1996a): Staatsverschuldung – Ursachen im internationalen Vergleich. Opladen.

Wagschal, Uwe (1996b): Der Einfluss von Parteien und Wahlen auf die Staatsverschuldung. Erschienen in: Swiss Political Science Review 2(4), S. 305-328.

Wagschal, Uwe, Wenzelburger, Georg, Petersen, Thieß und Wintermann, Ole (2009): Determinanten der Staatsverschuldung in den deutschen Bundesländern. Erschienen in: Wirtschaftsdienst Vol. 89, Nr. 3, S. 204-212.

Wagschal, Uwe, Wenzelburger, Georg, Detzer, Sandra, Grasl, Maximilian und Metz, Thomas (2006): Erfolgreiche Budgetkonsolidierung im internationalen Vergleich. Gütersloh.

Weingast, Barry, Shepsle, Kenneth und Johnson, Christopher (1981): The political economy of benefits and costs: a neoclassical approach to redistributive politics. Journal of Political Economy 89, S. 642-664.

Weizsäcker, Robert K. von (1992): Staatsverschuldung und Demokratie. Erschienen in: Kyklos, Vol. 45, S. 51-67.

Weizsäcker, Robert K. von (2000): Mit Selbstbindung zum kleineren Schuldenberg. Erschienen in: Frankfurter Allgemeine Zeitung, 23. September 2000.

Weizsäcker, Robert K. von (2008): Repräsentative Demokratie und öffentliche Verschuldung: Ein strategisches Verhängnis. Erschienen in: Baus, Ralf, Eppler, Annegret und Wintermann, Ole (Hrsg.): Zur Reform der föderalen Finanzverfassung, Baden-Baden.

Welter, Patrick (2010): Was ist ein Stimulus wert? Erschienen in: Frankfurter Allgemeine Sonntagszeitung, 25. Juli 2010.

Weyermann, Moritz R. (1927): Theorie des öffentlichen Kredits. Erschienen in: Handbuch der Finanzwissenschaft, Tübingen.

Willke, Gerhard (2002): John Maynard Keynes. Frankfurt am Main 2002.

Willmroth, Jan (2010): Abstieg einer Super-Wirtschaftsmacht. Erschienen auf Spiegel online am 10. September 2010.

Winch, Donald (1998): The Political Economy of Public Finance in the "Long" Eighteenth Century. Erschienen in: Maloney, John (Hrsg.): Debts and Deficits: A Historical Perspective, Cheltenham.

Wissenschaftliche Dienste des Deutschen Bundestages (2009): Die Schuldenbremse des Grundgesetzes. Aktueller Begriff, Ausgabe Nr. 79/09, 05. Oktober 2009.

Wissenschaftlicher Beirat beim Bundesministerium der Finanzen (1980): Gutachten zum Begriff der öffentlichen Investitionen – Abgrenzungen und Folgerungen im Hinblick auf Artikel 115 Grundgesetz. Bonn, 26. April 1980.

Wissenschaftlicher Beirat beim Bundesministerium der Finanzen (2001): Nachhaltigkeit in der Finanzpolitik – Konzepte für eine langfristige Orientierung öffentlicher Haushalte, November 2001.

Wissenschaftlicher Beirat beim Bundesministerium für Finanzen (2005): Haushaltskrisen im Bundesstaat. Erschienen in: Schriftenreihe des Bundesministeriums der Finanzen, Band 78, Berlin.

Wissenschaftlicher Beirat beim Bundesministerium für Finanzen (2007): Schuldenbremse für Bund und Länder – Für eine Neufassung der Verschuldungsgrenzen im Grundgesetz. Brief an den Bundesfinanzminister Peer Steinbrück, 10. Februar 2007.

Wyplosz, Charles (2002): Fiscal Policy: Institutions versus Rules. CEPR Discussion Paper Series No. 3238, London.

Zimmermann, Horst (1999): Ökonomische Rechtfertigung einer kontinuierlichen Staatsverschuldung? Erschienen in: Henke, Klaus-Dirk (Hrsg.): Zur Zukunft der Staatsfinanzierung, Baden-Baden.

Internetseiten:
Als Datenquellen wurden die in den Fußnoten angegebenen Organisationen verwandt. Insbesondere waren dies:
Statistisches Bundesamt: http://www.destatis.de/jetspeed/portal/cms/
Eurostat: http://epp.eurostat.ec.europa.eu/portal/page/portal/statistics/themes
OECD Statistics: http://stats.oecd.org/Index.aspx
Eidgenössische Finanzverwaltung: http://www.efv.admin.ch/